教，然后知反

Jiao
Ranhou
Zhifan

2022

诸君 ——— 主编

基于儿童视角的教与学

文汇出版社

本书编委会

（以姓氏笔画为序）

主　编：诸　君

副主编：王　燕　竺　清

编　委：王　艳　吕　萍　刘　岚　杜　玥

　　　　李　洁　沈　婷　沈　静　沈祎冰

　　　　陆　益　陈灵君　周葱葱　祝晓隽

　　　　殷　凤　唐金丹　蒋慧群　傅敏敏

上海市浦东新区学前教育（托育服务）指导中心主任　诸　君

　　2022年仲春，上海市浦东新区学前教育（托育服务）指导中心（以下简称"中心"）组织编写的《教，然后知反——幼儿园一线新课程探索与实践》丛书（含《优秀论文卷》与《教学实践卷》2册），由文汇出版社出版发行后，在社会上引起较好的反响。不少读者认为一线幼儿教师基于实际工作经验的反思型论文，探讨的都是具有典型意义的问题，有利于引发学前教育工作者的思考和共鸣；有些读者认为《教学实践卷》的文章，推介了不少一线教师的工作经验和实践探索，具有很强的可操作性和借鉴价值，值得推广。同时，这套丛书为区域内众多幼儿园教师提供了发表案例、经验文章和论文的机会，为浦东新区幼儿教师专业成长和展示成功搭建了一个很好的平台。初次尝试的成功，鼓励我们坚持把这项有利于区域学前教育师资队伍培养的好事做下去，为基层幼儿园和一线教师提供更多发表论文和研究成果的机会，为教师搭建更多成长、成才的平台。

　　有鉴于此，2022年初夏，中心启动了第二轮面向全区幼儿园教师的论文征集活动。本次论文征集的选题紧紧围绕当下学前教育最前沿的研究方向，从区域幼儿优先发展战略出发，激励教师基于"儿童立场""儿童观点""儿童优先"等观念，理论联系实际，找准研究方向，通过多角度、深层次的行动研究，做实研究过程，探索面向新时期如何加快推进课程改革，提升一日活动质量，加速教师专业成长，强化家园社区合作等多方面课题，找到一些值得深入探究、具有典型意义的问题，总结出一些具有实践价值、规律性的经验，撰写具有一定质量的论文。

　　广大教师参与本年度论文征集活动的积极性很高，至截稿时中心总共收到论文369篇。为确保论文评选的公正性和权威性，中心组织评审专家，采用初评和终评全程盲评的形式，评出各等第奖。评审专家对获奖论文都进行了点评，并对获一等奖的论文提出了进一步修改的意见和建议，经作者修改后，交出版社资深编辑缮校，终于形成这本沉甸甸的《教，然后知反·2022——基于儿童视角的教与学》书稿。

中国古代教育家孔子说过："学而不思则罔，思而不学则殆。"其意思是，如果一个人光学习，却不伴随着思考，就会茫然无所得；反过来，如果一个人仅仅耽于空想，却不去学习，他的思想就会滑落到危险的境地。这句话，把学习和思考的关系讲得清清楚楚、明明白白。两千多年来，孔子的这一观点得到历代知识界的普遍认同，认为这是学习者得以成功的最有效的法宝。学习是这样，教育又何尝不是这样呢？《礼记·学记》说："是故学然后知不足，教然后知困。知不足，然后能自反也；知困，然后能自强也。故曰：教学相长也。"教与学，既然是一对矛盾的统一体，那么，学习需要思考，教育就不需要思考吗？回答显然是否定的。从现代教育观念出发，教师就是学生的学习伙伴，换句话说，教师的工作，也就是伴随着学生学习的自我再学习。因此，思考或者说反思（自反），必然应当伴随教师教育生涯的全过程。

人民教育家于漪有一句话说："一辈子做老师，一辈子学做老师。"告诫我们，成就一个优秀教师，关键是要求自己"学而不厌"，要常常反思自己的教育教学行为，分析自己实施教育行为的得与失，总结经验，修正错误，勇毅前行。就这个意义而言，中心的《教，然后知反》系列图书的出版，旨在加深教师对反思的印象和理解，促进教师将反思作为自我修炼和提升专业能力的一个重要途径，不仅要反思教师的"教"，还要反思学生的"学"，养成善于反思的习惯，培育善于将反思所得撰写成文章的能力。

在这本书即将付梓之际，我首先要感谢浦东新区教育局和托幼处领导对中心工作的积极支持。资深编辑周春梅老师和文汇出版社张涛老师以严谨的专业精神指导编委会工作，为《教，然后知反》书系的出版，尽职尽心尽力。在此，谨表诚挚的谢意。

我很高兴的是，两年来在中心组织出版的专业图书的过程中，培育了一支特别能战斗的、专业能力很强的、比较年轻的精英志愿者队伍。他们有的是幼儿园园长，有的是一线优秀教师，他们在完成本职工作之余，义务参加书稿的编辑整理工作。这支队伍召之即来，来之能战，战之能胜。他们从征文的主题策划、内容确定，到文稿征集、修缮校对，前前后后义务忙碌了很长时间，做了许多细碎繁杂的服务工作，确保了本书能够按时、优质地出版。当然，"赠人玫瑰，手有余香"。在文稿的整理和编辑过程中，精英志愿者队伍跟着资深专家和编辑一起工作，客观上也学到了编辑专业的许多知识与技能，学到了专家严谨的工作作风和专业精神，学到了许多新知识，积累了不少经验，增长了才干，进一步夯实了自身的专业功底，拓宽了自身专业发展的道路，可喜可贺。值得一提的是陈家昌老师，作为团队顾问、最年长的志愿者，他承担了指导专业精英志愿者的任务，为中心新书的顺利出版做了许多有效的工作，在此，说声"谢谢了"。

"路曼曼其修远兮。"在浦东由教育大区向教育强区发展的道路上，我们将始终本着求真务实的态度，上下求索，永不止步。这本新书的出版，标志着中心在教科研领域又取得了新的成果，值得庆贺。但同时，我也不讳言，幼儿园一线教师并非教科研专家，他们大多还比较年轻，也还缺乏实践研究的经验，因此，本书的错漏之处在所难免。因此，敬请读者提出宝贵的意见和建议，以督促我们把这项工作做得更好，做得更加持久、更加有效，为推进浦东学前教育改革与发展做出更大的贡献。

2022年11月

目 录

主编的话…………………………………………………………诸　君（001）

民俗文化教育背景下幼儿撕纸社团活动的实践研究……………张唯一（001）

利用生活材料开展幼儿创意美术活动的实践研究………………陶　煜（014）

基于新闻小社团活动提升大班幼儿符号记录能力的案例研究………邬申斌（025）

自然材料在幼儿园美工区中的运用………………………………方晓青（040）

项目化学习赋予教育新活力
　　——以小班项目化学习"孵蛋"为例………………………张治平（050）

基于幼儿兴趣开展主题班本课程的实践…………………………徐思佳（058）

幼儿创展过程中的教师支持策略研究
　　——以大班"美好植物展"为例……………………………施冰烨（065）

浅析思维导图在幼小衔接活动中的应用…………………………冯晶媛（072）

普惠性托育堵在哪儿
　　——对接民生需求，完善托育体系………………………胡　晓（082）

让户外运动"活"起来
　　——幼儿园户外运动实施现状及思考对策………………龚文瑜（089）

本班幼儿抗挫力缺乏的家庭教养原因调查分析…………………卫　丽（102）

以"互助教育坊"促农村幼儿园家委会运作实效………………潘慧芳（113）

基于循证理论的家长参与幼儿发展评价路径的探索……………盛雅敏（127）

幼儿成长档案数字化转型中评价功能异化的归因研究
　　——基于扎根理论的质性分析···李　颖（135）

以"田园日记"推动中班幼儿田园活动实践的案例研究·············施　敏（146）

思玩微课中"一课三版"操作模式的实践与研究·····················方斯璐（162）

"疫"路守护，云上相聚
　　——谈疫情下的教师班级管理······································郑丽芳（177）

基于专业情意发展的教师进阶式园本支持策略的实践研究
　　·································刘弘楠　阮晓树　柏春青（187）

幼儿快乐足球游戏活动的实践与思考·································张　叶（201）

基于高宽课程理念的幼儿园大班角色游戏的实践研究·············瞿　欢（210）

幼儿园小班角色游戏中的师幼互动观察研究························上官秀（223）

基于绘本教学的大班幼儿社会情绪管理支持策略研究·············戴捷青（234）

浅析中班幼儿在角色游戏中的冲突行为及教师支持策略············徐淑娴（241）

大班前书写活动的实施策略···徐晶晶（250）

基于CLASS系统的大班集体语言活动中师幼互动质量研究 ·······徐　娴（262）

温暖连接，童声有"应"
　　——让沉默的幼儿勇敢表达······································马越超（272）

让幼儿在歌唱活动中"唱"响心扉
　　——谈谈幼儿园歌唱活动中的教学方法·························李　敏（280）

创设并利用支持性的环境对自闭症幼儿刻板行为矫正的个案研究·····王子英（287）

5～6岁幼儿在园阶段抗挫能力培养的指导策略研究报告 ·········秦　媚（296）

由"知"到"行"的路径探寻
　　——以集体教学活动中的师幼互动为例·························陈　晨（307）

民俗文化教育背景下
幼儿撕纸社团活动的实践研究

上海市浦东新区金新幼儿园　张唯一

一、问题的提出

当今，"弘扬民俗文化，振奋民族精神"正成为中国文化发展的主旋律。继承弘扬优秀民俗文化，保留我国的特色民俗，将璀璨的传统文化扎根于幼儿的心灵，是摆在我们幼儿教育工作者面前的一个重要任务。金新幼儿园在长达10年对"幼儿民俗文化启蒙教育的实践研究"课题研究中，已经积累了关于民间艺术、民间节日、民间文学、民间饮食等方面的启蒙教育的经验。

民俗研究要继续，也要创新。纸艺活动作为中国古老而富有传统的一门民间艺术，至今已有1 500多年的历史，是中华民间艺术瑰宝。其中撕纸是一种类似剪纸但和剪纸不同的平面镂空艺术。撕纸不需要剪刀，以手指作为工具，利用双手手指的运动来撕出形象。它是以"撕"为基本动作，跟纸作交流的艺术。撕纸活动作为一种造型艺术活动，同时也属于非物质文化遗产保护项目，是一种独特的手工艺画种。撕纸活动适合幼儿阶段，不但取材方便，同时还能促进大脑思维、小肌肉群的发育和发展。在民俗文化教育背景下，寻求新的突破口，让落脚点变小，有利于课题研究更深入有效。因此，结合金新幼儿园实际情况，考虑幼儿兴趣热点，以小社团形式实施与民俗相关的幼儿社团活动具有现实意义。

民俗文化教育背景下的幼儿撕纸社团活动，不但能培养幼儿成为"心灵手巧"的人，提高幼儿的动手能力，萌发幼儿的想象力和创造力以及专注、自信等学习品质，同时有利于非物质文化遗产的保护和传承，启蒙幼儿兴趣，发展幼儿特长，提升审美能力，传承民俗文化特色。

二、研究概况

（一）研究目标

1. 本研究基于民俗文化教育背景，以幼儿撕纸活动为抓手，以幼儿小社团活动为组织实施途径，构建具有园本特色的撕纸课程方案。

2. 通过撕纸小社团活动的组织实施，帮助幼儿感受撕纸之美，启蒙参与撕纸社团活动的兴趣，并在参与中体验、体验中了解、了解中传承撕纸艺术，能用简单的图样符号来表达中华文化内涵。

（二）研究方法

1. **行动研究法**：在实践中了解不同阶段幼儿运用撕纸元素的特点，选择符合幼儿撕纸学习的内容和素材并设计活动，及时调整和优化教材方案。

2. **案例研究法**：撰写撕纸社团活动案例，修正和提炼教学策略。

3. **经验总结法**：对实践中积累的材料进行全面的归纳和提炼，总结出"民俗文化教育背景下幼儿撕纸社团活动"的规律性内容，梳理出教材方案和途径方法，为创立特色型园本课程做准备。

三、研究实施

（一）构建幼儿撕纸社团活动方案

1. **幼儿撕纸社团活动的目标**

总目标	在撕纸社团里浸润民俗文化，体验乐趣、启迪审美、挖掘潜力、发展特长，具有初步表达表现和创造撕纸艺术美的能力。
中班目标	1. 喜欢参加撕纸社团活动，感知民俗文化之趣和美。 2. 能选择合适的色彩和材料，尝试运用简单的线条或图样进行撕纸作品表达。
大班目标	1. 自主参与社团活动，体验撕纸活动带来的愉悦感和成功感，增强自信心。 2. 提高手眼协调和动手动脑能力，有一定的创造想象力。 3. 能用撕纸的基本符号和纹样来表达中华文化的内涵，建构初步的民俗文化知识，逐步形成中华民俗审美价值观。

2. 幼儿撕纸社团活动的内容

本课题基于民俗文化背景，因此幼儿撕纸社团的内容素材紧紧围绕民俗文化，筛选了适合幼儿撕纸创作的民俗文化的内容。经过严谨思考、归纳与梳理，将儿童生活中幼儿能接触和感受到的五个板块内容纳入了撕纸社团活动，见下图：

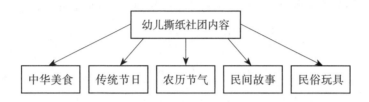

通过划分，五个子主题巧妙地渗透民俗文化中的精华，既丰富了幼儿民俗文化知识，也赋予了撕纸活动丰富的内涵，再将社团内容课程细化落实到每一个活动素材，见下图内容安排：

内容安排	中班阶段	大班阶段
中华美食	香糯的八宝饭 汤圆圆又圆 冰糖葫芦	香喷喷的饺子 暖暖的火锅 红米饭南瓜汤
传统节日	中秋节，打月饼 春节到，放鞭炮 重阳节，重阳糕	虎年祝你虎虎生威 元宵节，闹花灯 重阳节，献寿桃
农历节气	立春：食春饼 雨水：小雨滴 立夏：挂蛋 夏至：吃西瓜 小暑：炒藕片 立秋：树叶飘 白露：小蘑菇 大雪：堆雪人	清明：做青团 谷雨：小动物伞 小满：蜻蜓低飞 大暑：荷塘月色 处暑：鸭子戏水 秋分：菊花开 寒露：大闸蟹 小雪：晒鱼干
民间故事	小蚂蚁搬家 小蝌蚪找妈妈 小蜗牛	大狮子 三只蝴蝶 金斧头和银斧头
民俗玩具	纸毽子	不倒翁

清晰的课程设置安排，为撕纸社团活动的落地开展提供了保障。如在美食子主题下，把见过的、尝过的中华美食用撕纸艺术表现出来；在传统节日，把特色内容表征展现出来；在每个节气来临之前进行文化渗透，撕纸体现节气特征；民间故事中汲取经典形象，撕纸制作成指偶头饰等表演道具；还有点亮过祖辈的童年生活的简朴有趣的民俗玩具，也纳入幼儿撕纸社团活动内容，指导孩子们利用废纸撕一撕自制玩具。

3. 幼儿撕纸社团的实施步骤

每周一次的撕纸社团活动在实施中摸索到两大环节：感受和欣赏撕纸美；表达和创造撕纸美。这两个环节落实在四个步骤中。具体步骤如下：

第一步，欣赏感知。

在撕纸活动中欣赏感知是非常重要的一环，充分的欣赏和感知能力帮助幼儿明确创作撕纸作品的方向。特别是民间故事、农历节气等子主题，需要初步了解渊源。必要的知识渗透，让孩子知其意，才能表其形。教师可在活动之前进行铺垫或者活动第一环节就让孩子们充分地欣赏和感知，同时提醒孩子们观察出事物本身的造型特点，是什么造型（什么形状）？由几部分组成？用什么花纹？再来欣赏教师的撕纸作品或者撕纸的小视频或者现场演示，幼儿会对即将开启的撕纸创作十分期待，有助于幼儿有目的、有意识、有方法地去创作作品。

第二步，自主创作。

撕纸活动的第二步骤中，孩子是主体，孩子用适宜的材料进行自主创作。撕纸活动所能运用的是大小合适的彩纸或废纸，有时可借助一些常见的辅材，如一支添画轮廓线的笔、一支胶棒、一根绳线、一点黏土、一盒蜡笔。孩子们在自主创作过程中，会继续观察实物图片或老师的作品，也会观察同伴是怎么撕纸创作的。老师在巡回中对需要帮助的孩子提供适时指导。

第三步，展示交流。

此环节是幼儿最能获得成功感的环节，孩子们急于给老师和伙伴看看自己的"手艺"。因此，给予孩子展示交流的平台十分重要。设立展示区，提供阶梯式架子或展示版面，便于孩子展示撕纸作品，同时可欣赏同伴的作品，孩子们很喜欢、很乐意、很积极地参与到交流分享中。这一环节中，老师可引导幼儿分享交流是让撕纸作品形象和灵动起来的好方法，引导探讨把作品立体起来的小秘诀等，同时还可鼓励孩子保持创作热情，回家继续创作。很多孩子很乐意回家当爸爸妈妈的小老师，赠送自己的作品或再次展示自己的撕纸过程，交流自己的撕纸成果和经验。

第四步，环创游戏。

撕纸社团的作品还能成为幼儿园或者班级教室环境中的教育资源，也可以变成孩子们最喜欢的游戏材料。因此，撕纸社团活动可延伸到第四个环节——环创与游戏。

环创中展现，撕纸作品有了展示舞台。例如，在幼儿园大环境中用幼儿撕纸作品呈现二十四农历节气。一幅幅节气作品来自撕纸社团孩子之手，用智能点读笔录下孩子自己解说的节气习俗。大环境变成了会说话的墙，其他孩子可边看作品边听节气的介绍来了解农历节气，体现了民俗文化渗透，彰显了孩子是环境的主人。

游戏中玩耍。孩子们还特别喜欢把撕纸制作的作品带到游戏中玩耍。如在角色游戏中，孩子们常常会很应景地开店。中秋那段时间，月饼店开张了。因为有了撕纸社团创作月饼的经验，孩子们用各种月饼盒，加上自制的撕纸作品——各形各色各馅的月饼上市了。月饼店的店员们忙着接单、自制，一个个撕纸做好的月饼装进月饼盒子。快递员上门取货，然后送货，忙得不亦乐乎。在中华美食主题下，撕纸社团制作过冰糖葫芦、八宝饭等，孩子们很喜欢在游戏中再现再玩这些撕纸内容。游戏时间，会自主来到材料仓库，自选彩纸，用"娴熟"的技艺，不一会儿就能制作完成。于是，就有了娃娃家请客吃八宝饭，以及街边冰糖葫芦移动小店的开张。撕纸作品拓宽了游戏情节，促进了孩子社会性发展。

（二）摸索幼儿撕纸社团的途径方法

民俗文化背景下的幼儿撕纸社团活动，搭建了翔实的课程内容，依据框架，运用五种途径方法让撕纸社团活动充满情趣和活力，幼儿在活动中主动参与，积极创作。

1. 连接生活，撕纸展现中华美食

连接生活就是与幼儿生活相融。陶行知先生提出：生活即教育。主张教育同实际生活相联系。中华美食源远流长，各地特色饮食琳琅满目。孩子们生活中见过尝过的美食不少，选择有代表性、有食育意义的、适合撕纸创作的一些素材点纳入课程实施方案中。 例如中班八宝饭、汤圆、冰糖葫芦，大班热腾腾的饺子、暖暖的火锅、红米饭南瓜汤。

如中班社团活动——冰糖葫芦。

以冰糖葫芦为题材的社团活动，孩子兴趣点高。活动开始，老师用PPT画面呈现红艳艳、圆溜溜的冰糖葫芦，一下子就抓住了孩子眼球。老师引导幼儿回想自己吃过或见过的冰糖葫芦，幼儿个个踊跃发言。随后老师再呈现用撕纸制作的冰糖葫芦，并让孩子取下一根，仔细看，冰糖葫芦是什么形状的？猜猜怎么撕出圆形冰糖葫芦的？老师可演示对称撕纸的方法。先将手工纸对折，一边是开口，另一边封住的叫闭口。从闭口处开始画半圆的圆弧。然后开始用食指拇指配合，像小鸡啄米一样一小口沿着画线撕。这一撕纸的基本方法经过几次的练习和巩固，孩子们就基本掌握了。接着将撕好的圆形三个到五个一串，贴在吸管或一次性筷子上，一串冰糖葫芦就做好了。在展示交流时，老师引导幼儿说说除了圆溜溜红艳艳的冰糖葫芦，还见过什么样的冰糖葫芦呢？之后延伸到游戏，孩子就开始在红色圆形冰糖葫芦的基础上变化，创造了很多形、色的冰糖葫芦，如橘子瓣形状的、猕猴桃做的冰糖葫芦，香蕉穿起来的冰糖葫芦。冰糖葫芦的颜色五彩缤纷，口味也是各不相同。当"冰糖葫芦"开卖时，顾客盈门，生意兴隆！

又如大班社团活动——红米饭南瓜汤。

粗粮美食老一辈都喜欢，特别是红米饭南瓜汤最为有名。因为在战争年代，井冈山红军靠着耕种，吃上了红米饭南瓜汤，最后取得了战争的胜利。营养的红米饭南瓜汤如何也让孩子们爱上？老师在10月份的大班社团活动前，让孩子们欣赏民谣《红米饭南瓜汤》，了解红军艰苦奋斗的故事。然后老师引导：红军叔叔会种南瓜爱吃南瓜，我们小朋友也爱吃南瓜吗？看看南瓜长啥样？有的圆圆胖胖，有的矮矮扁扁，也有的瘦瘦长长，还有的上面瘦下面胖。颜色有的绿、有的黄、有的橘色的。南瓜长得各不相同，今天我们撕纸做南瓜，南瓜造型也可以各有特色。想想可以用什么办法撕出南瓜造型呢？可以借助对称折叠，画上辅助线，细心撕慢慢撕，撕出南瓜造型后再给南瓜内部撕一点小镂空，南瓜就更可爱了。放进小碗，撕一些碎碎的小葱花放进汤里，南瓜汤的味道就更好了。接着，孩子们开始自选彩纸，用铅笔添画辅助线，尝试对称撕出南瓜造型。老师巡回指导，南瓜造型可胖可扁，也可瘦长。胖胖的南瓜可撕出小的镂空花纹图案，并引导幼儿发挥想象和创造，如能用巧手撕出南瓜的眼睛、嘴巴，就更可爱了。在交流分享时，请孩子们把做好的南瓜汤端上桌吧！幼儿围坐一圈，互相欣赏，展示交流：看看哪碗南瓜汤最诱人呢？里面的南瓜有什么特色呢？幼儿互相评价。老师肯定孩子撕出了南瓜扁扁圆圆的造型，还有镂空花纹。有的南瓜汤里还有各种各样造型的南瓜。最后总结红军叔叔会种南瓜爱吃南瓜，我们小朋友也爱吃南瓜，还学会了用撕纸做南瓜汤。在活动后老师还把幼儿撕贴南瓜的作品布置到主题墙，呈现秋收的景象。

以中华美食为素材的撕纸活动基于儿童生活，贴近孩子，与孩子的生活链接，落实了《指南》精神，潜移默化中帮助孩子感受了中华美食的丰富。孩子们乐学乐玩，一道道"中华美食"在孩子们的手中诞生。

2. 渗透传统，撕纸增添节日氛围

渗透传统意味着传播传统文化。如今，因为外来文化的冲击，孩子也被卷入外来文化，很多孩子熟悉圣诞节、万圣节，却不知清明节、重阳节等。我国的传统节日历史悠久，是代代相传的宝贵文化遗产。撕纸社团活动将传统节日内容纳入进来，有目的有计划有组织地开展，巧妙地渗透中国独有的传统节日文化，夯实了幼儿园传统节日教育。

在实施中，首选我国传统重要节日，如洋溢着浓浓家庭温情的春节、中秋节，还有蕴含感恩、孝道的清明节、重阳节。在这些节日里，找到最具代表性的事物。比如春节放爆竹、元宵节赏花灯、中秋节打月饼、清明节做青团、重阳节献重阳糕和寿桃等习俗。

同时，要依据幼儿的年龄特征和撕纸水平，课程内容由浅入深，制作难度也由简到难。同样是春节内容，落脚点却不同。中班撕纸社团已经会撕纸表现春节的爆竹，大班幼儿表现春节这个节日时，可结合农历年，制作喜庆、蕴含祝福的生肖贺卡。牛年学习制作牛年大吉，虎年学习制作虎虎生威，很好地把生肖这一民俗文化融于撕纸活动中去实施。孩子们对春节传统习俗的了解也越来越丰富。

当农历新年到来时，孩子们用自己的撕纸作品为节日增添了浓浓的年味。窗户上有孩子们撕出的红红的窗花，门口贴着孩子们的手撕作品虎虎生威，门框上挂着孩子们合作撕贴制作的串串爆竹。重阳节，请来爷爷奶奶，撕纸社团的孩子们献上了自己的撕纸贺卡——重阳糕、寿桃，爷爷奶奶笑得合不拢嘴。

在幼儿撕纸社团活动中渗透了传统，中国节日对于孩子来说，不再只是被动参与。孩子们感知了传统节日，也用自己双手撕出的作品装点和打扮着中国传统节日。每个孩子都是大大的中国人！

3. 事物变化，撕纸呈现农历节气

对于孩子来说，农历节气看着高深，但实际上四季轮换、自然变化以及人们在二十四节气中的不同活动，蕴含着丰富的知识和美育，是不可忽视的教育资源。引导孩子关注农历节气中的事物变化，挑选凸显节气特征的素材，将之融于撕纸课程。农历节气也可以浅显易懂，贴近孩子，撕纸社团活动也更彰显了民俗文化精华。

如中班社团活动——立夏挂蛋。

活动开始，老师问孩子们："最近的气温变得怎么样了？"（开始热了。）是的，立夏这个节气马上就要到了，标志着春天马上要结束了，天气逐渐要变热了。一说到立夏，小朋友们，你们想到什么呀？（挂蛋。）你们知道为什么立夏要挂蛋吗？天气变热，有的小朋友可能会出现身体劳累疲倦、四肢无力、没有胃口的情况，这种现象叫"疰夏"。女娲娘娘有个妙招：小朋友们在胸前挂上一个蛋，就可以避免"疰夏"。所以，立夏就有挂蛋这个习俗。那今天，我们用彩纸、彩笔、丝带来自制挂蛋吧！看看步骤图，第一步，做什么？手工纸对折。第二步呢？在闭口的地方画上半圆。第三步，沿线把它撕下，蛋就做好了。第四步，可以在蛋上做一些装饰。用彩笔画图案或者用彩纸撕一些小图案贴上去都可以。最后在闭口线的上方撕掉一个小孔，把丝带穿进去，立夏挂蛋就做好了。讲解完，孩子们开始自主创作挂蛋。10～15分钟后就做好了。除了丝带打结需要老师帮忙，其他大多能自主完成。随后，一个个把立夏挂蛋挂在脖子上。老师说："跟你的朋友们介绍你的挂蛋吧！"孩子们自主和同伴交流着："你看，我这个挂蛋有小爱心花纹。""我的挂蛋是波浪花纹。""我的挂蛋有斑马线一样的条纹。""我这个挂蛋比你的大。""我的挂蛋比你的圆。"……"立夏挂蛋"内容简单易上手，放在中班下学期的撕纸社团活动中，孩子们对沿线撕比较熟练，拇指和食指配合撕纸熟练，撕下的椭圆形比较完整，有一半孩子用了撕贴的办法制作挂蛋上的图案，还有一半孩子用了彩笔添画花纹。效果都不错。孩子们选用的彩纸有各色的，所以制作出来的挂蛋也是五彩缤纷的，挂在脖子上既好看又轻巧，一个个比蛋斗蛋，欢乐融融。

将农历节气融于撕纸社团后，农历节气不再深奥难懂，变为一幅幅富有趣味的撕纸作品。如谷雨节气，孩子们撕纸创作小动物伞，雨中一把把小青蛙伞、小兔伞……呈现着谷雨这个节气雨生百谷、雨水充沛的景象。又如夏至节气，消暑吃西瓜。孩子们撕纸制作立体能站立摆放的一块块大西瓜。作品完成后，孩子们捧着西瓜，做出张嘴咬一口的姿势，有趣可爱。小满节气，孩子们撕纸制作蜻蜓低飞，将制作的蜻蜓套在手指上，玩起了蜻蜓低飞，展现了这一节气蜻蜓低飞这一常见的自然现象。处暑节气，制作撕纸小鸭戏水。一只只在湖面上戏水的小鸭，随着底下回形针的操作，仿佛真的能往前游往后退。孩子们制作完成后玩得不亦乐乎。又如小雪节气有晒鱼干的习俗，孩子们撕纸制作小鱼造型，撕贴小鱼的花纹造型，一条条鱼儿穿在树枝上，表示气温下降，要准备储存食物了……融汇了节气教育的撕纸活动给孩子们创造了感受、思考和表达的渠道。

4. 听赏故事，撕纸表现经典角色

撕纸社团开展的过程中，我国民间故事的实践与研究的课题也正式启动。听赏学习民间故事后，孩子们对于故事中的经典角色记忆深刻。老师将一些民间故事作为素材内容，引导幼儿尝试着用撕纸活动去表现，也收到了良好的效果。

如《三只蝴蝶》的小社团活动中，孩子们自己来制作角色道具。先自选角色再选择色纸。制作花朵时，首先撕成细条，然后借助蜡笔卷一卷，扭扭棒扎一扎，整理一下花瓣，花朵制作好了。制作蝴蝶时，提醒孩子使用对称折叠再撕纸的办法，注意蝴蝶翅膀的形状，触角可以用扭扭棒装饰，孩子们一会儿就变出了蝴蝶。当老师呈现背景画面，孩子们戴上自制的蝴蝶或花朵头饰就开始故事表演了。

由于民间故事与撕纸社团活动之间搭建了桥梁，听赏故事后再撕纸创作，使得民间故事中的角色越来越靠近孩子，孩子们依托故事剧情，用撕纸制作的头饰胸饰来表演故事，开展表演游戏，达到了多元整合、资源共享的效果。经典的角色形象由孩子们巧手创造，经典的故事深入孩子们心田。

5. 传承耍货，撕纸制作简朴玩具

耍货是从古至今流传下来的手工制作玩具。它与民俗相关，有一定的历史传承意义。在孩子们的爷爷奶奶辈玩过不少民间玩具。但如今随着玩具种类的不断丰富，民间玩具越来越少出现在孩子们生活中。然而，手工自制的民间玩具却体现着材料自然、制作简易、玩法自由的特点，这些玩具不应该被遗忘，应当被保留和发扬。撕纸社团基于这样的思考，将用纸制作的手工民间玩具考虑进来，尝试用撕纸来引导孩子们制作简朴玩具，寓教于乐。

如不倒翁。老师出示撕纸作品——不倒翁，念起童谣："不倒翁，真可爱！大肚皮，圆鼓鼓。胖脸蛋，笑呵呵。推一推，摇一摇，就不倒，就不倒。"你们知道这个玩具叫什么名字吗？你们爷爷奶奶小时候都玩过，这是民间玩具——不倒翁。爷爷奶奶小时候的很多玩具都是自己做的，不倒翁就是他们小时候自己制作了常常和小伙伴一起玩的玩具。老师请一个孩子来推一推玩一玩，"不倒翁，左推右推推不倒，一下它又站起来"。这个有趣又可爱的玩具我们自己也可以制作。材料很简单，需要手工纸、胶棒、水彩笔。先做不倒翁的身体，对折再对折，变成正方形，然后用笔画上曲弧线，勾出不倒翁的手和身体，然后沿着画好的线撕下展开，不倒翁的身体就做好了，可以用彩笔在不倒翁身体上装饰衣服纽扣、花边等。再拿另一张纸，做不倒翁的头。对折后，从闭口处画半圆，下面画一截代表脖子，也可添上辫子、耳朵。然后沿轮廓线撕下展开。开面相，画上头发、眼睛、鼻子、嘴。把头部和身体部分粘贴在一起，不倒翁就做好了！推一推，是不是不会倒，很好玩？大家来试试。

自制民间玩具的撕纸活动，给孩子们带来了不一样的体验，体现了做中学、玩中学。自制的玩具简朴却有趣好玩，让孩子们和爸爸妈妈爷爷奶奶玩到了一起。孩子动手、动脑、动身中，民间玩具也得到了传承和发展。

四、实施成效

民俗文化背景下的幼儿撕纸社团活动开展至今，孩子们的成长让人欣喜。疫情原因，家长不能来园，老师定期组织家长线上云参观，家长目睹了幼儿撕纸作品在园内民俗环境布置中的运用，在"晓黑板"的"晓成长"页面里观摩了幼儿撕纸社团活动成果。如虎年来临之际，邀请家长一起参与亲子撕生肖迎新春活动。一系列的活动中家长体验了孩子们所说的撕纸有趣好玩，感叹撕纸社团活动让孩子变能干，知识变丰富，想象力和自信心增强。归纳起来，幼儿撕纸社团活动开展取得了以下五条显著的成效：

1. 浸润民俗文化

幼儿撕纸社团活动的开展，有效落实了陈鹤琴先生的理论：学前教育实践应当充分利用社会资源，挖掘民间资源，引导幼儿实际感受本土文化的丰富与优秀。幼儿撕纸社团活动基于民俗文化，以中华美食、传统节日、农历节气、民间故事、民俗玩具这五条线索，让幼儿习得民俗，帮助幼儿在参与中体验、体验中了解、了解中传承撕纸艺术。"撕纸在民俗内，民俗在撕纸中。"让孩子浸润于民俗文化之中。如说到中秋节，孩子们立刻就能想起八月十五打月饼，双手一撕，一幅中秋月饼的作品就做出来了；说到春节，孩子脑海里就会出现代表新春热闹的鞭炮、花灯、生肖等，双手一撕，欢乐中国年来了。爷爷奶奶辈玩过的手工玩具，孩子们也能用撕纸来自制，老少一起玩民俗玩具，鹤发童颜玩在一起，这就是民俗的传承，民俗的魅力。幼儿撕纸社团的开展，帮助了孩子在润物细无声中感受中华民族优秀的文化内涵和独特的艺术魅力。

2. 萌发审美情趣

艺术活动的最终目的在于引导人们去发现美、欣赏美，并为世界创造一切美好的事物。幼儿把自己美的体验和真实情感倾注在艺术创作之中，从中体味现实生活的美好，这种创造对儿童来说是快乐的。幼儿撕纸社团开展以来，孩子们欣赏美、感受美、表现美的能力有了明显进步。首先，孩子们撕纸兴趣浓厚；其次，能发现撕纸作品的图案美、色彩美、结构美，有了初步的审美情趣；最后，能用撕纸创造简单的图样符号来表达中华文化内涵。孩子们在一次次社团活动中了解了撕纸的图形、对称、折叠、轮廓、镂空等表现手法，并且有了初步的撕纸审美和表现力。

3. 动手动脑成长

幼儿撕纸社团活动注重动手操作，引导幼儿在做中学习，既动手又动脑。起初，幼儿撕纸完全不受小手控制，彩纸在孩子手中并不听话。撕的方向、长短不能把握，一不小心就撕破了。老师适时运用朗朗上口的儿歌童谣帮助孩子学习撕纸技能："食指拇指捏捏，变成小鸡吃米，一口一口往下啄。"小步撕纸法让孩子食指拇指的配合度提高了。孩子会撕线条了、会撕图形了，学会对称表现法了，会对折，找闭口，从闭口处开始画线，沿轮廓撕，展开再修整；后来还逐渐过渡到会根据形象目测撕、多层折叠撕等。社团学习内容的安排考虑了孩子撕纸技能发展的过程，由浅入深地促进孩子动手动脑。如从糯的八宝饭开始，幼儿随意撕出红绿丝、枣子杏脯，到后来可以控制手部小肌肉，撕出自己想要的图形，还能镂空或者叠加增添花纹，大班后期还能表现事物立体的造型，如热腾腾的饺子，孩子们撕贴制作的饺子，锅盖可以往上推开，仿佛饺子在锅里翻滚。撕纸是一门动手且动脑的艺术，孩子在幼儿撕纸社团活动中双手变灵巧，脑子变灵活，动手能力和思维能力都有了成长。

4. 体验创作快乐

撕纸社团活动中孩子都是自主创作，老师引导孩子让作品灵活生动起来，不拘泥于固有模式，尽可能让创作的形象富有生机和想象。例如，撕出南瓜造型后，怎样让南瓜更生动？怎样撕出镂空花纹？怎样用镂空表现出南瓜娃娃的眼睛、嘴巴？孩子们在撕纸中不断悟出小窍门。如可以在需要撕掉的地方画上小标记，再开始撕。折叠后的纸，画了半圆，撕下展开是完整的圆。想撕扁圆南瓜还是瘦长南瓜，什么颜色的南瓜，全凭孩子自己做主。又如谷雨节气，制作各种小动物伞。孩子们看了老师制作青蛙伞的方法，自己思考还可以做哪些小动物伞呢？有的孩子选用粉色、浅蓝、白色纸制作了小兔伞，撕纸时凸显小兔的长耳朵。有的孩子创作了有三角形耳朵的小猫伞……在教师节、母亲节、儿童节等节日来临的时候，孩子们还会主动给老师、家人、同伴，送上自己撕纸创作的小礼物，如瓶花、裙子、纸扇等。幼儿撕纸社团活动帮助幼儿感受了撕纸创作的快乐，获得了成功体验，自信心和满足感大大发展。

5. 启迪多元才能

每个孩子都是独一无二的，都会有长于其他孩子的地方，即孩子的天赋。幼儿撕纸社团倡导多元整合，启迪孩子的潜能和天赋。因为孩子进行的不仅仅是撕纸这一艺术活动，同时还有机融合了音乐、语言、数学、科探、生活、环创等多方面的教育。例如南瓜汤这一活动，有欣赏红歌《红米饭南瓜汤》，有聆听红军的井冈山小故事，再进行撕纸创作，交流自创的独特南瓜，一起参与秋收环创布置。这一活动融合了音乐、语言、美术等多方面的元素，启迪了孩子各方面的才能。结合节气的撕纸社团活动，让孩子们对节气充满了好奇，除了了解不同节气可由不同的事物来表征，孩子们的节令文化知识也越来越丰富了，有的孩子会主动来询问老师二十四节气的顺序，有的会和老师一起交流《二十四节气歌》。

多元的世界，多元的才能，多元的发展。幼儿撕纸社团启迪了孩子的多元才能，让孩子的未来有更多的可能和更大的天地。

利用生活材料开展幼儿
创意美术活动的实践研究

上海市浦东新区星韵幼儿园　陶　煜

《3～6岁儿童学习与发展指南》明确要求："幼儿艺术领域的学习关键在于充分创造条件和机会，在大自然和社会文化生活中萌发幼儿对美的感受和体验，丰富其想象力和创造力，引导幼儿学会用心灵去感受和发现美，用自己的方式去表现和创造美。"

幼儿创意美术活动强调幼儿的主体性地位，重视幼儿的个性化表达，旨在激发幼儿艺术潜能和创造力，符合幼儿的身心发展特点，支撑美术活动的价值落地。在创意美术活动中，成人为幼儿创设自由开放的创作空间，鼓励幼儿大胆表现自我；与此同时，还应当提供生活化多元材料，支持幼儿的个性表达。所谓生活材料，一方面贴近幼儿生活，更易于唤醒幼儿的经验，推动幼儿的建构，激发幼儿的情感，推动幼儿的表达；另一方面生活材料操作简易，低构易变，适应了幼儿直观形象的思维方式和朴拙粗犷的发展特点，为幼儿的艺术表达提供了现实抓手。因此，生活材料的有效提供对幼儿创意美术活动具有重要的意义。

一、巧用生活材料，开展幼儿创意美术集体活动

集体活动是开展幼儿创意美术的重要载体和途径，教师有机融入生活材料，提升集体活动的实施有效性。

（一）生活材料的发掘——深度融合目标，连接幼儿生活

陈鹤琴先生指出：活教材即取自大自然、大社会的"直接的书"，让儿童

在与自然、社会的直接接触中，亲身获取经验。教师应注重选择生活材料。作为教育资源，生活材料应当具有价值和手段的双重价值：既是美术教育价值的具体承载，又连接着幼儿的生活经验和身心发展特点。这是开发和利用生活材料的实践要点。

在具体实践中，不仅要深刻领悟和理解教育目标的内涵，寻找其与周围环境、幼儿兴趣的契合点，还要发掘具有教育意义的生活材料。

在"海底世界"相关主题中，核心经验涉及"萌发幼儿探索海底世界的兴趣，激发幼儿自主表达和创意想象"。为此，我们班组织了螃蟹壳组合画集体教学活动。活动前期，在阅读区投放了相关"海洋"主题的绘本故事和科普图书供幼儿自主阅读。一次次的欣赏交流活动中，幼儿们发现了照片中不同的螃蟹，了解了各种螃蟹的形态和生活环境。当教师提出将要收集"螃蟹壳"来创作螃蟹趣事时，幼儿们感到非常新奇，因为他们在日常生活中经常吃螃蟹，但是不知道应该如何将螃蟹壳制作成美术作品。于是幼儿们回家开始与父母展开了收集行动。有的提出，要和家长一起到菜场亲自选购喜欢的螃蟹。"我想要一个扁扁长长的螃蟹壳！""我想要一个方方的！"活动当天，幼儿们小心翼翼地拿出自己收集的螃蟹壳，再次欣赏分享水中螃蟹的趣事后，幼儿们已迫不及待要创作自己的小螃蟹作品了。有的用双面胶粘在硬纸板上，又贴上了蟹爪，就这样，硬纸板上出现了一只可爱的小螃蟹；有的从百宝箱里找到了一次性小碗涂上颜色，给螃蟹做了一个家；有的用纸揉成一小堆做成了沙堡，用树叶粘贴成海边树林，有的用塑料袋做成大海。巧用生活材料更加激发了幼儿的活动兴趣，萌发了他们创作的愿望。原来创作可以用真实的生活物品进行加工，于是每一幅作品都具有童真色彩，充满了孩子们的想象力。

所谓生活材料，就是我们每天听到的、看到的、触摸到的自然资源、社会资源、风土人情等，时刻存在于我们的生活中。教师要注重自然材料和民间艺术风俗元素的深度开发，不仅要学会利用树叶、石头、豆粒等常见材料开展独特的创设，也要大胆创新，开发日常生活中虽然常见但是没有被引入教育领域中的材料。教师在利用常见材料开展创意美术活动时，要注重利用形式的多样化。

（二）生活材料的使用——激发幼儿表达，支持幼儿创作

所谓艺术，是利用独特的艺术形式，创造艺术形象，以此进行个性化表达的活动。因此，创意美术活动的有效开展，一方面应激发幼儿内在的表达意愿，一方面应给予幼儿外在的技术支持。具体而言，在创意美术集体活动中，要为幼儿提供多元化的生活材料，唤起幼儿的生活经验，同时提供幼儿表达的具体抓手。

1. 生活材料可以用来展示，引导幼儿唤起经验

幼儿每天花大量时间在教室中，若将环境利用起来作为一个"艺术馆"来展示一些生活材料的创作作品或是艺术展品，那幼儿会在这样的环境中潜移默化地被唤起他们的生活经验，从而产生创作的兴趣。同时教师应鼓励幼儿讨论这些生活材料在家中都是用于哪儿，怎样使用。就如小班主题"小宝宝"中，为了激发幼儿对身体五官的兴趣和认知，老师找来了笔刷、废旧光碟、纸板、纽扣等材料创设了宝宝一家的人物形象。刷子在老师的手中添画了不同的五官，变成不同情绪的表情；废旧光碟变成宝宝圆乎乎的脸蛋，加上纽扣装饰的大眼睛，一个个萌娃娃深受幼儿们的喜爱。幼儿们看到后惊喜地说："原来刷子也可以变成脸，刷子的毛变成了头发，太好玩了！"通过不同材料的变脸，激发了幼儿对五官的兴趣。在"有趣的脸"活动中，教师为幼儿提供了不同的五官图片，幼儿自己探索五官的位置并粘贴在头像底板上，瓜子、瓶盖眼睛、勺子、牙刷鼻子、肥皂盒嘴巴，一张张有趣、滑稽的脸完成了，幼儿们看到自己的作品也忍不住笑了，有的则抱着作品不愿放下。我看到孩子们的笑容里充满了满足感和成就感。同样在小班"理发师"主题活动中，也可以通过不同的材料，来唤起宝宝理发的生活经验，可以用弯曲扭扭棒、吸管、纸团、伸缩管等玩具来展现卷发造型；还可以用勺子、叉子、卷纸芯这些材料来创作其他发型，体验理发师设计发型带来的快乐。

"跳舞的人"是中班"身体的秘密"主题下的延伸活动，我们带着幼儿们利用散步时间来到幼儿园的小花园捡树枝，在寻找中幼儿们慢慢发现树枝的不同，还有"多条腿"的树枝。在幼儿眼中树枝不是美的物品，也不是有用的东西。回到教室后，幼儿看着树枝满脸的疑惑："老师，我们要树枝干什么呀？"当我拿出用丙烯绘画制作的一个"树枝小人"时，大家连连叫道：

"哇——太好玩了!""老师,这个人在跳舞!"于是幼儿们纷纷比画模仿捡来的树枝人的动作,由此孩子们还讨论起创作"跳舞小人"所需要的生活材料,幼儿们想到了毛线、扭扭棒、布料。在收集的过程中不断拓展生活材料,又添加了水果网、泡沫塑料纸、报纸等。在活动中,幼儿自主取材,有的幼儿用毛线缠绕在树枝上,不同颜色的毛线缠绕组合变成不同部位的服装;有的幼儿用水果网围绕树枝粘贴,变成了一条时尚的网格裙;有的用五颜六色的毛绒球给树枝小人设计了潮流卷发……幼儿的创意被无限激发,更有表达欲望。

2. 生活材料可以支持创作,引导幼儿自主表达

学前儿童处于前运算阶段,思维感知都是具体形象的,依赖具体形象和实物载体。只有幼儿真切感知和经历的事物,才可能被同化到他们的审美心理结构中去。为此,我们深入践行上海二期课改"儿童视角"的价值理念,尊重儿童的身心发展规律与绘画发展规律,提供生活材料,支持幼儿的自主创作,为幼儿提供创作的载体。

餐桌前,幼儿用手中的勺子敲打碗时发出的声响,用自己身边的材料创造了自己的音乐。艺术皆如此,美术创作也无处不在。我们发现幼儿很喜欢将自己收集的生活材料带到幼儿园,非常积极地想利用它们进行美术创作,这种情况下,教师应在一日活动安排妥当的情况下,支持幼儿的创作。这有助于充分发挥幼儿的想象力,让生活材料丰富幼儿的创作体验,使幼儿的创造需求得到满足。小班"小花园"主题下,幼儿对春天的花产生了浓厚的兴趣,在自主游戏中发现幼儿经常绘画花朵,但小班幼儿处于涂鸦期向象征期过渡的阶段,只能绘画一些简单的图像。为了满足幼儿的"需求",我们开展了"美丽的花"拓印活动。请幼儿家长协助幼儿一起收集了各种生活中常见的生活材料,有切面特殊的蔬菜,如莲藕、洋葱、青菜根、秋葵、蘑菇等;有厨房里刷杯子的异形刷、装食物的保鲜袋、喝水的杯子、各种形状的海绵擦;有浴室里沐浴的各种动物海绵球、妈妈化妆镜前丢弃的美妆蛋、小粉刷等。家里各个房间里都可以去收集,幼儿兴致勃勃地完成了收集材料的任务。小班幼儿好奇心强,但注意力容易分散。在幼儿创作过程中,运用"魔法棒游戏"贯穿整个活动,各种蔬菜宝宝和生活中的小物品在孩子们手里变成了"魔法棒",按一下变出了一朵漂亮的小花,小粉刷变出了小草地,没想到保

鲜袋装满空气后突出的尖尖角按压后就是一朵绽放的大花朵，杯子底部涂上颜料转一圈能变成一朵玫瑰花……孩子们不停地发出惊叹声："哇——""红色的小花！""这个像蝴蝶。"……在不影响幼儿创作的同时不断启发幼儿："你有什么发现？小工具变成了什么？"教师发现本来胆小的幼儿也能大胆地尝试不同材料，有的将秋葵连续按压，连成一串，惊喜地对旁边幼儿说："你看我画的五角星花花，好看吗？"这些蔬菜宝宝和小工具让幼儿的绘画欲望愈加强烈，生活材料调动了幼儿参与活动的积极性，也使幼儿对活动产生浓厚的兴趣。最后，用水彩笔给小花们添上了长长短短的花茎。欣赏分享环节，每个幼儿都迫不及待地要介绍自己的作品，幼儿的表达欲望也被激发。让幼儿利用丰富的生活材料大胆进行创作，使幼儿知道了绘画活动的表现形式和材料的多样性，大大提高了幼儿的审美和创作能力，也使幼儿通过活动体验着自由表达和创作的快乐。

二、活用生活材料，助力幼儿创意美术个别化活动

美工区角活动作为小组合作和个别化活动的具体形式，为幼儿提供了自主操作、自主思考和自主探索的机会，要求教师根据教育目标以及幼儿的发展水平和兴趣，有目的地创设活动环境，投放相应的活动材料，让幼儿按自己的意愿，以操作摆弄为主要方式进行学习。美工活动室的环境创设是为了激发幼儿的"奇思妙想"，激起幼儿内心的表达欲望。我们也可以将这样的环境搬到教室的美工区域，甚至是各个角落。心理学家波纳德·斯波代克（Bernard Spodek，2008）说："我们有很多办法让儿童对周围的美更敏感，帮助他们理解自己文化的美学要素。这要求我们将美丽的事物围绕在儿童周边，让学校环境更加美观舒适。"

生活材料对美工区角的意义和价值更加凸显，不仅蕴含教育意义，激发幼儿自主探索，而且联动师幼，推动有效互动。

（一）链接学习经验，创设有意

美国著名教育心理学家加德纳强调：与年长的儿童相比，年幼的儿童的思维特点与艺术家的心理和感受能力更接近。学龄前幼儿思维活跃，可塑性

强，想象力丰富，是创意能力发展的黄金时期。因此，在教室中教师可以为幼儿精心布置每块墙面、每个角落，为幼儿创设一个美术创意区角，布置各种幼儿自己的创意作品，让幼儿在创意满满的作品环境中，欣赏讨论、交流观察、相互学习，不知不觉中激发幼儿对美术创作的欲望。

这样一个有准备、有目的的环境，无不彰显着教师的重要作用：蕴含着预设的意义，链接着幼儿的生活。班级中"超级变变变"区角是幼儿手工制作及成果展示基地：纸杯制作成的小动物，各种牛奶盒、纸箱做成的汽车、机器人，酸奶瓶连接成的小火车，麻绳、羽毛、纽扣装饰的相框，还有一个个表情可爱的袜子娃娃……虽然稚拙，也不精美，但无不透露出幼儿创意的火花，也让这里成为班级一道亮丽的风景线。有一次，哆哆拿来了一包大核桃壳，他小心翼翼地打开，告诉我："老师，今天我想用这个做小蘑菇，你能帮助我一下吗？"听到哆哆的创意，我也无比好奇：核桃怎么变成蘑菇呢？在个别化活动中，哆哆带着他的核桃，在百宝箱中找来了硬纸板和树枝。"老师，我需要你帮我粘一下硅胶，我在家试过，双面胶不行。"我变成了哆哆的小助手，在他的指挥下粘贴硅胶。不一会儿，核桃壳连接树枝，树枝又连接了硬纸板，两三个错落拥挤在一起的"小蘑菇"完成了。活动后，我邀请哆哆介绍了他创作的过程，哆哆的作品也得到了小伙伴们的赞美和肯定。在区域中投放多种生活材料和工具，为幼儿的创作过程提供条件，鼓励幼儿尝试别人的创作方式和自我创造，通过大胆尝试、探索材料能让幼儿在潜移默化中积累经验。

在大班美术活动"不一样的向日葵"中，先呈现大片的向日葵视频，让幼儿感受向日葵花海的美。然后欣赏凡·高作品《向日葵》，欣赏艺术家笔下不同形态的向日葵。在欣赏活动后，我听到两位幼儿的聊天对话："你看见过真的向日葵吗？""我路过花店的时候见过的。"因此在随后的几日，我在植物角中摆放了一束向日葵花朵，孩子们激动地前来围观，好奇地说："怎么它没有对着阳光呢？""它的花盘真的好大呀，跟其他的花蕊不一样！"幼儿能够真实地、近距离地观察花朵的形态、花瓣和花蕊，也进一步了解了向日葵的结构以及姿态美。这样的过程，使幼儿对向日葵的美有了更深切的感受。在创作前，幼儿讨论自己需要的材料，并小组合作一起收集材料。有的幼儿听到了哆哆的"核桃小蘑菇"经验分享后，纷纷收集了花生壳、开心果壳涂上颜色来作为花瓣。在创作中，我静静地观察，发现幼儿的作品中富含了奇特的想法、丰富的想象力和独特的认识，幼儿能在不知不觉中将所看、所思、所想迁移到他们的艺术创作中。

生活中的材料有很多，而幼儿认识周围事物大多依靠直接感知，只有让幼儿加入收集的过程中，才能在熟悉材料、乐意操作的基础上激发幼儿创作的灵感。在美工区的百宝箱中，都是幼儿收集的生活中的自然材料，如石头、树叶、树枝、花瓣、小草、羽毛、各种植物种子等，教师则投放一些纽扣、毛线、纸袋、报纸等生活材料。这些材料都具有生活气息，能够让人从中感悟出艺术与生活的密切关系。教师引导幼儿想象，利用做做、玩玩、剪剪、画画、贴贴的方式做自己想做的艺术品，让幼儿在各种生活材料上，充分表达表现自己的创造力和想象力，使幼儿的表达欲望得到满足。各种各样的生活材料和自然物在幼儿的手里都会大变样，异想天开地玩。

（二）适宜年龄特点，预设有据

与其他各类各级教育不同，学前教育要更加关注幼儿的发展。为此，教师在投放美术活动材料的过程中，须尊重年龄特点，体现年龄梯度；同时，创设提供自由、自主的发展空间，可以促进幼儿的个性化发展，也容易激发幼儿对创意美术的兴趣。所以教师在创意美术活动中要为幼儿提供各种机会，让幼儿自由探索，以此促进他们的全面发展。

"我们的城市"主题下，结合之前外出活动看到城市中的高楼大厦，发挥自己的所思所想，我们利用废旧杂志、广告纸、废旧报纸开展了"新房子"的撕纸活动：撕出自己看到的城市新房子。楼房的外形比较简单，如果引入撕纸活动中，不会对幼儿的操作造成太大的困难。对于大班幼儿来说手部精细动作发育较好，有厚度的杂志和广告纸也能较容易地撕贴。

同时，有趣的撕纸画可以锻炼幼儿的小手肌肉，促进大脑发展培养幼儿细心、专心、耐心的良好品质和行为习惯，也能培养幼儿的想象力和创造能力。我们先运用多媒体为幼儿展示了一些城市楼房的图片和撕纸作品，使幼儿形成感官认识。我鼓励幼儿自己进行创作，给予幼儿一定的自主性。幼儿自主尝试不同类型的纸张撕贴，感受材料的撕贴效果，选择了自己需要的材料进行创作。在"新房子"撕贴活动后，幼儿的兴趣高涨，有的幼儿想创作楼房前的雕塑，有的想让房子站起来。于是一次材料讨论和收集活动又开始了，有的带来了厨房里的锡纸，有的带来了厕纸，有的带来了小花园里的泥巴……大班幼儿能用多种材料、工具或不同表现手法表达自己的想法，因此在幼儿的创作过程中，要尊重每个幼儿的想法，鼓励幼儿大胆表现和尝试。活动中幼儿自由结对，有的独立创作，最后在建构工地上一个小型的城市建筑群诞生了：广告纸卷起变成圆柱形的高楼，纸板剪成细细的信号发射塔；杂志折叠变成长方体的大厦，楼顶还有吸管变成的避雷针；楼房前站立着锡纸捏成的"自由女神"……

幼儿间存在着个体差异，教师在材料投放时应该通过观察，评估每一个幼儿的发展状况，为不同发展水平的幼儿提供不同层次的材料。例如，可根据幼儿对绘画技能掌握的不同程度，为幼儿提供不同程度的半成品，为能力弱的幼儿提供画有物体轮廓、经过过塑的纸张，以供幼儿重复练习，避免浪费；对于能力稍强的幼儿可提供有物体大概轮廓的半成品，细节部分由幼儿自己添画；对于能力较强的幼儿可提供白纸，让幼儿自己创作。

（三）适应幼儿需求，支持有度

《幼儿园教育指导纲要（试行）》明确指出："教师应善于发现幼儿感兴趣的事物、游戏和偶发事件中隐含的教育价值，把握时机，积极引导。"即要求教师根据幼儿的兴趣、需要以及表现，做出适宜的、及时的反应，提供适时适当的隐性的指导和帮助，并对活动区活动进行调整、补充、修正，拓展幼儿的活动，支持幼儿在活动区中对周围世界的认识和探索，学会发现问题、解决问题，学会与人交往、合作，学会调节与表现自己的情绪等。

教师在活动中什么时候投放材料，决定了教师是否抓住活动最关键期和幼儿学习的关键时刻。例如，在幼儿园开展的"夏天来到田野里"主题活动时，生活在城市中的幼儿对田野里的蔬果产生了浓厚的兴趣，回到教室后，我们创设了"农果果"区角，在"农果果"区角中投放收集的南瓜、玉米、黄瓜、西红柿、丝瓜、莲藕等农果，开展认知、分类等活动。幼儿总是对各种新鲜的事物充满了好奇和探索的欲望。当幼儿在南瓜、莲藕上肆意涂鸦时，对这些蔬果的内部也充满了探索欲望，"莲藕切开是什么样呢？""南瓜里面真的能坐公主吗?"于是，我们开展了"蔬菜切切切"的活动：当莲藕横着切开时，幼儿看到了一个个小洞洞，连忙说："像朵花。""像个太阳。""像一片片荷叶。"当莲藕竖着切开，幼儿们沉默了片刻："像蚂蚁挖的家。""像隧道，长长的，还是两条车道的隧道呢!"其实这就是幼儿学习和游戏的过程，是创造的潜能。

"蔬菜切切切"活动后，一次午后的散步，有幼儿抬头看到云朵说："看，那朵云像匹马!"其他幼儿也纷纷抬头观望，有的说："云像狮子。"有的说："云像汽车。"接着幼儿的兴趣点，我们和幼儿一起收集资料，用照相机把自己看到的云朵拍下来，然后打印成图片。最后有了"云朵变变变"的生成活动，幼儿在白云的图片上把云朵外形勾出来，点出眼睛，并想象出是什么物体进行添画。

因此，创意美术活动就成为孩子可以尽情尝试和展现自己的舞台。这里有宽松自由的氛围、丰富多样的材料，幼儿可以自由地观察，任意选用不同的工具和材料，通过绘画、撕贴、滚刷、拓印、搓压橡皮泥等许多美术表现的手法，创造性地表达自己的情感和认识，并感受美工活动带给他们的快乐。

三、借用生活材料，激发家庭创意美术活动

苏联教育家苏霍姆林斯基认为：没有家庭教育的学校教育和没有学校教育的家庭教育，都不可能完成培养人这一极其细微而复杂的工作。因此，幼儿园一定要重视并切实做好家教指导工作，实现家园共育。

（一）回归生活场景，挖掘创作契机

生活也是课堂，课堂亦是生活，艺术源于生活，同时也改造生活、美化我们的生活。一提到"艺术"，很多父母都觉得高深莫测。其实不然，家庭场景中是否常常会出现孩子不小心把饮料打翻呢？接着家长呵斥孩子，孩子哇哇大哭……若家长能转换角度将这一"意外"变成一次"创意活动"，那会不会给孩子一次很好的教育呢？当孩子不小心将酸奶打翻在地上，高兴地用脚不停地踩，作为家长的我们若今天冷静了，变得懂艺术了，一反常态将杯中

剩下的酸奶倒在纸上，和孩子一起用酸奶画出了一幅冬日的美景，再利用一些家里的生活材料引导孩子一起做个与众不同的画框，用相机记录下这激动人心的时刻，最后发个朋友圈，这样的一个家庭艺术活动让孩子的"不小心"变成了一幅人生杰作。当家长为孩子准备早餐而烦恼时，何不将材料给孩子，让孩子参与自己的早餐创作呢？如方方的吐司面包脸、圆圆的香肠眼睛、大大的鸡蛋鼻子、用番茄酱来装饰一个红红的嘴唇，一顿创意艺术"大餐"完成啦！

生活中家长也可以收集一些日常用品，比如彩衣、宝贝穿旧的袜子、蛋糕上的装饰、节日的拉花等。幼儿的想象力可以让那些看上去很普通的东西得到极大的利用，从而创造出令人惊叹的效果。

（二）依托生活材料，开展亲子创作

互动产生意义。在亲子互动中，生活材料被赋予了教育的意义。幼儿每天在不断积累新的生活经验，而每天生活的环境大多是在家里或是学校，教师要充分指导幼儿家长一起挖掘身边的热点。秋天是一个收获的季节，秋天的果园更是一个水果季，各种各样的水果都成熟了，散发着诱人的香味。在小班"苹果和橘子"这一主题活动中，水果是幼儿日常喜欢的食物，秋天最受欢迎的便是水果"橘子"了，可以邀请家长与幼儿一起在家开展剥橘子、观察橘子、品尝橘子活动。由于小班幼儿精细动作发展不一，孩子们剥下的橘子皮也会出现各种状况，于是将计就计，让家长根据孩子和自己剥下的大小不同的橘子皮引发"创意想象"，有的家长把幼儿剥下的小小的橘子皮围成一圈，变成了小狮子的大鬃毛；有的将剥下的大块橘子皮修饰成圆圆的形状，变成了萌萌小鸡的身体。幼儿骄傲又自信地展示了自己的"橘子皮变身记"作品。随后在班级中也激发了大家的亲子橘子皮创意热潮，有的做橘皮菊花，有的用橘皮装饰花瓶，还有橘子皮风铃等，让幼儿在操作中不断积累新的经验，并促进亲子感情。又如在"垃圾分类"主题活动下，开展的一次家庭创意美术活动。教师、家长和幼儿一起收集了废旧报纸、酸奶杯、易拉罐、卫生纸筒、一次性杯子、废旧电池、药盒等不同的垃圾，接着请家长与幼儿将这些普通的生活废旧材料进行分类，粘贴在不同类别的"垃圾板块"上并尝试创意组合。有的亲子小组使用棉签、纸盒、旧衣服等可回收垃圾拼搭组合，幼儿们拿起画笔涂上深蓝、浅蓝的颜料，一幅美丽的"海底世界"呈现在我们眼前；有的亲子小组用报纸、塑料瓶组合成了田野；有的亲子小组用电池、药片盒、药瓶罐子组合成了一个火红的大太阳。在这样的多组亲子家庭游戏和互动中，利用生活中的材料，将"美术"与"废旧材料"二者巧妙地结合在一起，开展美术教学活动，让幼儿玩中学、学中玩，从中感受美、体验美、创造美，锻炼幼儿的动脑能力和动手能力，同时培养幼儿的艺术创造能力。

在幼儿创意美术实践活动中，要注重多样化亲子创意美术活动，助推父母的陪伴和亲子的互动。疫情期间，线上我们与班级家长一起组织了"废与美"的亲子创意美术活动。教师提出主题内容：主角是家中的"鸡蛋托"和"鸡蛋盒"，亲子制作一件创意小作品。家长和幼儿一起策划、设计，幼儿发挥自己的想象，显示自己的神通。有的将鸡蛋托一个个剪开并涂上好看的颜色，制作了一个花环；有的利用了轻黏土在鸡蛋托上捏贴出了一个个可爱的小动物；有的在鸡蛋托上用纽扣做装饰，变成了首饰盒；有的用废旧的丝带与废旧布料的结合制作了背带，再给鸡蛋托涂上漂亮的颜色，一个时尚新款包包完成啦！

疫情下的居家生活变得较多，幼儿和家长在一起接触得最多的就是食物。利用家里各类择菜过程中，剩下的各种菜皮、坚果壳、毛豆壳、蚕豆壳等，摆放成"蔬菜展览馆"，让幼儿在摸摸、看看、闻闻的同时思考：这些蔬菜有哪些颜色？哪些形状？可以拼搭成什么？在轻松的氛围下，幼儿又有了真实的感触与体验。真实的蔬菜不仅能吸引幼儿的注意力，提高幼儿对创作的兴趣，还能让幼儿学会观察蔬菜真实的特征，幼儿的绘画作品更真实更鲜活了。

总而言之，在新时期背景下，我们要重视开展创意美术活动，为幼儿提供多元化的生活材料，鼓励幼儿的动手创造。还要发挥幼儿家长的作用，一起投放生活材料，让幼儿在创意美术活动中能实现自我，提升自信心，真正促进幼儿的学习积极性和主动性，开发他们的创意美术思维。

基于新闻小社团活动提升大班幼儿符号记录能力的案例研究

上海市浦东新区明日之星幼儿园　邬申斌

一、研究缘起

众所周知，学前阶段是幼儿语言发展关键期，对于大班幼儿来说，"提供机会让其获得前阅读、前书写的经验，从而为幼儿入小学之后的正式读写学习做好兴趣、经验与能力准备"，是基于幼儿语言学习特点的早期阅读教育活动必须关注的要求。《幼儿园教育指导纲要（试行）》指出："幼儿的符号记录能力是发展其自身阅读、思维、表达能力的重要途径。"我们可以以符号记录能力的培养为目标，助力幼儿信息收集和传递能力的提升，进而推动其表达、沟通能力的发展，并在此基础上创设多样化的实践活动，为幼儿全面发展创造良好的活动环境，营造良好的活动氛围，丰富幼儿的活动体验。基于明日之星幼儿园（以下简称"明幼"）探索"悦·活"教育，倡导以"悦"培元的早期阅读课程实施背景以及本园早期阅读教育课程实施经验，基于对幼儿园如何创设高质量的早期阅读环境，如何关注幼儿语言发展特点，采用符合学前教育规律的方式来组织阅读活动，探索一种能够在活动中激趣、在游戏中学习语言、在创造中记录表达的活动形式，以帮助幼儿做好终身学习的读写准备，促进幼儿语言发展的假设与思考。2021年，明幼如期开展"基于新闻小社团活动提升大班幼儿符号记录能力的案例研究"，旨在以大班幼儿新闻小社团活动提升大班幼儿的符号记录能力，并具有以下三点意义：

（一）丰富体验，助力幼儿符号记录能力发展的需要

培养幼儿对生活中常见的简单标记和文字符号的兴趣，是幼儿早期书面

语言发展过程中重要的内容与要求。学龄前儿童思维发展过程中，符号记录能力的培养是引导幼儿逐步发展自我表达能力、信息记录和传达能力的重要途径，同时，这也是幼儿与同伴、教师、家长交流的重要工具。

《上海市学前教育课程指南》中明确指出：幼儿园教育要注重早期幼儿潜能的开发——注重个别性，也就是尊重幼儿的个体差异。同时课程实施也强调活动的计划性和灵活性的有机统一，提倡集体、小组、个别学习的方式相结合，教师要充分发挥教育机智，抓住最佳教育时机，以适应幼儿的个体差异。小社团活动，以共同的活动兴趣为前提，通过主题类项目社团活动的开展，可为幼儿提供大量阅读、思考、创造、表达、互动时机与平台，尤其是新闻小社团活动中的幼儿符号记录实践，可转变以往单一的学习过程中的符号记录现状，创新充满趣味性、随机性、实用性的新闻小社团符号记录活动，在新闻采集、新闻稿件撰写的过程中，丰富大班幼儿的符号记录活动体验，增添符号记录的灵活性，进而激发大班幼儿参与的主动性与积极性，促使其符号记录能力的全面发展。

（二）更新观念，促进成人扮演角色改变的需要

在以往的活动中，随着对理念的宣传，不论是家长还是老师，虽然明白儿童立场的重要性，但是在活动实施过程中，往往仍存在成人"心急"代替孩子完成作品、梳理采访、过度参与等情况。而新闻小社团活动的开展，倡导孩子的自主探索与表达表现，要求成人通过接触采访过程中孩子们所使用的天马行空、行之有效的符号工具，了解孩子们思维的特殊与活跃，尊重孩子在前书写阶段的发展特点，并在这个过程中，不断调整自身定位，给予孩子更多的信任与空间，从"急不可待"的"策划者""实施者"，慢慢变成"支持者"甚至是"忠实观众"。要求成人在组织中改变指导策略与方式，改变主导角色，鼓励孩子在新闻社团活动中自主、创造性地探索、交流、记录、表现与表达。

（三）丰富课程，拓展"悦·活"课程组织实施的需要

阅读是从书面语言和其他的书面符号中获得意义的社会行为、实践活动和心理过程。对幼儿来说，不仅仅是视觉的，也是听觉的、口语的甚至是触觉的。对孩子来说，社会就是五彩的绘本，生活就是热辣的新闻，他们所使用的各种符号，就是用来记录、交流新闻的独家工具。通过课题的研究，我

们可以进一步系统化地梳理出一些基于新闻小社团幼儿符号记录能力的培养模式，更能尝试总结一些孩子感兴趣的素材、达成共识的符号记录方式、提高幼儿符号记录能力的策略等，进一步丰富我们的"悦·活"课程内容、方法与途径。

二、核心概念

（一）新闻小社团

新闻小社团是"悦生活"社团的下属社团。是由一群跨班级、跨年龄的大班幼儿基于新闻活动为兴趣爱好，以教师作为支持者、协助者和合作者，在幼儿自主选择和主动参与的形式下组建的幼儿新闻采集、录制、播报团队。如组织各类新闻访谈活动，利用多种记录方式收集、记录和整理各类新闻信息并进行多样化分享的幼儿团队。其目的在于，让幼儿在新闻小社团的阅读、探索、记录、表达的多样化活动体验过程中，收获健康自主、和谐发展的活智慧、悦表达、悦欣赏、悦创造、悦分享、悦探索。

（二）幼儿符号记录能力

记录是个体在对某一事物、某一探索历程方面，结合不同的载体进行真实客观呈现、反映事物或者某一历程的某一方面信息的活动过程、行为以及相应的成果。本课题的记录是指对幼儿新闻小社团的实践活动，用图画、表格、其他类符号进行真实客观的反映的活动过程与资料。幼儿符号记录能力是指在新闻小社团活动组织的过程中，大班幼儿利用符号、符号的组合等不同的形式记录新闻活动的采访过程、新闻信息等方面的实践能力。

三、研究概况

（一）研究目标

通过课题研究，探索大班幼儿新闻小社团活动中能够助力幼儿符号记录能力提升的策略，创设趣味性、互动性显著的新闻小社团符号记录实践活动，促使大班幼儿在新闻小社团活动中掌握多样化、趣味性的符号记录新闻社团活动的技巧，提高大班幼儿的符号记录能力，提升家长、教师在大班幼儿符号记录能力培养方面的认知。

（二）研究内容

1. 新闻小社团开展现状与大班幼儿符号记录能力培养的问题研究。

2. 基于大班幼儿新闻小社团符号记录能力提升策略研究。

3. 大班幼儿新闻小社团中符号记录能力培养策略的实施效果研究。

（三）研究方法

1. 文献法：通过查阅资料，收集国内外"幼儿符号记录能力""幼儿园社团活动"主题相关文献，梳理"符号记录能力""社团与社团活动"的核心概念，总结国内外研究现状，撰写文献综述，提升理论水平。

2. 观察法：对幼儿园教师的新闻小社团及其他不同形式的符号记录教学现状进行观察和分析，结合观察和分析的结果，作为总结新闻小社团活动及其他形式的符号记录教学问题的重要依据。

3. 案例研究法：在新闻小社团实践活动中，课题组成员基于研究需要，真实记录新闻小社团符号记录活动过程，整理大班幼儿符号记录行动过程的资料，进行案例分析，为课题成果提炼、问题反思、结论总结提供依据。

（四）研究步骤

1. 准备阶段（2021.11—2021.12）

（1）确立课题，成立课题组。

（2）收集并学习国内外的"幼儿符号记录能力""幼儿社团活动培养符号记录能力"主题文献资料，了解研究动态与理论成果。

（3）制订课题计划与申报表，申报立项。

2. 实施阶段（2021.12—2022.3）

（1）组织大班幼儿新闻小社团与符号记录能力的调查研究活动。

（2）开展大班幼儿新闻小社团培养符号记录能力的教学实践活动、案例分析活动。结合幼儿的观察与分析，评估幼儿的符号记录能力的变化情况，总结基于新闻小社团的大班幼儿符号记录能力培养的有效策略。

3. 总结阶段（2022.3—2022.6）

撰写结题报告，整理各项成果，申请结题。

四、国内外研究现状分析

（一）幼儿社团活动的研究

幼儿社团活动是促使幼儿发展的重要活动，对幼儿社会交往能力、沟通能力、实践能力等综合素质的发展均有着一定的影响作用。柳文华（2021）研究认为社团活动对幼儿的全面发展有促进作用。曹霞（2021）研究认为混龄社团活动有助于幼儿自主能力的培养。沈颖（2021）认为社团活动有助于推动幼儿表现力的发展。不同定位的社团、不同的社团活动有着不同的作用，本质上社团活动是幼儿社会实践活动类型之一，合理的规划与设计，必然有助于幼儿的发展。沈芬（2021）的研究指出：幼儿身边有着多样化的新闻素材，基于幼儿身边的新闻素材来源于幼儿的生活经验。因此，幼儿教师需要依托幼儿身边的新闻，组织角色扮演游戏活动，让幼儿模拟社会与生活场景，进而让幼儿以新闻播报员的角色播报身边的新闻，提高幼儿的表达能力。赵洪芬（2019）指出了幼儿园新闻播报活动对幼儿语言发展方面的积极意义，指出在新闻播报活动中需要灵活应用提问法、直观法和谈话法。张晓燕（2019）的研究指出新闻采访活动的实践有助于幼儿思维能力的发展。

基于幼儿新闻社团、新闻播报活动相关文献的学习可知，已有研究指出：幼儿的新闻活动对幼儿思维、语言、表达能力等方面的发展均具备积极的影响。基于已有研究价值的论证，课题组以新闻小社团活动为载体，探索助力大班幼儿符号记录能力提升的策略。

（二）幼儿符号记录能力的培养研究

在关于幼儿记录的理论研究方面，国外的研究要远远早于我国，呈现了多样化的成果。Cox、Sue（2005）的研究提出了一个观点：幼儿能够认识和感知图画表征记录的力量，能够控制好图像表征记录。郁文豪（2021）的研究提出了科学观察活动过程中的观察记录表的应用，在观察记录表记录科学观察活动中总结了"形象符号""图像符号"的记录方法，明确了观察记录表的记录要保持目标清晰与明确的科学性质。俞莉（2021）的研究围绕着幼儿多元表征的符号记录表征活动的设计进行了探索，提出了创设记录游戏规则的符号表征、记录游戏结果的符号记录表征活动的建议。曹冬平（2019）的研究在大班幼儿语言表达能力培养方面提出了"符号欣赏表达式""故事创编记录式"等符号记录法的应用策略。赖建琳（2022）的研究提出了幼儿记录面临的记录习惯未形成、记录内容单一、记录符号表征弱的现实问题，针对问题提出了遵循幼儿认知发展的基本特征，灵活应用多样化的支持性策略；创设环境，激发幼儿表征记录的兴趣的方法。

现有研究对大班幼儿符号记录能力提出了一定的要求。现有的幼儿园教育政策强调幼儿符号记录能力的培养。鉴于上文的新闻活动对幼儿语言、思维、表达等综合素质的价值分析，本研究充分考虑了大班幼儿的符号记录能力，选定了新闻小社团推动幼儿符号记录能力的研究主题，在实证研究的基础上，总结能够助力大班幼儿符号记录能力提升的新闻小社团活动策略。

五、研究实践过程

（一）研究新闻小社团活动中大班幼儿运用图符记录现状

在课题研究的实施阶段，课题组成员主要通过观察法对新闻小社团的活动进行观察，并与幼儿家长进行沟通，研究幼儿园新闻小社团活动的实施情况以及大班幼儿符号记录方面的问题。

1. 家长参与过多，幼儿缺少自主实践机会

在新闻小社团开展现状与问题研究的过程中，课题组成员主要通过观察的方法，围绕着新闻小社团活动中幼儿符号记录的实践情况进行调研。结合多次的实践观察结果显示：新闻小社团活动中缺少幼儿的符号记录实践。

在大班幼儿新闻小社团活动中，基于所在区域疫情防控的实践行动，组织了"疫情防控一线"采访的社团活动，引导大班幼儿们自主完成社区、小区范围内一线防控人员的日常行动的新闻采访活动，包括小区物业人员、门卫叔叔、地铁工作人员、环卫工人等不同的群体。在"疫情防控一线社区行动"的采访活动中，根据教师收集的大班幼儿的采访计划、新闻记录、新闻稿等方面的内容，发现很多幼儿的采访计划、新闻记录、新闻稿是由父母完成的，没有大班幼儿的符号记录的相关痕迹。在大班幼儿新闻小社团活动中，

家长没有认识到大班幼儿自主应用符号记录完成采访任务的重要性，在理论认知不足的前提下导致其行为方面的忽视，进而导致在家园合作的新闻小社团活动中，难以有效助力幼儿符号记录能力的发展。

2. 大班幼儿符号记录能力有待提升

（1）符号记录方式单一

根据新闻小社团活动过程中幼儿呈现的符号记录作品的观察分析，课题组发现当下大班幼儿的符号记录方式比较单一。主要体现在不同的新闻小社团的活动过程中，大班幼儿能够利用简单的符号记录，例如，部分简单的图形、图画进行表征记录，但是，在完整的新闻事件的阐述过程中，大班幼儿难以利用多样化的符号进行记录。同时，也难以用符号完整地表述一个新闻事件。由此可见，大班幼儿的符号记录能力不足，未能掌握多样化的符号记录方式。

（2）符号记录缺乏明确清晰的思路

符号记录缺乏明确清晰的思路，主要在于大班幼儿在进行一场新闻小社团活动过程的符号记录时，不知道从哪里开始记录，不知道应当如何选择合适的地方进行符号记录，进而助力自身的解释和表述，对需要记录的内容没有进行规划，导致记录的内容"东一榔头西一棒"，彼此之间没有逻辑关系，进而使幼儿在符号记录复述的过程中没有印象、找不到重点等问题的发生。

（3）符号记录无重点

新闻小社团活动中，大班幼儿符号记录无重点主要在于：大班幼儿在新闻采访和新闻稿件撰写的过程中，不能明确应当着重记录的新闻要素，导致新闻记录的内容分散、不完全。例如，在"我是小记者"的"采访我的好朋友"新闻小社团活动中，通过对幼儿符号记录资料的观察与分析，结合幼儿的新闻播报，发现幼儿在"采访我的好朋友"的符号记录过程中，对"采访好朋友"新闻流程各个环节的符号记录比较随意，没有提前规划好应当重点记录的"好朋友"的"姓名""年龄""家庭状况""身高体重"等相关内容，进而导致在进行新闻符号记录成果汇报过程中，介绍"好朋友"时信息不全面、无重点，部分内容缺失。

3. 教师缺乏幼儿新闻小社团的符号记录指导

根据课题组的观察研究，发现在大班幼儿新闻小社团活动的实施过程中，幼儿教师缺乏有针对性的指导。主要表现在：在新闻小社团的符号记录过程中，幼儿教师没有针对符号记录内容、符号记录方式、符号记录重点等各方面进行针对性的教育和引导；对幼儿符号记录与新闻播报的成果，幼儿教师只是简单地进行评价，没有详细具体地分析大班幼儿符号记录的问题，也缺少对大班幼儿符号记录能力提升的深入研究。

（二）探索在大班新闻小社团活动中提升运用符号记录能力的策略

1. 依托家庭教育优势，创设幼儿自主符号记录实践活动

在新闻小社团助力大班幼儿符号记录能力提升的过程中，需要整合家长资源，打造家园共育体系，发挥家长助力作用，利用家庭教育的优势引导大班幼儿利用多样化的符号完成新闻采访计划、新闻采访记录、新闻稿件等不同的任务，在实践中助力大班幼儿明确新闻小社团的符号记录思路，根据符号记录流程提高抓取记录关键内容的能力。同时，促使大班幼儿在亲身采访体验的过程中，能够按照自身的符号记录成果完成新闻的播报工作，完成新闻采访、新闻播报的活动任务。

例如，在帮助孩子们了解"采访是什么""如何做好一名记者"的任务过程中，幼儿教师挖掘了班级幼儿家长的资源，在与家长沟通的情况下，基于家长的校园记者经历，为小朋友们录制了视频，通过生动形象的案例，让孩子们对新闻采访、记者采访流程、符号记录等方面有着更加深刻且全面的认知。同时，在家长的帮助下，设计了"认识伙伴"的新闻采访模拟活动，鼓励和引导大班幼儿们直接参与到"采访小伙伴"的活动中，通过直接经验的积累，真正地理解如何完成记者的采访任务。在"认识伙伴"的采访过程中，基于家长的视频资料的流程解读，孩子们自主制作采访计划，以多样化的符号标记了采访时间、采访对象、采访问题等内容，科学规划了自身的采访任务。在活动实践过程中，孩子们利用"卡片"和"符号"有机结合的方式，记录了采访过程中伙伴的信息，掌握了采访的技巧以及新闻采访应当遵守的礼貌和原则。最后，教师通过成果总结的问题引导的方式，让孩子们自主地分享在"认识伙伴"活动中的经验，有效提高孩子们的经验总结能力。

除了家长教学资源的挖掘之外，在幼儿园大班新闻小社团的活动中，大班幼儿教师需要通过家园合作的方式，共创亲子的新闻小社团合作活动，引导大班幼儿利用符号逐步完成新闻采访任务，提高幼儿的实践能力。例如，基于幼儿园"端午节·包粽子"的主题活动，幼儿教师创设了"端午节·包粽子"的新闻小社团采访活动。在采访活动前期，幼儿家长与幼儿一起探讨"端午节·包粽子"的采访主题，包括采访谁、采访什么内容、如何采访等各个要素。在完成了以上要素的讨论活动后，幼儿家长引导幼儿通过表格的方式，制作"端午节·包粽子"采访计划，以清晰的图像呈现清晰的采访计划，有效解决了过往的新闻小社团活动中大班幼儿们缺少符号记录的实践机会的问题。

同时，在采访计划拟订的过程中，幼儿自主参与的实践，能够促使幼儿明确在采访过程中的实践操作流程。为了进一步提高大班幼儿在实践采访过程中的能力，家长与幼儿通过"情境模拟"的方式，分角色扮演"记者"和"采访对象"。在大班幼儿自主体验的过程中，进一步明确新闻采访思路，为新闻采访过程中新闻采访符号记录奠定基础。

2. 基于问题，多元化方式助力大班幼儿符号记录能力提升

（1）优化活动素材，丰富大班幼儿符号记录方式

兴趣是有效培养大班幼儿符号记录能力的起点。只有新闻小社团的活动是大班幼儿感兴趣的、符合大班幼儿认知特征的，才能够吸引大班幼儿新闻采访以及符号记录的兴趣。如果选择的新闻小社团活动过难，超出了大班幼儿的认知范围，那么就难以让大班幼儿产生新闻小社团活动参与的兴趣，也就难以保证后续的符号记录应用的效果。因此，在新闻小社团助力大班幼儿符号记录能力的实践过程中，需要基于大班幼儿的认知特征，优化新闻小社团活动素材。在具体的新闻小社团活动素材的选择过程中，可以基于幼儿熟悉的生活化视角，选择生活化的素材，进而为幼儿创设生活化的新闻采访情境，提高大班幼儿新闻采访的兴趣，为符号记录奠定基础。在多样化的新闻小社团活动素材创新的基础上，幼儿教师引导大班幼儿使用不同的符号记录方式完成新闻小社团的活动，从而在不同的活动实践过程中掌握更多类型的符号记录方式，解决符号记录方式单一的问题。

例如，幼儿园组织了"亲子运动会"活动，考虑到大班幼儿亲身参与的

经验，教师设计了"亲子运动会"的新闻采访活动，引导大班幼儿在新闻小社团的"亲子运动会"采访活动中，完成"亲子运动会"前期、中期以及后期不同阶段的采访任务。在"亲子运动会"的采访活动中，幼儿教师引导大班幼儿从"运动员""运动会时间""运动会项目"出发，以文字的方式记录"亲子运动员"，以数字与文字相结合的方式表示"运动会项目开始时间""结束时间""参与人数""组别"等信息，以不同类型的体育项目的绘图表示"运动会项目"，进而综合以上多种类型的符号记录方式表示"亲子运动会"共有多少个体育项目，不同体育项目有多少组家庭参加，在什么时候开始与结束，促使大班幼儿在符号记录新闻小社团活动经验基础上，能够逐步掌握多样化的符号记录方式。同时，也在大班幼儿熟悉的幼儿园环境中、幼儿有过经验的运动会活动情境中，利用符号记录完成参与运动会的家长、幼儿以及教师等不同主体的采访记录活动，为幼儿符号记录能力的提升奠定基础。

此外，基于符号记录方式单一的问题，在新闻小社团的活动中，幼儿教师需要引导大班幼儿利用信息技术，掌握更多的符号记录方式，以信息技术支持下的图片下载与应用，进行相应社团活动的记录。例如，在大班幼儿的以"探索牙膏"科学活动为基础的新闻小社团采访活动中，关于"牙膏"的外形、气味等一系列科学观察活动的采访与记录，教师引导大班幼儿利用信息技术的"牙膏"图片标记"新闻主题"，以"粗、细"的线条，记录牙膏气味的浓烈，在实践的过程中让大班幼儿能够不断积累符号记录的经验，学会使用不同类型的图案、不同的方式进行相应的符号记录，掌握更多的符号记录方式，提高符号记录能力。

（2）借助图符记录，在集体分享中梳理符号记录思路

在新闻小社团活动中，大班幼儿符号记录能力的提升、符号记录思路的明确，是需要让幼儿能够在新闻小社团的图符记录的活动中，基于实际体验了解图符记录的作用，进而对符号记录的实践应用有清晰的认知。基于大班幼儿符号记录能力用途和目标的分析，大班幼儿教师依据"新闻""采访""新闻的作用"设计创设了大班幼儿集中讨论的话题。

围绕着"新闻是什么""新闻的作用""新闻的采访"等不同的话题设计相应的问题，引导大班幼儿根据问题，调动已有的"新闻"方面的经验，在

集体讨论过程中加深对新闻、新闻采访的认知，逐步掌握"新闻采访""新闻编辑"等方面的符号记录流程，在明确符号记录功能价值的基础上，梳理符号记录思路。

例如，在"新闻的采访"话题分享与讨论过程中，大班幼儿教师通过集体话题讨论的方式，引导幼儿回顾自身的"新闻小社团"符号记录经验，从"新闻的采访"包含的流程与实践环节进行经验分享，结合自身的经验了解"新闻采访"的流程。同时，再通过与"新闻采访流程"具有逻辑关系的问题的设计，引导大班幼儿通过视频的学习，总结在新闻采访过程中"记者"需要写和记录的环节是什么、有着什么样的目的与功能，在主动探索的过程中了解到"记者"需要进行采访计划、大纲的编制、采访过程中的记录等方面的活动，进而为大班幼儿在新闻小社团活动中，成为"采访记者"角色，形成采访过程中的符号记录作用的正确认知。

此外，在理论认知的基础上，通过每场"新闻小社团"符号记录成果的分享与讨论，大班幼儿成员们能够根据各小组符号记录的新闻社团活动成果分享经验，了解各小组成员不同内容的新闻活动的符号记录的起点与终点是如何与新闻采访流程相衔接的，进而让幼儿的符号记录思路能够与新闻社团活动相联系。例如，在"光盘行动"的新闻小社团成果分享活动中，大班幼儿以小组为单位分享小组的"光盘行动"符号记录作品，各小组先根据"符号记录作品"播报班级"光盘行动"的新闻，再分享"光盘行动"符号记录作品是从"光盘行动"的参与者、时间、经过、结果的一系列方面进行记录的思路，进而在相互学习的过程中明确新闻小社团符号记录思路。

（3）技术助力，合作中明确符号记录重点的方法

新闻小社团的采访活动是一项比较耗时的活动，对于思维能力、记忆能力等方面仍处于发展阶段的幼儿而言是具有挑战性的。在前期的问题调查过程中，我们经常发现很多大班幼儿在采访时能够保证井然有序的状态，记录好相关的采访信息，但是，在新闻稿撰写、新闻播报的过程中完全不记得相应符号代表的意思，不了解符号记录的重点应该放在哪一部分，进而导致新闻采访成了无用功。鉴于以上问题，课题组提出了信息化技术应用的方法。具体来讲，是指在大班幼儿的采访过程中，需要利用"手机""相机"等方式

录制采访视频，既能够为幼儿在采访活动后的信息检索、符号记录的应用提供参考和校正的资料，同时，也能够通过手机、相机的方式回顾新闻采访的过程，找到新闻的重点与精华部分，进而明确符号记录应当重点记录新闻当事人、新闻事件的发生地点、发生过程以及结果等内容，从而以信息技术助力大班幼儿符号记录能力的进一步发展。

3. 健全教师培训体系，助力教师能力提升

在新闻小社团的"符号记录能力"培养的过程中，需要健全教师的培训体系，促使指导教师明确幼儿符号记录的重要性，进而在新闻小社团的活动中能够设计幼儿图符记录的活动，指导幼儿的符号记录。在此基础上，通过案例分享、经验交流的活动，让幼儿教师能够在其他教师的帮助下学习和掌握新闻小社团"幼儿符号记录"的指导方法，从而促使教师能够科学地设计和组织高效率的新闻小社团活动，助力幼儿符号记录能力的提升。

六、研究成果与效果

（一）激发了大班幼儿对新闻小社团的兴趣

课题研究通过幼儿的个案观察与分析，探讨了大班幼儿在新闻小社团活动中的兴趣变化情况。结合课题实验前和实验后的观察与评估，大班幼儿的新闻小社团活动兴趣得以显著提升。主要表现在以下两方面：

第一，在幼儿教师组织的新闻小社团活动中，大班幼儿的活动参与度有所提升，能够主动地加入不同主题的新闻采访活动中，主动地完成新闻信息检索、新闻计划拟订、新闻符号记录、新闻稿的撰写等不同的活动。

第二，大班幼儿的符号记录能力显著提升。根据对大班幼儿呈现的新闻小社团符号记录的成果作品与幼儿新闻播报情况的分析，大班幼儿在符号记录的过程中，能够根据新闻采集—录制—播报的流程完成相应的符号记录活动，能够利用信息技术辅助支持符号记录。同时，在新闻信息的采集过程中，符号记录表达新闻内容的能力也得以提升。

（二）提高了大班幼儿的新闻采访能力与符号记录能力

第一，大班幼儿的新闻采访能力的提升主要体现在：结合幼儿的个案观

察可知，在大班幼儿的新闻小社团活动的实践过程中，幼儿能够有着清晰的新闻采访思路，对新闻采访的原则、礼貌礼节问题等方面有清晰的认知；掌握了信息技术助力新闻采访的方法；在新闻采访的过程中能够在家长的帮助下提前制作相应的采访提纲，完成新闻稿的撰写和新闻播报的任务，呈现了多样化的新闻采访成果。

第二，大班幼儿的符号记录能力显著提升。具体来讲，在符号记录关键内容的抓取能力方面，大班幼儿能够在新闻采访的过程和视频的助力下，使用图画、图像、字母等不同的符号，抓取关键的新闻信息，为后期的新闻稿整理与新闻播报奠定良好的基础。在符号记录方法方面，改变了以往单一的符号记录方法问题，丰富了自身的符号记录技巧；在符号记录思路方面更加清晰，大班幼儿在家长的支持、教师的引导和伙伴的帮助下，掌握了不同主题不同内容的新闻信息的符号选择的技巧，建立了采访对象、采访时间、采访内容的符号记录流程，让新闻采访的符号记录更加清晰明确，进而从思路、技巧、内容等多方面提高了大班幼儿的符号记录能力。

（三）提高了教师对幼儿符号记录能力培养的指导力

基于课题研究，大班幼儿教师在幼儿符号记录能力培养及新闻小社团活动的设计与实践的专业素养全面提升。主要体现在：大班幼儿教师转变了不重视幼儿符号记录能力的理念，开始重视幼儿的符号记录活动的创新实践，以理念的转变带动行为方面的转变；在大班幼儿的新闻小社团活动过程中，幼儿教师能够充分整合网络、家长等各渠道的资源，为幼儿符号记录能力的培养添砖加瓦，同时，能够基于大班幼儿的年龄认知特征与兴趣，创设基于生活化视角的多样化的符号记录的新闻小社团主题活动，创新了活动素材，为大班幼儿积极参与新闻小社团活动提供了助力。在此基础上，在家园共育机制方面，大班幼儿教师能够不断地收集幼儿的新闻小社团采访资料与家长沟通，进而在反思的过程中发现问题，在实证研究过程中优化大班幼儿符号记录能力培养的新闻小社团活动的设计与实施策略，全面推动了自我的专业素养发展。

（四）提高了家长在幼儿符号记录能力培养方面的认知水平

在本课题的研究过程中，课题组构建了幼儿符号记录能力培养的家园共育机制，依托大班新闻小社团主题活动，引导家长主动参与和加入幼儿的新闻采访活动。同时，为了解决家长过度参与的问题，幼儿家长与教师构建了定期沟通的机制，围绕着新闻小社团活动中家长的表现与幼儿的表现进行沟通，让家长进一步了解了培养大班幼儿符号记录能力对幼儿在表达能力、沟通能力、信息健全能力等多方面综合素质的全面发展的重要性。同时，也促使家长在参与幼儿采访主题的拟定、采访计划的制订与执行的过程中，更多以观察者、支持者的身份给予幼儿更多空间，来助力大班幼儿的符号记录能力的提升。总之，基于课题实践，家长提升了在大班幼儿的符号记录能力培养方面的理论认知水平。

（五）构建了基于新闻小社团的幼儿符号记录能力培养模式

在本课题研究过程中，课题组从理论认知和实践能力方面构建了基于新闻小社团的幼儿符号记录能力培养模式。一方面，在理论认知方面，课题组通过创设话题，在集中讨论中了解符号记录的作用；挖掘家长资源，助力大班幼儿进一步了解新闻采访的专业知识的策略实施，促使大班幼儿能够强化对符号记录在新闻采访活动中的应用价值的认知。另一方面，在实践能力方面，课题组总结了认知特征为起点，优化新闻小社团活动素材；信息化技术助力，提高幼儿符号记录能力等多方面的策略。根据大班幼儿符号记录的理论认知和实践能力的培养策略的总结，构建了基于新闻小社团的幼儿符号记录能力培养模式。

七、研究反思

"符号记录能力"是《幼儿园教育指导纲要（试行）》指出的幼儿全面发展不可缺少的能力之一，从符号记录能力的实际出发，符号是幼儿在成长过程中与外界沟通的载体之一。因此，本质上，符号记录能力体现的是幼儿的沟通能力和表达能力。同时，记录能力体现的是幼儿信息检索、筛选能力。鉴于此，大班幼儿教师需要重视幼儿的符号记录能力的培养。本课题是基于新闻小社团活动培养大班幼儿符号记录能力的实践研究。在实证研究过程中，本课题构建了基于新闻小社团的幼儿符号记录能力培养模式，形成了新闻小社团助力大班幼儿符号记录能力提升的有效策略，提高了大班幼儿的符号记录能力，为大班幼儿的沟通能力、表达能力、信息检索与筛选能力的全面提升奠定了良好的基础。

基于以上研究成果与结论的初步总结，本课题的研究仍然存在着一定的不足与问题。其中，最为显著的问题在于：在大班幼儿的新闻小社团符号记录能力的培养过程中，课题组围绕着大班幼儿生活化视角、年龄认知水平、兴趣起点的新闻小社团活动素材的创新以及相应的符号记录活动实践进行了探索，但是，对大班幼儿的个体差异考虑是准备不足的。具体来讲，在大班幼儿的新闻小社团的符号记录活动实践过程中，没有充分考虑到不同幼儿的差异，没有进行针对性的层次性的符号记录活动内容、目标的设计，进而导致课题研究存在一定的局限性。因此，在未来的研究过程中，我们将积极探索大班幼儿差异性客观存在的情况下，如何设计差异化的新闻小社团活动助力大班幼儿的符号记录能力的提升的项目，从而促使"以幼儿为主体"与"分层教学"的教育理念在大班幼儿符号记录能力培养实践中的有效融入。

参考文献：

［1］柳文华.巧用魅力社团活动促进藏区幼儿全面发展［J］.科学咨询（教育科研），2021（09）：153-154.

［2］曹霞.在混龄野战小社团活动中提高幼儿的自主能力［J］.儿童与健康，2021（07）：16-17.

［3］沈颖.幼儿在艺术小社团活动中表现力培养的点滴思考［J］.当代家庭教育，2021（17）：79-80.

［4］赖建琳，邱瑞玲.提升幼儿记录水平的支持性策略［J］.天津教育，2022（4）：3.

［5］郁文豪.优化观察记录表设计，培养幼儿科学观察记录能力［J］.启迪与智慧（中），2021（03）：11.

［6］俞莉.运用多元表征策略支持幼儿数学学习［J］.福建教育，2021（07）：43-45.

［7］曹冬平.借"符号记录法"促进大班幼儿语言表达能力的发展［J］.中华少年，2019（31）：15，18.

自然材料在幼儿园美工区中的运用

上海市浦东新区海洲幼儿园　方晓青

一、自然材料在幼儿园美工区中运用的意义

1. 自然材料

本文中的"自然材料"指的是来源于自然并未经过人为精心加工的、幼儿可以直接感知到的物品，如树叶、果实、种子、果壳、沙土等。自然材料在幼儿园美工区中的运用，则是指幼儿通过改造、加工各类自然材料，或对其进行组合造型，产生了新奇独特的、有艺术价值的美术作品。幼儿在创作过程中发展了想象力、动手能力和审美能力，同时也可以借助作品解读出幼儿的性格特征，彰显个性魅力。

根据幼儿园现有的自然材料，大致可分为以下几类：

表1　自然材料分类

种　　类	材 料 名 称
蔬果类	种子、豆类、玉米、南瓜、莲藕、青菜、洋葱、芹菜等
花草树木类	树叶、树枝、松果、鲜花、干花、藤蔓、木片等
坚果类	瓜子壳、开心果壳等坚果壳
动物类	螃蟹壳、河蚌壳、蛋壳、动物羽毛等
自然环境类	贝壳、鹅卵石、沙子、泥土等

2. 美工区

美工区是教师根据幼儿的发展目标和能力水平，提供给幼儿的一个自由欣赏和创作美术作品的个别化学习区域。在该区域中，幼儿可以自由选择美术材料和工具，通过绘画、剪贴等不同的方式，大胆地表达与表现，享受创作活动带来的快乐，从而获得精神上的满足感。美工区活动是幼儿园区域活动中不可缺少的活动之一，是美术教育活动的重要形式，不仅能培养幼儿的审美能力，而且可以促进幼儿感知体验、情感表达，特别是想象力、创造力的发展，从而促进幼儿健康人格的形成。

根据现有的幼儿园美工区域活动内容，若与自然材料相结合，大致可分为以下三类：

表2　自然材料在幼儿园美工区中的应用表现形式

表 现 类 别	具 体 内 容
色彩类	拓印、染色、石头画
构图类	叶贴画、豆贴画、沙画
造型类	泥塑、蔬果造型

3. 自然材料在幼儿园美工区中运用的意义

（1）收集自然材料，贴近幼儿生活，激发创作欲望

幼儿是活动的主体，美工区作为他们的创作小天地，只有让幼儿直接参与收集材料，才能知道他们喜欢什么，想要探索什么，才会真正激发他们的创作欲望与灵感。我们可以从幼儿的日常生活入手，选择他们身边最熟悉的自然材料，比如，当我们带着幼儿一起散步、户外活动的时候，他们很喜欢看一看、摸一摸树上的果实、枝丫上的树叶、路边的石子等，我们就会和幼儿共同收集这些他们感兴趣的自然材料；双休日，幼儿和爸爸妈妈一起去大自然中发现和收集石头、稻草、豆子、果壳等，带来幼儿园后，还能够向同伴介绍自己带来的自然材料，说一说它生长的地方、外形特征、用途、收集中发生的趣事等。因而在美工区内投放自然材料，不仅可以将"活的大自然"带给幼儿，让他们更加了解这些大自然所赠予的自然材料，并且

在与这些自然材料互动的过程中，探索材料的特性，进行创造性的想象和构思。

（2）创意组合材料，发挥无限可能，提升美术经验

幼儿可以对自然材料的独特形态进行大胆联想和拼补，任意组合创造出多种多样的美术作品。例如，瓜子的形态既像荷花的花瓣，也像鱼的身体、孔雀的羽毛；芦苇蓬松，像茸毛，可以用来粘贴小松鼠的尾巴，栩栩如生……把这些看似没有联系的材料二次加工，组合在一起，可以创造出一幅动物嬉戏图。正如江云在《运用农村自然材料 提升幼儿美术创作的关键经验》中提出的，自然材料天然而又独特的几何形状，能很好地激发幼儿因其形状而得出的造型灵感；巧妙地运用自然材料的天然美色，能不断丰富幼儿色彩搭配与装饰的经验，进行艺术创作。我们应该充分利用自然资源，引导幼儿去观察、去发现、去创造、去超越，使幼儿在运用自然材料进行美术创作的过程中，与大自然及自然材料尽情对话，在充分接触自然、接近生活过程中，体验"快乐"情感，促进幼儿主动获得美术创作的关键经验。

二、自然材料在幼儿园美工区中运用的主要问题

（一）自然材料自身的局限性

1. 自然材料存在一定的安全隐患

自然材料来自大自然，是没有经过加工处理的材料，所以会存在一定的安全隐患。例如河蚌壳比较坚硬，而且形状不规则，可能带有尖角；有些花的根茎上带刺，容易刺到幼儿的皮肤；一些幼儿对花粉、动物皮毛过敏；有的自然材料在使用过程中容易摔破等，这些都可能给幼儿带来直接的伤害。

2. 自然材料具有季节性，不易反复使用

自然材料是有生命周期的，这就决定了它具有一定的季节性。例如春天万物复苏，绿色的草、鲜艳的花朵都能激发幼儿探索材料、艺术表达的欲望。而稻穗、落叶等，这些自然材料只出现在秋季，幼儿只有在特定的时间里才可以运用这些材料，到了寒冷的冬天，则会缺少很多自然材料，如果教师想要在美

工区补充或更换自然材料，就会受到一定的限制，无法满足幼儿使用这些材料的欲望。而且，大部分的自然材料都含有水分，如花草类、蔬果类等，经过空气的氧化，材料容易发生腐烂，幼儿精心创作的作品很难被保存，材料也不能被反复使用。

（二）自然材料的玩法单一，幼儿的兴趣维持度较短

自然材料在投放使用过程中，幼儿的玩法会比较单一，主要体现在：一是豆类拼贴画，幼儿可以根据自己的喜好将豆豆进行图案拼贴，在此过程中，既感知到了不同种类豆豆的形状和颜色特点，也锻炼了幼儿的小手精细动作；二是蔬菜拓印画，教师将蔬菜切块，鼓励幼儿大胆尝试用蔬菜的横、竖切面拓印添画，使其在感受不同蔬菜内部结构和形状的过程中，激发对美术活动的兴趣。但是在实际操作时，我观察发现，幼儿虽然对自然材料很感兴趣，但很难在个别化活动中一直进行同一种绘画活动，当幼儿拼贴或拓印结束后，就会跑到其他区域了。单一的玩法形式已经不能满足幼儿的好奇心和需要，所以无法持续进行创作，对自然材料也就慢慢失去了兴趣。

（三）自然材料难以固定，缺少适宜的粘贴工具

很多自然材料在实际使用过程中，由于形状不规则或过软的特性，很难固定。在一次观察中，我发现有两名幼儿想用长木块做汽车的车身，用圆形木块做车轮，可是在操作过程中，他们尝试了很多粘贴工具如固体胶、双面胶、白胶等，都无法将车轮牢固地粘贴在一起。于是，他们便请求我的帮助，我最终用胶枪成功地将汽车完成了，但是胶枪是不适宜投放在美工区内的，存在很多安全隐患。很多自然材料难以固定，限制了幼儿进行美术创作的想法和行为，渐渐地，他们对自然材料的使用也就越来越少了。

三、自然材料在幼儿园美工区中的运用

（一）利用自然材料，激发幼儿美术创作的灵感与情趣

自然材料本身不能成为美术作品，如松果、石头、木块等，幼儿需要改

造和加工这些自然材料，并遵循由简到繁、由易到难、循序渐进的原则，引发幼儿与材料进行互动。

　　今天我利用饭后散步的时间，带着孩子们来到了操场边收集不同的石头，使其对石头的形状特点能有深入了解。他们拿着手里的石头跟同伴们互相比较着，你一言我一语，恒恒说："你看，我捡的石头是圆圆的。"麟麟不甘落后，指着石头上的小凹点："我的石头扁扁的，像个大饼！"宁宁在一旁也兴奋地展示着自己的石头："我的石头跟你们的都不一样，很像人脸，你们看，这是眼睛，这里是嘴巴。""哇，你们好厉害啊，找的每块石头都不一样，那么，怎样可以将这些石头变得更有趣、更像你们说的人脸或小动物呢？"孩子们听到我的问题，又七嘴八舌地讨论："用颜料。""还可以用纸剪一剪贴上去。""还可以用超轻黏土做装饰。"……他们的创作灵感不断被激发，于是，我们带着石头回到了教室，"摩拳擦掌"地开始了创作。

　　石头是幼儿身边最简单、随处可见的自然材料之一，在教师的引导下，幼儿抓住了石头本身的特性和造型，展开创造性的想象与构思，不仅与自然进行了近距离的沟通与互动，也为美术灵感来源做了经验积累，让幼儿更加主动和大胆地进行创作，激发创造的热情。

　　小语从材料盒中拿了一盒不同形状的木块，嘴巴里说着："今天我要做幼儿园的操场。"说完，她拿出一个圆形的大木块，然后把一些高低不同的小木块用超轻黏土粘在了圆形木块上："这里是我们运动时候休息的地方，哈哈哈。"她又拿着作品看了看，好像并不是特别满意，于是，又找了几个较小的圆木块一个一个地往上堆，接着用超轻黏土搓成一个个长条状，做了"绳索"和"座椅"，放在木块堆上，兴高采烈地跟旁边的欣欣分享道："快看，这是我们操场上的紫藤架，我还做了一个秋千呢！"欣欣也捧着作品说："哇，你好厉害呀！不过，我也用贝壳做了一只好看的蝴蝶。""就像我们上次在操场上看到的那只蝴蝶一样，好漂亮呀！"他们边创作边交流，一直沉浸在对自然材料的探索和创造中。

幼儿在发现了贝壳、木块与周围事物的相似之处后，通过自发地涂涂、画画、做做，对原本寡淡的自然材料进行了趣味的设计和重塑，并在与同伴一起交流作品的构思与创作中，拓展经验、发散思维，激发了他们的创作兴趣与潜能，展现了自己的聪明才智和创造才能。

（二）运用自然材料，拓展幼儿美术作品的内容与形式

幼儿在利用常规绘画材料如画纸、纸盘、拓印工具等创作时，基本只能通过涂涂画画、剪剪贴贴来呈现出较为平面的作品。而属于低结构材料的自然材料，可塑性高，供幼儿想象的空间更大，作品呈现的形式与内容就更加丰富了。

案例一

个别化活动时间到了，诺诺来到了美工区拿了一张铅画纸，在材料筐里拿出了两根半截的丝瓜络，放在画纸上拼成了一条长长的丝瓜络，然后在它的下方摆了大大小小的贝壳。过了一会儿，她开始用丝瓜络蘸了红色颜料在画纸上拓印，又找来了蓝色蜡笔在画纸上涂涂画画，还画了螃蟹和小鱼，直到活动时间结束，她才停止美术活动。活动分享时，诺诺介绍："我今天做的是一个海滩，我用了两个软软的丝瓜络拼成了沙滩，沙滩上有许多贝壳，还有海螺呢。海滩前面就是大海，里面有螃蟹

还有小鱼。天上红红的，是因为傍晚了，有夕阳，我很喜欢爸爸妈妈带着我去海滩玩！"

　　自然材料和美术构图存在密不可分的关系，诺诺把立体的丝瓜络当成了"沙滩"，并在"沙滩"上铺了很多贝壳，再通过拓印、涂画在平面的画纸上添画了天空和海洋动物，使得整个作品变得精彩纷呈，提升了幼儿对美术构图的认识和操作能力，创造性地丰富了美术作品的形式。

　　月月也选择了丝瓜络，她先用超轻黏土做了眼睛和嘴巴，看了看"半成品"，自言自语："没有头发怎么办呢？"于是，一边说着一边拿贝壳："有了，用贝壳做个刘海。"她取出一点超轻黏土把贝壳放在了丝瓜络的上面。我凑近问道："月月，你做了什么啊？""我做了一个漂亮的小公主！头顶上的是她的皇冠，我还给公主做了一条红色、橙色的裙子，老师，你看，我还在裙子上装饰了很多圆点点呢，她等会儿要去跳舞了！"她兴奋地向我展示。"好漂亮！你怎么会有这么好玩的想法啊？"月月想了想，笑着说："昨天我跟妈妈一起在家做蔬果娃娃，特别有趣，然后我今天看到这个丝瓜络，就很像长长的身体啊，所以我也做了一个丝瓜络娃娃。"

　　月月将自己的生活经验或是所见所得迁移到了自然材料创作中，并在原来的基础上对其进行了创造和改变，平面和立体相结合。即使使用的是同一种材料，幼儿发挥的想象不同，创作出的作品也不同，形式不仅有涂色，还有粘贴、拓印等，在富有创意性的制作过程中发现美、感受美。

（三）借助自然材料，彰显幼儿创作作品的不同个性与魅力

幼儿利用自然材料的创造性装饰，表达自己内心的情感和个性，在一次又一次的自然材料创造中，不断发展自己的个性，真正成为一个与众不同的人，获得成就感，培养自信心。

男孩宁宁选择了一个贝壳放在了纸盘上，用超轻黏土分别黏在了贝壳的两边和下面，作为它的身体和手臂，接着他又找了一根扭扭棒，一圈又一圈地绕起来，做完后看了看，感觉少了什么似的，只见他拿着一支笔画起了眼睛和嘴巴，又在身体上粘了一个海螺。宁宁对作品的介绍是："我做的是一个超级机器人，它的头是用贝壳做的，这里用扭扭棒做的是它的身体，这个海螺就是它的充电口，当充满了电，头顶上的灯泡就会亮，手里拿的贝壳是它的武器，可厉害了！"女孩童童也开始拿了一个贝壳在画画，她用水彩笔将贝壳涂上了各种颜色，又找到了一些树叶，在纸上不停摆弄，似乎还没想好具体要做什么。这时她看到一旁宁宁的机器人作品，赞扬道："你的这个小人好特别，我也想做一个。"于是，她也拿起材料开始做起来，她选择在画纸上进行创作，跟宁宁的作品不一样的是，童童还用黏土做了小人的头发，用树叶做了女孩的裙子。童童对作品的介绍是："我看到宁宁做的小人觉得很特别，所以我也做了一个，我给我的小人做了长长的头发，还给她穿了一件绿色的舞蹈裙，看，她在纸盘上跳芭蕾舞呢。"

幼儿的性格、爱好不同，所表现出的作品往往也是千差万别的，安静内敛的男孩对机器人感兴趣，而开朗的女孩更倾向于漂亮的娃娃外形，在模仿别人作品的时候也有了自己的想法和创造。幼儿能根据自然材料的质地、外形特征等对应匹配，将自己喜欢的角色用材料大胆地创作表达，深入引发了幼儿与自然材料之间的互动，在互动中促进幼儿获得发展的同时，也彰显出了他们的个性。

四、自然材料在幼儿园美工区中的运用建议

（一）教师要合理筛选安全、卫生、实用性强的自然材料

首先，在材料的选择上，须考虑安全和卫生，避免给幼儿带来安全隐患。我们需要先挑选出安全的材料，并在投放前进行认真清洗和消毒。为了保证自然材料使用的时间更长，如树叶、花朵等，可以烘干或者塑封后再给幼儿使用，保障在创作中的安全性。

其次，应注重材料的实用性。这主要体现在：① 材料的获取比较容易，不需要大费周章才能得到，最好选择幼儿园内或者便于让家长帮忙收集的自然材料。② 自然材料的选择还需要考虑是否容易拿取、粘贴、保存，避免幼儿在操作过程中由于材料过大、过小、不易拿取或难以粘贴组合的情况发生。③ 确保材料的牢固性，教师要避免选择容易撕破和不易固定的材料。

（二）自然材料的投放要体现目的性和层次性

在美工区投放自然材料时，应对幼儿的身心发展特点与水平进行深入了解，然后以此为依据对自然材料进行有层次的投放。比如，小班幼儿手部灵活性较弱，可以投放体积较大、方便拿取的自然材料如树叶、石头等；中班幼儿的注意力持续时间仍较短，所以可投放种类更加丰富、操作较简单的自然材料如棉花、树枝等，便于吸引幼儿的注意力；大班幼儿的思维能力、动手能力和创造能力都有了很大发展，因此可以投放一些具有多样性的自然材料如豆类、贝壳等。

此外，教师要有目的地投放成品、半成品，激发幼儿继续创作的热情和表达表现的欲望。幼儿的发展水平存在着个体差异，过多过杂的自然材料一开始可能会吸引幼儿的注意，但是在观察中发现，能力弱的幼儿在面对如此多的材料时，会表现出无从选择或随意摆材料的情况，而能力强的幼儿操作完一些简单的材料后就会慢慢失去兴趣，不能进行持续性的创作。因此，我们可以根据自然材料的特征有目的地投放材料，例如各种颜色的豆子可以用来做拼贴画、装饰相框；贝壳可以用来做沙发、头发、蝴蝶等；树枝可以用来做房子、手脚等。

（三）根据主题、季节，及时更新自然材料

美工区的自然材料可以和幼儿园的主题活动相互配合，使自然材料的教育功能得到更加高效的发挥。例如在大班主题"有用的植物"中，教师在美工区投放一些适宜美术创作的植物如南瓜、冬瓜、橘子，幼儿可以利用不同的材料装饰瓜果蔬菜，既切合主题，又乐趣无穷。当季节交替，自然材料的投放也需要及时更新，如春天可以用柳条编制春姑娘的辫子、用贝壳制作翩翩起舞的蝴蝶，秋天可以用落叶拼贴树叶画、用蔬果做娃娃等，借助大自然有规律的季节变化给幼儿科学性的艺术启迪，更能为他们的美术创作添加丰富的色彩。

在幼儿园中的美工区有效投放自然材料，不仅可以增加幼儿对自然的了解、对自然产物的利用，同时还能培养幼儿的想象力、创造力，提高审美能力，充分彰显自身的个性与魅力，从而使他们的身心得到愉悦和满足。虽然在美术创作过程中，教师对自然材料越来越重视，但是在投放与使用方面，会较多以教师的角度出发，需要进一步积极引导幼儿有效参与其中。同时，让自然材料投放区的环境进行灵活性的变化，持续吸引幼儿的兴趣，使自然材料发挥出更大的教育功能，为幼儿的成长和发展提供良好环境。

参考文献：

［1］江云.运用农村自然材料 提升幼儿美术创作的关键经验［J］.教育教学论坛，2012（40）：258-259.

［2］蒋燕芬.自然材料在农村幼儿园美工区中的运用研究［D］.四川：四川师范大学，2020.

［3］邱金祯.让自然材料为幼儿美术活动插上翅膀［J］.儿童与健康，2020（09）：48-49.

［4］董旭花.幼儿自主性学习区域活动指导［M］.北京：中国轻工业出版社，2014：54.

项目化学习赋予教育新活力

——以小班项目化学习"孵蛋"为例

上海市浦东新区南门幼儿园　张治平

一、导言

随着现代科技的迅猛发展和未来社会各种挑战与不确定性的增加，当今的教育变革也面临着新的挑战。在此发展背景之下，"素养"作为一种可以适应外界变化的身心资源，成为当今教育改革关注的热点。近年来以项目化学习为主要载体，以培养学生学习的主动性为主要研究方向的学习基础素养研究日益受到关注。

在当今幼儿园主题活动学习的基础上，为了寻求幼儿园学习活动中时间空间、学习资源、组织方式上的突破，促进幼儿的自主学习，我们开展了项目化学习的实践研究。借助我园项目化学习实施的试点，我班尝试了一次以"孵蛋"为主题的项目化科学活动，从而进一步释放幼儿的潜能，探寻教育活力的源泉。在此过程中，教师的教育理念与教育方法逐渐发生了转变，让我感受到了项目活动中幼儿自主探究性学习的特征及其与真实世界联系、跨学科学习、面向未来等核心要素。本文拟对我班项目化学习试点中产生的思考进行阐述。在项目化学习过程中，我看到教师不再是"教"幼儿学习，而是整合资源和幼儿一起学习，让幼儿学会学习。期望以此启发更多教师进一步反思幼儿学什么、怎么学的问题，进而深刻理解幼儿的学习方式和特点，变革教学模式，激发教育活力。

二、项目化学习的起点：问题驱动

与主题学习教师预设依然较多的特点不同的是，项目化学习的主题来源于幼儿的问题，而幼儿的问题则是他们日常生活学习中的真感受、真体验，教师在项目化学习开展之前应当尊重幼儿的兴趣和好奇心，仔细倾听幼儿感兴趣的话题和提出的问题，细心捕捉幼儿在一日活动中的奇思妙想，从而梳理成项目化学习主题网络框架。

在我班开展"孵蛋"项目化学习之前，孩子们对"蛋"这个问题开始感兴趣，可一开始并不是孵蛋，而是对午餐中不同蛋的外形和口感产生了好奇。不少孩子在午餐时关注到鸽蛋是透明的，口感吃起来滑滑软软的；鹌鹑蛋个头小小的，一口一个就能吃完；而白煮鸡蛋比较大。就这样，小班的孩子们基于对生活中事物的简单而直观的观察，开始对不同的蛋产生了兴趣。渐渐地，在早晨运动时间，我发现不少女孩将沙包放在呼啦圈里，身体坐在上面，我询问她们在干什么，她们回答我说："老师，我们在孵蛋呀！就跟鸡妈妈一样！"我为这群孩子的十足创意感到忍俊不禁，也感觉到是时候可以让孩子们对"孵蛋"这件事有更多的了解了。

因此，带着孩子们的好奇心，我们班级开展了一系列关于"孵蛋"的大讨论，在此过程中，孩子们纷纷发出"灵魂拷问"。孩子们的问题稚嫩可爱，也反映了小班幼儿对孵蛋真实的经验水平。他们会问："谁会孵蛋呢？所有小动物都是从蛋里出来的吗？""鸡妈妈孵蛋的时候能吃饭、上厕所吗？""只要有暖暖的地方就可以孵蛋了吗？""小鸡要多久才能从蛋里出来？""我们吃的蛋是不是都可以变成小鸡？"……

在孩子们的问题中，我们可以发现他们对于"孵蛋"这个话题想要了解的可以分为五大类。为了厘清目标任务，制订多元可选择的探究方案，我们将来自孩子们的问题梳理成了思维网络导图，以帮助教师更好地支持幼儿的项目化学习。

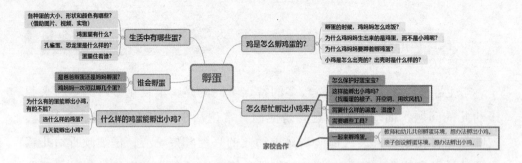

同时，我们基于项目研究网络图，孩子们根据自己的研究兴趣自主选择研究内容，与小伙伴分别组建了五个研究小分队。由于小班幼儿在探究式学习的过程中与同伴合作的意识还不强，许多内容需要家长的支持和配合，因此我们发挥家长资源的优势，在项目正式开始前向全体家长发出了一份项目化学习倡议书，让家长理解活动的意义并积极配合孩子完成一些探索任务。我们召开了项目学习动员会，和家长沟通了后续项目化学习的相关事宜并对各组的任务进行了简单介绍。

三、项目化学习进行时

（一）把握核心

项目化学习是以幼儿为主体的学习，教师的角色是支持者和观察者。那么教师需要观察和支持些什么？我认为最重要的是教师要在主题活动背景下对幼儿的活动进行观察与分析，了解幼儿的兴趣与需求，分析与把握幼儿的已有经验与主题活动中涉及的基本经验之间的关系，确立项目活动的价值与幼儿的发展目标。

在考虑这个问题的时候，我思考"孵蛋"对于幼儿而言最重要的关键经验是什么？和我们平时的主题学习有什么联系之处？小班幼儿能够理解到什么程度？带着这些问题，我翻开了各年龄段的主题学习教材，和"孵蛋"最密切联系的主题是中班的"在农场里"，该主题核心经验与我们的项目化学习经验较为契合，在家禽和家畜的比较和认识中，幼儿了解哪些动物会生蛋。不过项目化学习显然要更加深入地挖掘其中的价值点，同时要考虑小班幼儿的年龄特点和思维方式，他们以直觉行动思维为主，在操作和体验中获得经验。因此，我们结合前期对幼儿问题的搜集和具体探究实践的可操作性，确立了"各种各样的蛋""母鸡孵蛋"和"人工孵蛋"三大核心探究内容。

（二）多元整合

项目活动过程中，幼儿运用各个领域的经验，表现出良好的学习品质、思维品质。幼儿需要整合健康、语言、社会、科学、艺术等各个领域的经验，用项目化的形式将探究过程和结果呈现出来。

项目化学习中不同的素材点需要孩子们动用不同的经验来感受、探索和学习。例如，项目化伊始，孩子们对不同蛋的外形和口感感兴趣，尽管网络上有充分的关于各种禽类蛋的图片和介绍，但基于小班幼儿需要直观感受的学习特点，我们动员家长为孩子准备了各种不同品种的蛋。幼儿在观察、触摸、品尝等多感官感知中体会不同蛋的区别，从而获得科学的经验，知道不同家禽的蛋的外形、口感是有所区别的。幼儿还使用各种科学方法来区分生熟鸡蛋，在操作的过程中我们也考虑到小班幼儿使用科学探究工具的能力水平，提供他们生活中常见的、熟悉使用方法的材料，如利用手电筒照蛋、尝试用水做鸡蛋沉浮实验、用摇晃以后听一听等方式。幼儿不仅对蛋本身有了更多的认识，同时也提高了幼儿解决问题的能力，培养了幼儿乐于探究的科学素养，从而进一步激发幼儿研究"蛋"的兴趣和热情。

随着项目化活动的推进，鸡蛋一天天在产生变化，在预产期临近的时候，孩子们自发提出要给自己的鸡宝宝取名字，一次有趣的活动又产生了。孩子们取的名字五花八门——穿裙子的小公主、条纹斑点蛋、可爱的小鸡、美丽的艾莎公主……其间有一个孩子提出："你们取的这些名字都太长了，好难记住呀！"此时，我捕捉到这个教育契机，趁机询问孩子："你们的名字都只有几个字？"孩子们认真数了一数，告诉我"2个""3个"。我说："是呀，你瞧，短短的名字可以让朋友和老师很快记住，而且你们的名字其实里面有很多讲究呢！爸爸妈妈给你们取名字的时候都是希望你是个很棒的宝宝。比如'佳佳'就是好的意思，'桃子'是因为宝宝出生的时候脸蛋像桃子一样红扑扑的……看来取名字需要你们仔细想一想，你希望鸡宝宝怎么样，或者仔细观察鸡宝宝长什么样。"孩子们显然对我的这番话有些茫然。

我意识到对于小班孩子来说，他们以自我中心思维为主，大部分会从自己的喜好出发来命名小鸡，从美好期待这个角度为小鸡思考名字，这件事有些太难为他们了。然而当小鸡出生以后，我们再一次开展取名字的谈话活动时，孩子们给小鸡起的名字已经有模有样了，"毛茸茸""小圆子""大长腿""瞌睡虫""小肥仔"……孩子们开始关注到小鸡的外形和习性特点，这下起好的名字很快就帮助他们区分开了七只初生鸡崽。其中一只叫"小肥仔"的小鸡倒不是看起来特别肥，反而是一群小鸡里最瘦的一只，孩子们希望它快快长胖才叫它"小肥仔"。看来"起名字"这个小小的活动依然要符合小班年龄段的思维特点，在直观地看到小鸡以后再取名就变得简单多了，其中也看到了孩子们给小鸡赋予的名字中包含着对小鸡健康成长的美好期待，这也是一次有意义的社会领域的爱的教育。

同时，在项目化学习的过程中，我们随时可以看到孩子们整合经验的表达表现，他们会用画笔记录自己照蛋的发现，会在角色游戏中扮演母鸡妈妈，会用美妙的歌声唱起《小小蛋儿把门开》，会和同伴们分享《最奇妙的蛋》等和蛋有关的绘本故事……因此经验的多元整合促成了幼儿在项目化学习中的多元体验。

（三）过程自主

项目活动过程中，幼儿有充分探索与学习的空间，可以自主地创作、验证、完善等，在不断发现问题、解决问题的过程中产生深度学习的可能。他们自主地照顾蛋宝宝，观察鸡蛋的变化，为鸡宝宝设计鸡窝。在这里，我想分享一个关于孩子们对如何使用孵蛋器这一问题的思考。

在项目化学习进行的过程中，孵蛋器成了他们非常关注的一样工具。我将学校配备的一台孵蛋器放在教室一个不起眼的角落里，但很快这个新事物就引起了孩子们的注意。他们纷纷提问："老师，这个是干什么的？""这个是小鸡的家吗？""这个里面一条一条的棍子是什么？"我告诉他们这个小箱子就是蛋宝宝的家，可以代替母鸡妈妈帮我们孵小鸡，不过怎么使用它呢？我把这个问题抛给了孩子。

孩子们很快注意到这个机器有个插头，纷纷说需要插电才行。我继续追问孩子插电以后做什么？屏幕上的数字是什么意思呢？孩子们沉默了。我问孩子："当你有不知道的事情想了解的时候你会怎么做？"孩子们纷纷说："问老师。""问爸爸妈妈。"看来在孩子们的经验中，老师和父母的知识足够应对他们的问题了，小班的孩子在解决问题的过程中也非常依赖成人的帮助，这无可厚非。不过这一次我尝试在成人的支持下，自发探究孵蛋器的用法。因此我告诉他们："老师也从来没有学习过如何使用孵蛋器，回答不了你们的问题该怎么办呢？"我拿起了孵蛋器说明书，"这里有一本小册子，它能告诉我们如何使用这个机器，虽然里面都是字，你们看不懂，但没关系，你们可以先看看里面的图片，不明白的地方可以让老师念给你们听，我们一起学习怎么使用这个机器。"那几天，小小的一本说明书成了孩子们争先恐后想要翻看的"宝典"，尽管他们读不懂上面的文字，但是他们从图片中也获得了很多有用的信息。就在和孩子们一同研究这本说明书的过程中，孩子们了解到需要给孵蛋器设置合适的温度，要每天给孵蛋器的储水箱加水，小棍子是用来翻蛋的，还看到了不同天数的照蛋图。在这个过程中，比起学会使用孵蛋器，更重要的是孩子们掌握了自主搜集资料的能力。

在项目化学习活动的进程中，孩子们会碰到更多需要搜集资料才能解决的问题，那么自主寻找合适的渠道来了解问题的答案，对他们而言尤为重要。对小班幼儿来说，兴趣比学会某种技能更有益，他们开始对使用说明书感兴趣，尝试寻求专业人士的帮助，愿意在爸爸妈妈的帮助下在网络上搜寻答案，喜欢通过图书来了解知识等，尽管过程中还存在不少困难，但这样的自主学习意识是难能可贵的。未来他们会掌握更多的科学探究方法，从小班开始播种下一颗好奇好问和善于自主获取信息解决问题的种子，这对他们是终身受益的。

四、项目化学习实施后——评价反思

在项目化学习的过程中谁来评价幼儿？是老师、家长还是同伴，抑或是自己？的确，项目化学习的评价主体可以有很多，不过在实践中我发现，通过项目化学习中的一些事件，孩子的自我评价可以推动项目化学习进一步延伸。我们的孵蛋之旅是一次神奇的生命体验，其间有成功也有失败。当照蛋日到来，孩子们拿起手电筒照蛋发现死胚蛋时的态度，让我觉得孩子真正成为项目化学习的主人。

在照蛋和最后孵出阶段，我们和孩子一起发现了一些夭折在蛋中的鸡宝宝。为了了解小鸡死亡的原因，我们和孩子一起打开了蛋壳观察停止发育的小鸡形态。孩子们看到已经长出黑眼珠的小鸡没有了生命，都有些沉默，不过很快就有孩子提出问题："它为什么死了？"没错，这才是问题的关键。我顺势组织孩子们讨论，是什么导致了小鸡的死亡？有孩子说："我们太吵了，把小鸡吵死了。"有的说："我们没有像鸡妈妈一样照顾好小鸡。"我继续追问："怎么样才算照顾好小鸡呢？"孩子们说："要每天看孵蛋器的温度是不是正常，要给箱子加水，要看这个棍子有没有翻蛋。"我说："是啊，这些事情都很重要，我们做到了吗？"孩子们说："我们每天都去看这个孵蛋器的，温度都是37.6℃，水也加上了，就是有一次早晨听到孵蛋器嘀嘀的声音了。"另一个孩子立即说："那是孵蛋器没水了！"原来，一个周一的早晨，孩子来园的时候发现孵蛋器在报警，经过一个周末无人照看，孵蛋器里的水都蒸发干了。孩子们七嘴八舌："一定是小鸡没水喝干死了。""可能没水的话小鸡会太热了，就热死了。"瞧，孩子们已经开始自我反思和评价了。后来在谈话中，他们总结了各种各样没有照顾好蛋宝宝的原因，比如忘记加水了，照蛋的时候时间太久让蛋宝宝冷了，在刚开始运送鸡蛋的时候摇晃得太厉害了等。

这对孩子来说是一次别样的生命教育，对老师而言亦是如此。无论在照顾鸡蛋还是在照顾出壳小鸡的过程中，鸡宝宝的一点点变化都牵动着我们的心弦。在此过程中，有蛋宝宝出于各种各样的原因夭折了，孩子们能够直面失败，主动总结原因，评价反思自己在过程中的行为，这正是一次充满温度和爱的教育。和中大班的幼儿相比，小班的孩子也许每天不能熟练地通过前书写和绘画的方式记录与评价自己的行为，不过我们可以组织离园的谈话活动，来聊一聊每天项目活动中的反思，这对孩子们来说也是非常及时的评价和反馈。

五、后记

在这次孵蛋旅途的路上，能记录的还有很多很多，每一个小小的细节都让我重新认识了班级中的孩子，他们的眼中有好奇，脑中有计划，手中有方法，心中有温暖。在实践中让我清晰地感受到，项目化学习是一种充满活力的教育理念，它作为一种基于真实问题的探究式学习，发挥了其"探索"的根本特色。它源于生活，聚焦幼儿，强调自主，面向未来，它让幼儿在学习中放飞心智，真正成为学习的主人。

基于幼儿兴趣开展主题班本课程的实践

上海市浦东新区鹤沙之星幼儿园　徐思佳

在制订班级计划的过程中，要考虑主题的选择，那么学习书中的每个主题就一定适合每个班的幼儿吗？教研组往往会选择常见的、好做的主题，但是在实施过程中，并不能满足每个班级的特殊需求，更不能成为各班拿来即用的标准。那么作为主班，该如何用好教研组定下的主题，借力使力做好主题班本化的个性调整呢？在主题班本化中如何落实"追随儿童"的宗旨呢？下面以我们大班上学期主题"有用的植物"为例，从"识别幼儿的兴趣与困惑，分析教材；重构主题框架，挖掘价值；提供材料与环境，支持活动；保障幼儿经验的不断延伸，追随儿童"四个策略落实课程，让"追随儿童"不再是口号，而是使真正基于幼儿兴趣来开展主题班本课程成为常态。

"追随儿童"这个词是现在学前教育中出现的高频词之一，说说简单，但在教学实践中真的要落实，却犹如翻越崇山峻岭。作为一线教师的我，总有这样的困惑：教研组里定下的每月主题，子主题必须每个都走吗？主题包里的活动必须都开展吗？做不完怎么办……

一、识别幼儿学习的"趣"与"惑"，教材全面分析

我们常说兴趣是最好的老师，当我们拿到一个主题，常常会立马分析、识别在这个主题中幼儿的兴趣点会是什么，在这些兴趣点下，我们老师该如何支持他们的学习。但我们往往忽略了在这个主题下幼儿的"困惑"有哪些，

是什么原因让他们产生了这些困惑，我们又该如何引导他们来解决这些困惑……所以，在确定了组里统一的每月主题后，我进行了调整，不仅关注幼儿对该主题的兴趣点，也重视幼儿对该主题的困惑点，之后再对子主题和活动进行删减、调整。

（一）主题分析，明确目标

主题名称"有用的植物"，首先解读主题。开展此主题时，正好进入收获的秋季，大自然也在发生着变化，孩子们开始关注身边与植物相关的事物，如用餐时，对不常见的蔬菜感到好奇；照顾自然角时，对植物发芽、长高、枯萎的过程感到神奇；家人看中医时，对于各式各样的药材感到好奇……这些都是日常生活的一部分，但是大班的孩子探索欲越来越强，他们对于身边常见的事情，开始更多地思考"为什么"。在"有用的植物"主题包内有多个教学活动，其中子主题"街心花园"下有13个教学活动；子主题"绿色菜篮子"下有10个教学活动；子主题"种植园"下有8个教学活动；子主题"能保健和治病的植物"下有10个教学活动。

那么，我们班的孩子关注的兴趣点和困惑点是不是可以通过这些教学活动解决呢？这些活动是不是都适合我们班的幼儿呢？带着这些疑问，我对班级幼儿关于植物的生长、关于中草药的使用进行了调查，并对幼儿的调查做了分析统计，如表1所示。

表1　幼儿对植物种植及与人类关系关注的调查结果

关注话题	兴趣点或困惑点/关注度
爱护植物	哪些植物喜欢喝水？哪些不喜欢？（5）
蔬菜的种植方法	肥料越多，植物长得越好吗？（8） 种植蔬菜有哪些方法？为什么有的蔬菜要种植在塑料棚里？（17）
蔬菜的营养价值	不吃蔬菜，只吃水果行不行？（11） 为什么有的蔬菜是吃叶子，有的蔬菜是吃根？还能吃什么部位？（18）
能治病的植物有哪些	哪些植物能治病？能治什么病？（19） 喝了保健茶，还会生病吗？（10）

通过对幼儿的观察与识别，我发现我们班的孩子对保护植物没有太大的

疑问，但也说明他们这方面意识不强，所以目标选择时不能丢。他们对蔬菜的不同种植方法、不同的食用部位是很感兴趣的，包括对中草药能治病深感疑惑。于是，针对我班的班级情况，我对该主题的内容与要求做了取舍与调整，如表2所示。

表2 "有用的植物"子主题及其主要内容

子主题	主要内容
街心花园	感受我们的生活离不开植物，要爱护植物，愿做小小护绿员。
绿色菜篮子	区别蔬菜的不同品种，积累有关蔬菜品种的经验。
种植园	了解一些种植蔬菜的新方法。 关注新技术在蔬菜培植中的作用。
能保健和治病的植物	了解有些植物具有保健、治病的作用。
核心价值	让幼儿养成观察习惯，学会发现一些自然现象，并通过多种形式、多种途径的学习方法，让孩子真正喜欢植物，喜欢大自然，知道我们的生活和植物有着密切的关系，离开了植物，人类将无法生存。

（二）学况分析，理清思路

5～6岁的幼儿正处于人生求知欲最旺盛的启蒙阶段，幼儿的问题源源不断地涌现。我想，既然幼儿对该主题有这么多的兴趣点和困惑点，那么我何不跟随他们的脚步，来和他们一起去探寻植物中的奥秘呢？虽然在教研组研讨中，我们已经将该主题进行了讨论调整，但在各班的课程开展中，课程不应该是一成不变、按部就班的，陈鹤琴先生也曾说过："凡是儿童能做的应当让他自己做，凡是儿童能想的让他自己想。"这里强调了儿童的主体地位，而老师则可以往后靠靠，在其中静静陪伴，共同探寻，适当引导即可。那么，我班幼儿对于"有用的植物"这个主题的已有经验和需求分别是什么？他们想了解哪些种植方法？（追随幼儿兴趣）自己吃过的蔬菜、植物有哪些？（链接幼儿经验）需要一些什么支持？（支持幼儿的后续发展）……于是，我尝试追随儿童的脚步，和他们一同寻找植物的秘密。

二、预设课程实施的"起"与"落"，价值深度挖掘

《指南》指出，教师应"重视幼儿的学习品质""要充分尊重和保护幼儿的好奇心和学习兴趣"。可见，不仅要追随幼儿的兴趣和需求，还要牢牢把握《指南》的精神，深度挖掘课程中的有用价值，与幼儿已有经验做无缝衔接。主题"有用的植物"下的教学活动是否全部选择？又该如何选择？该主题的起点如何设计，又该如何落脚，让课程开始得有趣，结束得有意义？

（一）基于幼儿的全面发展，合理取舍

经过前面梳理内容的关联性后，我认为该主题教材中的大部分教学活动是需要保存下来的，因为它是根据幼儿的认知特点循序渐进展开的，这样可以保障幼儿的经验在活动中得以延伸。而且活动涉及的面还是较广的，有认识植物的分类、植物的种植、植物的食用方法等相关活动，符合幼儿的全面发展，这也是我们主题行进的最终落脚点。但根据我班幼儿的实际情况，该主题中的部分内容有必要做调整，比如主题包里的艺术活动"橘皮贴画"，在我们小班和中班的时候都有过类似的区角活动，所以幼儿这方面的知识、经验已经很丰富了，该主题下的"橘皮贴画"活动可以省略；数活动"10元钱买菜"也是和9月份的"逛城隍庙"一样的活动。考虑到我们中班时候在生活室开展过洗菜、择菜的活动，现在可以继续在生活室开展"搭配保健茶"的活动，融入一日活动中。

（二）基于资源的有效整合，科学扩容

该主题开展前，我们开展了一期食育活动"遇见橘子遇见秋"，这期的食育活动使我班的孩子对橘子的种植、生长、食用方法来了个大抄底，一场关于橘子的话题就这样拉开了序幕。我们的"有用的植物"主题就这样跟着开启了……接着食育活动"遇见橘子遇见秋"，我班的幼儿对植物的生长产生了浓厚的兴趣，进行了大调查，从橘子什么时候播种、什么时候结果、什么颜色的橘子可以食用、橘子有哪些食用方法，到橘皮也能吃吗，孩子们讨论得津津有味。幼儿园也种了很多橘子树，我们带孩子观察过橘子树的特点，与旁边的其他植物有什么相同和不同之处，也是在这里看到了话题延续的可能，

同时也看到了幼儿经验提升的契机，于是我们四周的子主题顺序就这样确定了，第一周"街心花园"，第二周"绿色菜篮子"，第三周"种植园"，第四周"能保健和治病的植物"。

调整后的课程安排如图1所示。

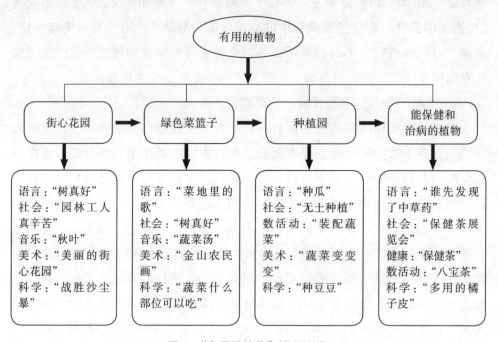

图1 "有用的植物"课程安排

三、提供主题开展的"物"与"境"，活动有效支持

细细地研读《指南》，我们发现"幼儿的学习是以直接经验为基础的，在游戏和日常活动中进行"，教师应"最大限度地支持和满足幼儿直接感知、实际操作和亲身体验获取经验"。可见，幼儿的学习离不开"物的支持"和"境的创设"。于是，在主题行进中我们给予幼儿物与境的支持，让每次的活动都能得到有效的支持。

（一）材料投放重适宜

每次活动的开展都离不开材料的支持，所以我们在班级环境中、区域中都投放了大量与该主题相关的材料，做到时时关注、日日更新。如在开展了"种豆豆"后，班里幼儿对于自然角的种植方法有了新的想法，大家提出除了豆子可以水培和土培，其他植物也行吗？随后幼儿想到了将不同的植物，都来个水培土培大比拼。对于幼儿选择继续水培的一些植物，我们没有进行过多的干预，哪些可以水培，哪些不能，如果能水培又该如何种植，都没有告诉幼儿。但是过了三天，我发现有的孩子把水培发了芽的土豆切开了，种在了泥土里；之前整根丢在水里的萝卜，也被切掉了一部分放置在水里。我知道，孩子们的这些变化是因为对种植活动有了浓厚的兴趣，并且会为此自己去借用其他媒介来搜索答案。最后，在孩子们的投票和讨论下，决定在自然角对萝卜的种植进行观察。果然，孩子们对自己选择的内容特别上心，每天都会在午餐后去照料、观察，从中我悟到了材料适宜性的重要。

（二）环境创设重互动

活动开展离不开环境的烘托，所以将主题氛围融入了班级的一日生活和环境中，让主题的效果更具长远意义，这是主题班本化中不可或缺的一环。

主题开展过程中，必然会有一些作品、记录呈现，我们主张将环境与幼儿进行互动，其中社会活动"树真好"开展后，就在美工区墙上创设了"大树"，孩子在区域活动时，将自己认为树真好的理由画下来，贴在大树下；在开展了科学活动"年轮"后，孩子们又自己画了年轮贴在"大树"的树干上；开展了"保健茶展览会"活动后，将常见的中草药分袋装好贴在科学区，孩子们可以在自由活动期间聊聊不同中草药的功效。

四、保障幼儿经验的"延展"与"扩散"，课程跟随儿童

"跟随儿童"的课程，需要我们从幼儿的经验与发展出发，关注和挖掘生活中的价值，并把课程有机渗透到一日生活中，让幼儿的经验被激发、有提升、能建构、会运用，只有心中有这样的主题班本化核心，才能朝着正确的方向前进。

（一）游戏联动主题，经验有延伸

主题活动的热情能延伸到游戏中，满足幼儿的兴趣需求，实现经验不断

层，区域中的幼儿主动延续着主题活动中的热情。碰巧，本学期我们班幼儿的户外游戏场地在种植园，大树、小树、果树、中草药……应有尽有，彤彤欣喜地发现，之前要用树叶代替草药，而现在的小菜园却种满草药，她准备开一个药材铺，有几位特别喜欢"务农"的男生，则选择结伴来照料这块土地，给药材铺提供新鲜的药材。药材铺的开设，就像一个主心骨一样支撑着我们的游戏。宇晨和檬檬则利用草药资源开起了小茶楼，用不太熟练的手法，按照客人的要求制作出了一杯杯不同口味的茶水。小玉米作为店里唯一的男生，则负责去寻找材料（灌水、买草药、挖泥巴等）。你看，他们的生意还真不错呢！他们的兴趣得到满足，他们的经验得到延展，也许这就是主题班本化实践中最实在的意义。

（二）家园紧跟主题，经验有扩散

我们开展主题课程一般都是以幼儿的经验为基础的，调查表就是我们常用的引入课程的工具。在主题进行之前我们就下发了主题调查表，通过各种有针对性的调查，我们与家长拉起手来，通过亲子填表绘画书写的方式，共同踏上丰富孩子经验的道路。通过活动开展和引领，在开展子主题"能保健和治病的植物"时，也在线上发布了亲子活动，家长在家里和孩子一起选择保健茶、找药材、冲泡保健茶、饮茶，知道中草药不仅是生病时候喝的药，日常也可以强身健体。家长和孩子选择药材的时候，可以了解不同的药材有着不同的功效。有了亲子活动的实践支撑，孩子们在班内分享自己的调查表时也更自信、说得更清楚。家长已经成为我们课程的一员，让幼儿的经验得以扩散。

随着课程的不断发展，教师基于幼儿观察，捕捉幼儿兴趣，分析幼儿发展水平，设计、调整课程已成常态，同时教师的专业性、课程的敏锐性也在不断地提高。本次主题班本化的实际尝试，"追随儿童"四个字在我心中激起了不一样的涟漪，从课改跟随者变为课改行动者，这是我前行的一小步，但坚信只要每天都在小步中积累，"追随儿童"终会落到实处。

幼儿创展过程中的教师支持策略研究
——以大班"美好植物展"为例

上海市浦东新区冰厂田幼儿园　施冰烨

《3～6岁儿童学习与发展指南》中提到："艺术是人类感受美、表现美和创造美的重要形式，也是表达自己对周围世界的认识和情绪态度的独特方式。每个幼儿心里都有一颗美的种子。"大班下学期，幼儿在观察、照料、探究植物，用植物进行艺术创作的过程中，逐步诞生了开一个展览的想法，并命名为"美好植物展"。教师支持幼儿充分调动自己的已有经验，合理利用园内丰富的自然资源，体验创展历程，让园所资源成为推动幼儿发展的重要力量。拥有了充足的时间与空间进行自由创作的幼儿，也流露出许多内在情绪与思考，借由艺术的形式，将自己对生活了三年的园所中的人、事、物的情感进行了表达。

一、"美好植物展"的主题由来：基于幼儿的审美需要

（一）倾听幼儿的需求表达：对美的追求

审美契机和审美原则无处不在。幼儿有着追求美好事物的本真天性，同时大班幼儿又对社会中的一般规则有了自己的认识和理解。例如，春日午后在花园中散步时，有一位幼儿提出："老师，我可以摘一朵花做标本吗？"这个问题引发了同伴们很大的反应："这样花园不完整了，就不美丽了。""花摘了就死掉了。"大多数声音都在说"不能"，但也有幼儿说："能，我妈妈也会摘院子里的花来插花的。"孩子们纯真、稚嫩的话语中，实则流露的是他们对于美的追求，这一阶段的幼儿处于审美敏感期，对环境有自己的审美需要和标准。

正因为每一个孩子的心目中都有一颗美的种子，所以当他们沉浸于大自然之中，便会自然而然地被美所吸引，进而表达对美的追求。那么，作为教师，在创造了条件和机会，在大自然和社会文化生活中萌发了幼儿对美的感受和体验后，更重要的是倾听幼儿的真实需求，关注幼儿的审美需要，然后进一步地引导幼儿学会用心灵去感受和发现美，用自己的方式去表现和创造美。

（二）鼓励同伴间积极讨论：合理化需求

幼儿园的花到底能不能摘？基于幼儿关于审美的需要，教师并未直接回答幼儿，而是鼓励幼儿展开同伴间的探讨、辩论、判断。幼儿在与同伴的讨论辩论过程中，回忆起在小、中班时期利用鲜花进行亲子插花、拓染活动的经历，有幼儿转变观点说："能，因为这不是故意破坏植物，是去做标本，想留下花朵最美的样子。"也有幼儿思考不同场所的花朵有不同的管理方式，说："能不能摘，这应该要问花儿管理员，得到同意了就可以摘，幼儿园里的花就应该去问下园长妈妈。"果然，幼儿的智慧总是在问题中呈现。当教师用认真的态度对待幼儿提出的小小疑问，退后一步，真正倾听幼儿的经验与困惑，给予他们表达自己想法的时间和支持，就能听到更多幼儿的智慧。

教师在倾听了幼儿的想法后，对"摘花"再次进行了价值判断。首先，幼儿摘花的目的是明确的，用来制作手工；其次，幼儿知道采摘要获得管理者的同意，不能随便采摘；最后，幼儿已经提出了初步的解决问题的办法。教师认为在引导下，班级幼儿有能力合理利用资源，且大班"有用的植物"主题开展中也的确有这样的课程需求。因此，教师尊重幼儿的想法，并与园方展开了沟通，期待能共同支持幼儿去解决这样一个矛盾。

幼儿是园所环境的主人，教师以幼儿发展为出发点，让园内的植物超越绿化功能，成为生动的课程资源，相信这样的赋权能带给幼儿丰富的自然探究体验，帮助幼儿去理解自己与自然之间的关系，更有助于培养幼儿的环保态度，促进幼儿的整体发展。

二、"美好植物展"的策展历程：支持幼儿的多元表达

瑞吉欧·艾米利亚的儿童和成人孕育了"儿童的一百种语言"这一理论，

强调了审美性、多元性和复杂性与学习过程的知识构建相联系的重要性。儿童主体策划下的"美好植物展"也应该有一百种表达方式。正值四月，春和景明，我们与幼儿进入"有用的植物"主题，并尽可能地将各项活动在户外花园中开展，提供幼儿更多与大自然、与植物亲密接触的机会。于是，孩子们在与大自然的沉浸式接触中开启了正式策展之旅。

（一）回顾真实经历，启发幼儿思考计划

"不如我们再开个展览吧！就像'奶酪星球'那样。"一位幼儿提出了这样一个想法。"奶酪星球"是我们班级上一学期在幼儿园创意馆内开展的一次大型表征活动。教师向他了解想开展览的原因，也请这位幼儿去问问是否有同伴和他一样想开展览，开什么样的展览。当他获得越来越多同伴支持时，教师也开始思考：在上次"奶酪星球"活动中幼儿获得哪些经验？又有哪些缺失和遗憾？如果再开一次，幼儿会想在展览中获得怎样的体验？接着，教师与幼儿围绕"展览"的话题开展了一次深入讨论。

1. 架构思维导图

教师回顾在上一次的展览活动中，活动前期由于部分幼儿经验不足，以一小部分幼儿的创意想法为主导，其他幼儿跟随为辅，表现较为被动，缺失了表达自己想法的机会。因此，这一次教师更关注倾听每一位幼儿对话题的表达，结合幼儿已有经验为他们的发展创设支架，推动每一位幼儿加入这场活动，成为积极主动的参与者。

这一次的讨论中，教师请幼儿以语言和简笔画的形式表达自己的想法、经验。接着，师幼共同架构思维导图，将讨论内容分为观展经历、地点选择、展览内容、布展问题等几项，并再次在集体中梳理总结，丰富拓展每一位幼儿对于"展览"的经验，更好地支持他们在活动中参与、体验、收获。

2. 聚焦关键问题

师幼在梳理思维导图的过程中，逐渐梳理出了关键性问题：在哪里开展览？展出哪些作品？怎么样可以让弟弟妹妹也看懂？围绕以上内容，教师鼓励幼儿开展进一步的讨论与计划，引导幼儿在实践中深入探究问题，积累经验。

例如，关于问题"在哪里开展览"，幼儿对创意馆和户外樱花树下两个选址进行了争论，各抒己见。多数认为户外的樱花树下更具美感，场地熟悉，还能让更多班级看见；少数认为室内创意馆更合适，因为户外会遇到大风和雨天，作品可能就被破坏了。于是，幼儿共同思考，在户外布置展览，如果遇到雨天该怎么办？并想出了一些应对的方案，例如，每天要查看天气预报做准备，结合主题经验观察班级中的含羞草来判断气象变化，想办法给作品防雨，将创意馆作为雨天的作品保管场所等。之后的布展历程有两周，其中也的确遇到了下雨、刮风、扬尘等各种情况，但心中有了"预案"的幼儿在遇到突发问题时的应变能力明显增强，能冷静思考、应对，不少幼儿愿意主动和同伴讨论对策、协商合作。

在聚焦问题的整个过程中，教师惊喜地看到，在与同伴进行互动的过程中，幼儿会主动吸收外界知识，进行内化，也有了更多思考和表达观点的机会，逐渐发现了自己参与的重要性，自己的观点对团队的重要价值，产生积极效应，越参与越起劲。教师给予了幼儿充足的时间去思考、去设计、去表达，教师的倾听与尊重能让他们慢慢体验集体中的归属感，更好地调动幼儿的主动性。

（二）展现多元视角，关注幼儿博物体验

"广泛关注、深入观察、静心欣赏、积极探究"，是幼儿"博物意识"的核心，也是策划一场高质量展览的必经之路。当幼儿的主动性被极大地唤醒，那幼儿的主动学习欲也就更大地被发挥了。于是，当活动筹备后期，教师越来越感受到幼儿的热情投入，发挥创意利用户外大树、栅栏、攀爬架等，将植物标本、押花作品、拓染作品、拓印作品、写生作品等开始摆放布置，还有幼儿将在班级中照料已久的盆栽也搬到了户外，幼儿的展品逐渐丰富、多元……大家对展览正式对外开放的那一天充满期待。此时，教师也通过师幼对话和观察来了解每一位参与"美好植物展"活动的幼儿，他们内心最期待的是什么，最想获得的是什么，思考如何来支持每一位幼儿。

1. 尊重儿童对于展览的规划：多主体参与互动

幼儿眼中的展览不仅仅是一般的作品展示与欣赏，而是能够让参展者体验互动的综合性展览，这些特征都是儿童文化的具体体现。为了让幼儿能在这样的尝试中积累经验、获得成功，教师提出一系列"观展"问题，帮助幼儿充分调动自己的经验，多角度思考如何与参展者进行前期的沟通和准备，如何使参展者得到更多的满足，等等。此外，一般社会上面向幼儿开放的展览中都会组织各种参与式体验项目，幼儿在园内的创展过程中也体现了这一经验。例如，他们设计的拓染体验区内，考虑到小班弟弟妹妹需要被保护、照顾，从小桌椅的选择、规则提示牌、工具使用安全等方面思考并进行了多次的调整。

2. 支持儿童对于展览的期待：成就自我展示

在最后准备阶段，幼儿在分工讨论自己在展览当天那么多小朋友和老师来看，他要做什么，有讲解员、引导员、"送惊喜礼物的小仙女"，等等。但有位女孩说："我还没想到我能做些什么。"同伴们对她发出邀请，可是她都不愿意参加。教师思考这位幼儿不愿意参加背后的原因可能是出于不善于交流，面对很多陌生的小朋友和老师会紧张，于是找时间和她对话："那你觉得自己最擅长的是什么事情？可能也会在展览时帮到大家。"她想了一会儿说："我最大的本领是弹古筝。"这也让我眼前一亮，开始和她商量是不是愿意现场演奏，说说会的曲子中哪首最贴合我们展览主题。

当每位幼儿都被鼓励去找到自己最大的亮点，施展自己最大的优势，这个活动中的创造力就会被发挥到极致。活动现场，这位幼儿穿上自己喜爱的汉服，在树荫下弹奏了自己最擅长的几首古筝曲目，且认真弹奏了好几遍，她悠扬的曲声和优雅的姿态给所有观众带来了多元的视听感受。

3. 重视儿童对于展览的感受：培养审美习惯

每次的户外活动中，我们会发现有些孩子忙碌个不停，筹备各项展览内容；也有孩子东走西看，当我与一个每天拾花瓣的孩子闲聊时，却听到了她这样一番话："起风的时候，樱花雨飘下来太美了，这里就像一幅画。"她还补充道："我就喜欢看着我们的拓染作品被风吹动的样子，我还可以多拾一些花瓣，这样，没有风的时候，有人来，我也可以撒一下。"

场景很美，但能沉浸其中感受大自然之美、欣赏风吹拂之下作品动态之美的幼儿，更是画面中最诗意的一部分。这场由幼儿取名的"美好植物展"，在此时突然也让教师发现它深层次的内涵，大自然中的风景不仅给幼儿带来视觉上的刺激，美景与幼儿艺术作品的融合，更能积极调动幼儿的各种感官，激发幼儿欣赏与感受的能力。这也印证了"儿童是自然之子"的观点，就让每位幼儿在这个空间中做自己想做的事，感受、欣赏美，拉近自己与大自然之间的距离，拥有属于自己的体验与收获。

儿童视角下的展览为每一位幼儿创设了一个将自己的审美经验展现的空间，也为每一位幼儿提供了展示自己优势的机会，有利于幼儿在活动中体验成就感和满足感，获得自尊、自信和自主。

三、"美好植物展"的温暖延续：满足幼儿的情感需求

（一）关注师幼互动，激发感恩之情

展览之后，我们用照片、视频与幼儿一起回顾历程，回归活动主题，讨论："什么是美好？你在展览中遇到美好的事情了吗？"有幼儿表述："美好就是有那么多小朋友和老师来看展览，我都忙不过来了。""我和老师一起浇花了，老师夸我们的花种得很好，我觉得这是件美好的事情。""我很喜欢老师戴花朵丝巾来看我们的展览，这很美好，我送给她我做的干花书签了，谢谢她。"

我们发现，许多孩子口中的"美好"体验，都是在与成人的互动中获得的。在展览活动中，幼儿作为发起者，积极主动地与每一位参展者进行互动。与此同时，参与展览的成人也从服装、配饰契合主题，俯下身倾听讲解员对作品细节、对花卉的介绍，全程跟随幼儿制作手工等方面表达着对幼儿的尊重。幼儿得到了最大限度的情感支持，在一种尊重的氛围中体会到自己被肯定，产生非常积极愉快的感受，这样有温度的师幼互动也让幼儿萌发了感恩之情，提出下一步的计划。

（二）推进活动延伸，支持情感表达

有幼儿提出，还有自己熟悉的老师没有来参与过展览，想要送她一个自己做的押花作品，这也启发其他幼儿想到要送给保安、厨师、保健老师等园内更多人。在大班末期，这是一个很好的幼儿进行情感表达的契机，教师通过提问"你最想送给谁？你想对他说些什么"展开对话。有幼儿表述："我想送个作品给保安叔叔，因为他在我小班每次迟到的时候牵着我的手找到教室，我想对他说谢谢。""我喜欢×老师，她来我们班级带我们学过本领。我想告诉她，我觉得很有趣，我很喜欢她上课。"

教师引导幼儿回顾并表述自己的真实经历，感受幼儿园这三年生活中支持自己成长的身边人，支持幼儿用绘画记录、语言表达等方式主动去表达感恩之情，帮助幼儿建构良好的社会自我意识，通过积极的情感连接给予幼儿内驱力，产生迎接成长的新阶段的勇气。

虞永平教授认为，"我的……"博物馆是幼儿园较容易建成的开放性儿童博物馆。在这样的一所博物馆中，幼儿可以全程参与博物馆的策展和展览过程，充分发挥主体性。"美好植物展"便是幼儿园基于园本课程的一次"我的美好植物"展览，通过充分的师幼互动，辅之以适宜的支持和引导，给幼儿带来了真正属于自己的园内展览和美好回忆。在儿童视角下的幼儿创展历程中，幼儿的创意能得到教师的支持，幼儿的问题和困难能得到教师的回应，幼儿的兴趣和感受能得到教师的关注。教师支持幼儿与已有的经验相联系，与同伴有互动讨论、解决问题，产生自己的思考，展现自己的优势，表达自己的情感。毕业的六月，一位幼儿说："老师，我好喜欢我们开美好植物展的花园，如果可以，我想再开一次。"这个原本普通的花园成为幼儿回忆里的"开美好植物展的花园"。这里，带给每位幼儿难以忘怀的体验，成为连接幼儿与园所情感的纽带，让即将离开的幼儿内心能因为这些积极体验更温暖，获得面向未来的力量。

参考文献：

［1］安·S.爱泼斯坦，伊莱·特里米斯.我是儿童艺术家：学前儿童视觉艺术的发展［M］.冯婉桢，译.教育科学出版社，2012.

［2］卡洛琳·爱德华兹，莱拉·甘第尼，乔治·福尔曼.儿童的一百种语言：转型时期的瑞吉欧·艾米利亚经验［M］.尹坚勤，等，译.南京：南京师范大学出版社，2014：308.

［3］虞永平.儿童博物馆与幼儿园课程［J］.幼儿教育，2010（10）：7-9.

浅析思维导图在幼小衔接活动中的应用

上海市浦东新区红蜻蜓幼儿园　冯晶媛

幼小衔接阶段是幼儿教育中的重要一环。思维导图是一种可以有效应用于幼儿教育活动的教育媒介，思维导图能够帮助幼儿激发表达欲望，将思维可视化的同时创建较为具有逻辑性的思维模式，同时帮助幼儿塑造良好的学习品质。幼小衔接中对于幼儿难度较大的衔接内容往往是从具体形象思维到抽象逻辑思维的过渡，因此，思维导图在幼儿园幼小衔接阶段中具有重要的应用价值。

为顺利帮助幼儿快速适应小学阶段的学习形态，同时有效促进人的可持续发展，幼小衔接应有机渗透于整个学前阶段，不仅仅是针对智育的衔接，而是同样重视能力与习惯的衔接，是贯穿孩子成长的各个阶段的，尤其对于大班幼儿的重要性不言而喻。如今的教育者都在幼小衔接过程中不断探索着如何"去小学化"，使幼儿园和小学进行双向靠近与对接。2021年3月31日，教育部印发的《关于大力推进幼儿园与小学科学衔接的指导意见》就对幼儿园教育"小学化"的问题进行了根源上的判断与把握，力求双向衔接作为行动纲领与指南，从国家至市区再到校园，层层扎实，有效推进。

由于学龄前儿童主要的活动形式是游戏，强调儿童的参与和体验，而进入小学之后就要以较为书面的抽象思维为主要学习形式，强调的则是学科的知识逻辑性。故此，因儿童身心发展特点与学习方式带来的巨大差异性，使许多幼儿无法更快速地适应小学的学习生活，那么思维导图就是一种能够帮助幼儿快速发展思维力的可视化思维工具，在教育领域的使用已经初显效果，我们应当将儿童在"玩"中学的学习方式与思维导图这一思维工具相结合，如此，既能符合幼儿的身心发展特点，又能克服幼小衔接中因学习形态转变所带来的不适应性。

一、我国学前教育领域中思维导图的应用情况

随着人类社会日新月异的发展，在这样一个信息爆炸时代，思维导图的应用与实践在各个领域都应运而生，这其中就包含教育领域。为了解思维导图在我国学前教育领域中的应用现状，笔者在各类文献资源库进行了大量的文献查阅工作。以中国知网为例，以"思维导图"和"幼儿"为主要搜索词条，共搜索到中文文献166篇。研究发布时间跨度从2013至2022年（搜索时间为2022年4月1日），发布的数量呈逐年上升趋势，2017年起该主题的相关研究数迅速增长，2021年研究数量达至顶峰为全年53篇。研究层次涵盖三大板块——"应用研究""学科教育教学"和"开发研究"。

总体趋势分析

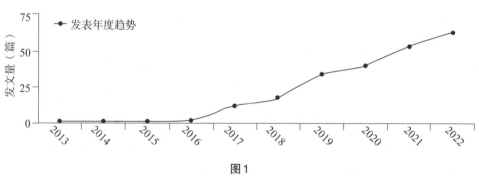

图1

纵观我国学科教育教学的研究可得，有关九年义务制阶段均有与思维导图和教学相融合及应用的研究文章，而与学前教育领域相关的较少。梳理近年来我国有关思维导图在学前教育领域中应用的研究趋向，总结归纳出我国思维导图在学前教育领域研究主要关注思维导图对幼儿语言发展的运用研究、思维导图与幼儿园基础课程的融合应用、思维导图推进幼儿游戏发展的实践研究三个方面。

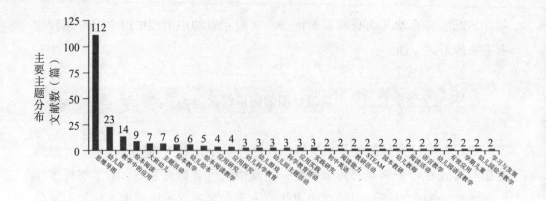

图2

二、思维导图对于幼小衔接活动的适用性分析

幼小衔接的核心价值不在于幼儿对于知识技能的学习与衔接，而在于幼儿的"身心准备"，即身体与心理的全面发展。在此过程中，往往会出现"小学化倾向"的误区，一味且单一追求幼儿认知类知识的储备量，略化学习品质，错误地将"幼小衔接"理解为"知识衔接"。将思维导图和幼小衔接课程做有机整合，是在"玩中学"的过程中帮助幼儿提升入学适应度。

（一）激发幼儿表达欲望

幼儿学习的过程是与他人不断进行交互作用的过程，语言成为互动的第一媒介。由于幼儿不同的个性特征，并不是所有儿童都善于语言表达。思维导图给不善言辞的幼儿提供了一种表达工具。每一个儿童都是天生的画家，对于学龄前儿童来说，绘画是表达的首要方式。上海师范大学朱晓赟通过实验证明了思维导图能够提升中班幼儿的阅读能力，一是将思维导图作为辅助绘本教学的工具，能够提高中班幼儿的阅读兴趣；二是使用思维导图不会阻碍幼儿想象力的发挥。思维导图能将幼儿对事物的理解和想象充分可视化，有助于激发幼儿充分的表达愿望，这种表达包含了语言表达和绘画表达。当幼儿通过思维导图获得成功感后，会将语言表达和绘画表达结合在一起，进行多元表征，从而增强与他人互动的多元性和独特性。

以大班主题活动"保护眼睛我知道"为例，在关注青少年视力健康大背景下，护眼行动已成为幼儿园的常规活动。同时，为了强化对青少年视力健康的关注度，护眼行动的活动开展频率较为密集。在中班下学期已开展过护眼行动的基础上，作为教师，我在思考如何让活动"活"起来，进一步成为幼儿愿意主动表达、积极表达的"桥梁"。就此，我们开展了主题活动"保护眼睛我知道"，组织了儿童议会。幼儿通过使用思维导图围绕保护视力这一主题开展了系列活动——保护视力的饮食、保护视力的游戏、保护视力的习惯。将生活中方方面面的经验与绘画串联成一张具有多种分支的思维导图，当幼儿边看着思维导图边进行护眼宣传时，每一份幼儿运用已有经验自主绘制的思维导图上的图符、分割线以及其关联意义，替代了以往父母包办的护眼海报，让幼儿的语言表达不再贫瘠枯燥；让表达内容不再是家长教，而是幼儿自主想表达的；让幼儿获得巨大的成功体验，班级里几乎每一个孩子都愿意进行表达。

（二）提升幼儿思维能力

著名心理学家皮亚杰将个体的认知分为四个阶段，学前期儿童认知活动缺乏逻辑性与系统性，思维过程中必须通过直接感知和依赖具体形象来建立对世界的认知。思维导图在教学活动中的运用，可以实现对幼儿思维的重塑与整理，其逻辑思维能力在图文与事物的相互作用中得到增强。我们提倡师幼共同绘制思维导图，教师先引导幼儿进行简单的话题讨论，梳理事物之间的联系，再支持幼儿进行主题思维导图的绘制，难度由浅渐深，内容要始终围绕幼儿的生活。学者史菁林倡导教师要及时调整并梳理思维导图当中的每一条分支，从而使思维导图当中各条线索的活动自由延伸，使幼儿的思维得到闭环或有效发散，以增强幼儿的逻辑思维，养成一种思维模式。

在绘本《蚕豆大哥的床》活动中，先由教师与幼儿共读故事，理解故事情节，然后引导幼儿使用思维导图进行绘制，从书中不同主角的不同视角重新探索豆类蔬菜与外壳的联系性，用幼儿自己的语言进行故事的再次演绎。这样不仅可以大大加深孩子对于不同豆类的不同外壳特质的内在理解，而且能提高孩子的逻辑思维能力和表达能力，建立富有联想的思维网络图。同时，由于幼儿利用思维导图快速厘清了故事中各种豆类的不同特点，继而在建立逻辑思维的基础上有了发散，产生了活动的新分支——家庭自然观察活动，即观察不同豆类的成长过程，于是，我站在儿童视角下充分倾听幼儿的发展需求，支持幼儿的观察与探究，及时调整使活动继续延伸。幼儿有了前期绘制思维导图的经验积累，自然而然地进行了经验的迁移，一本本幼儿自主使用思维导图绘制的自然观察记录就此而生，可见，幼儿思维能力的有效发展。

（三）塑造幼儿学习品质

在幼小衔接中，最为重要的核心素养就是良好的学习品质。幼儿学习品质是指儿童学习过程中体现的学习倾向、学习态度、行为习惯、方式方法等基本素质。如好奇心与兴趣、主动性与坚持性、想象与创造性、解决问题的能力等。学者王宇通过列举五个巧用思维导图的活动实例，实现联想游戏、识字游戏、阅读游戏、合作游戏以及主题游戏的课程化，通过巧用思维导图这一教学工具，提高了幼儿对汉字的识记效率和幼儿的合作能力，提升了幼儿的阅读素养，也促进了幼儿联想能力的发展。借助思维导图，教师在活动中才能真正实现以幼儿为本的教学理念，尊重儿童的权利，激发幼儿主动学习的愿望，从而塑造幼儿良好的学习品质。

例如，在开展大班"冬季护树行动"时，教师将活动预设为一个完整的系列活动：树木与环境、冬天的树木、护树行动。在"树木与环境"环节中，教师借助儿童会议使幼儿了解保护树木的意义。在"冬天的树木"环节中，教师需要预设好活动的分支，如首先，幼儿开展探究活动——冬季树木将面临的问题（寒冷、日照时间的减少等）、树木生长的有利条件、保护树木的方法，这样能够将幼儿的逻辑思维呈放射状，提高思维力。在"护树行动"环节中，由幼儿自行分组，共同就"使用何种工具、使用何种方法、组内如何分工"等话题进行思维导图的绘制，与幼儿已有经验做连接，激发幼儿的自主学习与解决问题的意识。在第一次护树行动中，幼儿使用麻绳对树木进行捆绑从而起到保暖的作用，然而却遇到了麻绳太长不易捆绑、捆绑容易出现松动等问题。活动后，幼儿再一次进行自主思考与讨论，绘制第二次行动的思维导图。可见学习品质中的主动探究与坚持性得到了极大的发展。

三、思维导图在幼小衔接中的应用策略

克服幼儿教育"小学化倾向"，同时使思维导图在幼小衔接中得到有效应

用，是一项综合性工程，应该从以下三方面着手：

（一）转变教育观念，端正教学指导思想

"小学化倾向"的出现是当下幼小衔接过程中的最大误区，要解决"小学化倾向"，首先必须树立正确教育观念，不再单一灌输知识经验，而是借助思维导图来弥补幼儿园与小学这两种不同学习形态下带来的差异。这需要教师各方面的转变。

1. 观念的转变——儿童观和教育观的转变

儿童观和教育观直接影响着教师是如何理解儿童与实践教育，影响着幼儿教师的教育活动是否具有价值，且直接影响着教师是否能将科学的儿童观和教育观转化为课程意识的课程领导力，即在幼小衔接活动中将思维导图加以良好应用。

著名学者马拉古奇说过："儿童有一百种语言。"教师应民主、平等地对待幼儿。那么，在幼小衔接活动中也应倾听儿童的意愿、需要和兴趣，尊重以儿童为主体的思维导图的创造，不以成人的思维定式去判定儿童的思维导图像或不像、对或不对。同时，合理将思维导图和活动来源相融合，将一日生活、幼小衔接活动与幼儿的兴趣与需求做有机整合，将思维导图应用在各个游戏化、生活化的幼小衔接课程中，而非单一进行思维导图的训练，以形成具有发散式的思维导图，从而理清思路，更好地进行系统教育。

2. 角色的转变

思维导图的使用大大提高了幼儿思考与学习的主体地位，教师的角色定位也从直接引导退向了身后，成为幼儿的成长共同体，不断支持与陪伴。在儿童视角下强调幼儿的个别化、多元化和小组合作式学习，基于这样多元的教学模式，教师应当勇于转变，先行尝试自身在教学过程前的思维导图的训练，巧用思维导图提升教学预设能力，教师的角色将由"教"转变为"导"。如何去"导"？我们将学习的主体还给幼儿后，可以给幼儿一个"主题"，请幼儿把联想到的想法、事物、细节一一罗列出来。像这样以一个思考主题为中心向四周发散，最终呈现出放射性结构，有利于教师理清"导"的方向与脉络。幼儿与教师双方的角色转变既能帮助教师提高教学有效性，还能帮助幼儿成为学习的主动者。

以户外角色游戏为例。在开展前，我便在思考如何在户外角色游戏中做到既把主体位置还给幼儿，同时又能保证幼儿不是毫无意识地"玩"。因大班幼儿的发展特点是合作意识的不断增强，故此，我决定借助思维导图这一工具，组织一场有关游戏的儿童小组式讨论会，幼儿通过合作绘制"在哪玩、玩什么、怎么玩"思维导图将户外游戏一一可视化。小组讨论过程中不断发散的思维过程，帮助幼儿对游戏更有计划与把控性，增强了户外游戏的愿望；同时，教师在观察、倾听幼儿的过程中，也能借助思维导图理清游戏观察的方向，为游戏分享环节时帮助幼儿提升游戏思路，为游戏不断深入打下基础。同时，我惊喜地发现，在第一次较为丰富的户外角色游戏初体验后，幼儿自主开始了第二轮儿童会议，使用思维导图绘制当日游戏过程中，幼儿遇到的问题，以及讨论后的解决方案、游戏过程中的材料选择与调整、游戏过程中不同区域的使用方式等。我想，这时幼儿真正成为活动的主人。

（二）遵循幼教规律，体现幼儿教育的特点

在幼小衔接过程中增加思维导图的应用，是为了幼儿的身心健康发展从而更好地融入小学生活，所以其过程必须遵循幼儿的身心发展规律，合理将思维导图与一日生活有机结合，体现幼儿教育的特点。

1. 贴合幼儿生活经验

活动内容的选择上必须贴合儿童的实际生活经验，这样才能将零散的、片段化的思维梳理成具有逻辑性的、发散性的经验点，同时再次拆分重组，构建全新的、具有体系的思维板块，由点至面的思维过程如果脱离儿童的生活，会导致幼儿无话可说、无物可依，那么思维导图的应用就失去了良好的活动媒介。故此，活动内容的选择上一定要生活化。

2. 关注幼儿学习过程

（1）树立"过程"重于"结果"的观念

我们强调认识的"过程"，其理由有四点：一是人类对于世界万物的探索与认知是建立在发展过程中的。二是幼儿自身对做的"过程"比对做的"结果"更感兴趣。尝试思维导图的过程给他们带来的满足和思维模式的重组再建远远胜过做的结果。"一千个读者就有一千个哈姆雷特。"思维导图能够满足幼儿创造性的表达表现。三是对"过程"的重视可以促进幼儿自主与个性化的发展。思维是一种过程，绝非结果。我们真正想要通过思维导图帮助幼儿达成的是一种处理事情的思考能力，而非结果。四是当幼儿进入小学后的学习结果，就是学习的"过程"。学习过程中的思维、习惯、解决问题的能力等，就如同搭建房屋过程中的每一块砖墙铁瓦，缺一不可。

（2）提供足够的"变化"，确保活动的"可操作性"

思维导图有多种思维图形，如气泡图、树状图、鱼骨图、轴线图等。不同图形的思维结构各不相同。如轴线图有着清晰的时间概念，帮助人们找到发展顺序；气泡图能够帮助思考者进行发散思维，理清某一主题的多元信息；树状图则是分类思维，能够将事物进行快速分门别类。幼儿绘制思维导图的能力不是灵感乍现，而是依靠在活动中慢慢积累。初期，在活动中儿童绘制的图十分简单，随着经验的积累，活动内容的不断丰富，活动维度的不断增多，幼儿会从最初的"涂鸦"过渡到边画边表达，描绘具有初步思考的阶段，最后能进入有意识表达的多元表征阶段，有思考地添加简单文字、数字、符号、表情和图画的阶段，同时还能用语言进行丰富的表达表现。教师可将不同的思维导图模式融入不同的活动主题中，从而激发幼儿进入有意识的表征阶段，如在防疫活动"新冠病毒是什么"中，幼儿使用轴线图来讲有关健康防疫的小故事，从新冠病毒的起因至病毒现在的发生情况，最后至病毒的预防措施，都清晰地被幼儿罗列在时间轴的两侧，使幼儿的表达更为通畅、有逻辑。又如大班幼小衔接活动"幼儿园与小学的不同"，使用树状图来使幼儿将幼儿园生活和小学生活的不同可视化，进行两者的区分比较，帮助幼儿对以后的小学生活不再彷徨。大班幼小衔接活动"我们的计划"中，幼儿使用气泡图进行了一次次的认知之旅，对自我进行客观评价。分析某一段时间内自己需要进步的内容，从而培养自我管理意识。同为大班幼小衔接活动"我心目中的小学"中，幼儿在参观小学的同时了解幼儿园与小学生活的差异性后，使用鱼骨图绘制对于小学的困惑，分析原因，制定对策。通过绘制思维导图过程中自主找出问题和解决问题，进一步激发幼儿对于小学生活的憧憬之情。

总而言之，幼儿教师在运用思维导图开展教学的过程中，应注重研究不同思维导图的结构与特性，结合幼儿的认知思维模式，开展有"变化"的教学活动，从而真正创设出贴近幼儿认知的思维导图教学模式，让幼儿在看图、画图中，获得思维能力等综合素养，为幼儿的科学幼小衔接蓄力。

（三）加强家园互动

科学有效的幼小衔接离不开家庭这个第一教育场所，幼儿园应该重视对家长宣传幼儿教育理论的有效性，让他们走进课程。除了常规家园沟通内容与渠道外，加强了解思维导图对于幼儿思维发展与科学幼小衔接的重要意义对当下的家园合作来说是重中之重。学校开展的具有针对性、科学性的家庭教育指导，能够有助于提升家长在家庭中的教育方法。学校、家庭的双向有效的家园互动，能够促使家长自发主动参与到学校课程中来，从而在家庭中继续探索思维导图对于幼儿学习的应用。如我们借助多媒体信息平台，与幼儿家长分享了思维导图在幼儿园教学活动中的应用，以及应用后幼儿思维、解决问题综合能力的提升，以举案例说理论相结合的方式，促使家长了解幼小衔接不是单一地学习小学知识技能，而是幼儿的综合素养的培养。一张张的幼儿思维导图案例使得家长对于新的教育理念更为认同了，对于教师的教学产生了强烈的信任，为家园配合借助思维导图开展育儿活动打下了基础。同时，结合调查问卷，倾听幼儿家长对于在家运用思维导图的困惑与需求，并进行反馈与指导，在有针对性的家园指导过程中开展了一系列的结合思维导图的家园互动活动，如亲子聊天10分钟活动中，运用圆圈图展开一个话题的具体且充分的联想；幼小衔接班干部竞选活动中，用气泡图完成形象且有条理的竞选宣言；周末时画流程图描述周末的活动计划；和家长一起进行家庭自然观察活动时，使用思维导图进行自然笔记的绘制等。家长了解和支持幼儿园的教育工作，是将思维导图的应用向家庭教育不断延伸的最佳途径。

在幼小衔接的过程中，巧用思维导图可以培养幼儿诸多综合能力。在幼儿园课程改革的背景下，教师应思考"支持幼儿什么"和"怎么支持"的问题，重视在一日教学中的分析与反思，加强对教育科学的自辨与科研能力，并在应用思维导图的过程中积极进行创新，更好地推动思维导图与学前教育的融合。

参考文献：

［1］朱晓赟.借助思维导图提升中班幼儿阅读能力的实践研究［D］.上

海：上海师范大学，2017.

［2］卜凡.谈幼儿科学教育活动中"思维导图"的运用［J］.科幻画报，2019（12）：159.

［3］史菁林.与幼儿一起探索——幼儿园自然探究主题活动的实践［J］.幼儿教育，2019（3）：10-13.

［4］王宇.巧用"思维导图"促进幼儿园课程游戏化［J］.求知期刊，2020（51）：14-15.

普惠性托育堵在哪儿

——对接民生需求，完善托育体系

上海市浦东新区学前教育（托育服务）指导中心　胡　晓

自十九大报告首次将"幼有所育"作为保障和改善民生的重要内容以来，托育服务得到了党和国家以及各级政府的高度关注。为不断推进落实党中央"幼有所育、学有所教"的要求，解决习近平总书记关心的"老、小、旧、远"问题，推动普惠性托育服务建设成为优化儿童发展环境，实现儿童早期健康发展，从源头上提高人口素质的重要举措之一。

为深入贯彻落实国家、本市在婴幼儿照护等方面的意见和要求，进一步推动建立以社区为依托、机构为补充、普惠为主导的资源供给体系，发挥新区作为市托育服务工作试点区的先行先试作用，我们先后开展国内外、市内外、区内外普惠托育服务研究，立足"浦东新区推进普惠性托育服务的困难及建议研究"的调研，深入陆家嘴街道、高桥镇、金桥镇、张江镇、合庆镇等街镇，在走访、调查、座谈中，听介绍、解困惑、取经验，了解托幼一体园、托育机构、社区等多元主体落实普惠性托育点的做法。在汇总数据、分析问题、借鉴经验、寻找差距的基础上，从普惠托育服务堵点和通道两个方面对接民生需求，对深化托育服务工作，完善普惠托育政策进行深入思考。

一、国家和本市层面婴幼儿照护服务工作基本情况

近年来，党中央、国务院高度重视保障和改善民生工作，习近平总书记多次就托育工作做出重要批示，要求抓住重点难点问题，补齐托育短板弱项。国家和本市先后出台一系列文件，对托育服务工作发展进行了顶层规划，为

长期做好相关工作奠定了基础。

2018年，本市率先出台《关于促进和加强本市3岁以下幼儿早期教育工作的指导意见》《上海市3岁以下幼儿托育机构管理暂行办法》《上海市3岁以下幼儿托育机构设置标准（试行）》（以下简称"'1+2'文件"），明确了"政府引导、家庭为主、多方参与"的总体思路，市教委作为全市托育服务工作的牵头部门，建立市、区托幼工作联席会议制度的工作机制；同时明确了托育机构设置标准和管理要求。本市还相继出台了关于托育机构从业人员队伍建设，托育机构卫生保健工作，托育机构水、电、气价格等方面的文件。

2019年，国务院办公厅印发《关于促进3岁以下婴幼儿照护服务发展的指导意见》，明确"家庭为主，托育补充；政策引导，普惠优先"等基本原则，明晰了家庭、政府与市场三者作为0～3岁婴幼儿托育服务供给主体的各自职责，即"家庭对婴幼儿照护负主体责任。发展婴幼儿照护服务的重点是为家庭提供科学养育指导，对确有照护困难的家庭或婴幼儿提供必要的服务"。国家卫生健康委员会制定了《托育机构设置标准（试行）》《托育机构管理规范（试行）》。国家发展改革委、国家卫生健康委印发了《支持社会力量发展普惠托育服务专项行动实施方案（试行）的通知》，明确3岁以下托育服务属于非基本公共服务范围，围绕"政府引导、多方参与、社会运营、普惠可及"，政府提供全方位政策支持清单，社会化发展托育服务，扩大普惠性托育服务有效供给。

2020年，国务院办公厅印发《关于促进养老托育服务健康发展的意见》。本市出台了《上海市托育服务三年行动计划（2020—2022年）》，对进一步促进托育服务发展明确了总体目标、工作要求和任务举措。

近期，国家发展改革委印发《"十四五"积极应对人口老龄化工程和托育建设实施方案》，拟通过中央预算内投资支持，进一步改善养老、托育服务基础设施条件，增加普惠性服务供给，不断发展和完善普惠托育服务体系。

二、普惠托育服务堵在哪儿

浦东新区作为全市3岁以下托育服务工作五个试点区之一，在新区政府高度重视下，积极落实各项举措，在增加托育服务资源、丰富家庭科学育儿指导、提升善育工程服务效能等方面均已取得了一定的工作成效。在对照资源统筹和供需对接问题、政策制度和配套机制问题、行业指导和管理责任问题等的进一步研讨，将制约普惠托育服务发展的"堵点"分析如下：

（一）堵在供给体系不完善

1. 普惠性托额供给量不足。从办托主体看，新区目前可提供婴幼儿入托的托育服务资源供给类型主要有三类，即托幼一体化幼儿园、市场多元主体办托、街镇（社区）办托。普惠性托育服务机构138家（含办学点），其中托幼一体化幼儿园占比73%，可提供普惠性托额约占总量的37%。据2020年统计，浦东新区0～3岁实有家庭幼儿数为122 795人，假设0～3岁幼儿月龄呈平均分布，数据显示约有三分之一2～3岁家长有托育需求，约1.2万人，近70%的家长愿意接受普惠性托育服务，则普惠性托育服务需求约为8 000人。目前，新区提供的普惠性托额4 733个，仅满足约60%的需求。

2. 托育服务供给类型单一。婴幼儿照护服务需求多元多变。调研显示，隔代教养在幼儿照护中占主导地位，0～1岁主要为家庭教养，对科学育儿指导需求较大；1～2岁仍以家庭教养为主，有计时托、临时托的需求；入托需求较为集中在2岁以上幼儿家庭。目前，新区托育服务形式单一，基本是全日制托班，半日托、计时托、临时托、嵌入式、菜单式、分龄式等多元灵活的供给服务基本空缺，托育服务供给类型与家庭托育多样化的需求不匹配。

3. 科学育儿等托育服务资源未整合。科学育儿等托育服务工作涉及多个专业部门（教育、卫生、妇联等）。虽然各部门积极开展指导服务、开发专业资源，但是由于缺乏健全完善的工作机制和平台体系，部门资源难以有效整合，未能形成全区统一的品牌项目和特色亮点，导致居民获得感不够强、感受度不够高。

（二）堵在布局规划不到位

1. 托幼一体化幼儿园布点不均。托幼一体化幼儿园在满足3～6岁幼儿入园需求基础上，在场所和教师资源保障的前提下开设托班。中心城区幼儿园入园矛盾相对突出，难以开设托班满足入托需求。非中心城区幼儿园相对有一定空间可开设托班，满足入托需求。其中也存在如合庆镇等个别街镇，由于学前教育资源紧缺，同样也难以满足入托需求。这构成了托幼一体园布点不均的现象。

2. 市场办普惠性托育站点不多。市场多元主体对办普惠性托育这一新兴事物认识不足，意愿不强，加之场地租金高、人员成本高等因素，极少有市场主体选择在中心城区办普惠性托育机构。主管部门虽在选址及收费等方面给予适当指导，但市场主体拥有最终决定权，主管部门难以干预。因此，市场办普惠性托育机构大都设在边远地区，如唐镇、川沙新镇等，中心城区由于租金成本高等问题，托育机构实现普惠性难。

3. 街镇（社区）办托设点不足。新区94%的街镇（社区）以扶持托幼一体幼儿园或与普惠性托育机构合作的方式完成街镇普惠性托育设点要求，占比分别为85%和6%。同时，街镇（社区）通过提供场所等方式设立普惠性托育点并未被纳入政府督政，街镇对举办社区普惠托育服务的意愿不强，推进社区办托动力不够。94%的街镇均依靠托幼一体化幼儿园完成指标，与政策中"社区为依托、机构为补充、普惠为主导"的导向不符。

（三）堵在政策扶持力度不够

1. 已有支持政策尚未有效发力。国家、本市及新区在规划、土地、财税、人才等方面，对支持托育服务发展均有政策，但政策的综合效力尚未显现，各项优惠政策未能全面、及时惠及市场主体。由于市级托育服务的政策早于国家相关政策的出台，加之市级托育服务的牵头部门为教育部门，有别于国家政策的责任部门，具体落实政策在操作层面缺乏相应的细则和流程。

2. 多元主体办托缺少激励政策。一方面是社区办普惠性托育点缺少规划政策支持，托育服务场所建设未纳入城乡规划建设体系，没有保障机制；另一方面是企业、园区等市场办普惠性托育点缺乏相关财税奖补政策支持；三是托幼一体化缺少配套政策支持，幼儿园开展托幼一体化试点的人财物等均通过预支或占用3～6岁学前教育资源来实现服务供给。

（四）堵在供给主体意愿不强

1. 托育服务运营成本高

托育服务"1+2"文件对托育服务机构的场地条件、人员配置、食品安全、设施设备等均做出了严格规定，在规范托育服务市场、保障托育服务质量的同时，提高了办托门槛，增加了办托成本。目前运营中的普惠托育机构在成本压力下实现收支平衡已经十分困难，特别是小型托育机构的现金储备不足，随时面临资金断流风险。因此，市场主体办普惠性托育的积极性不高。

2. 多元主体运营风险大

由于3岁以下婴幼儿的特殊性，需"最柔软的照护"，社区、园区、企事业单位等办托主体在运营前期和运营过程中，存在因运营风险高、缺乏专业管理人员、场地资源短缺、金融保险政策未研制等因素，掣肘了普惠性托育服务的发展。

三、如何打通普惠托育服务通道

为进一步促进新区托育服务从"幼有所育"迈向"幼有善育"，将大力促进普惠性托育服务发展，实现普惠、安全、优质的公共托育服务的提质扩容。

（一）增加供给，完善托育服务体系

1. "三个一批"增加普惠性托育资源供给

加快推进一批托幼一体园建设。支持新开办幼儿园和现有公民办幼儿园在满足3岁以上幼儿入园需求的基础上增设托班。挖掘一批社区资源融合共享。促进"一老一小"融合，鼓励和加强社区婴幼儿照护服务设施与社区养老、家门口服务站等设施的功能衔接、共建共享。鼓励一批存量资源改建利用。支持将各类房屋和设施用于发展托育，鼓励适当放宽最长租赁期限。支持和推动有条件的产业园区、商务楼宇、大中型企业以单独或者联合等形式，为职工提供福利性托育服务。

2. "三驾马车"提供优质科学育儿指导服务

作为试点区推进普惠托育服务，区政府高度重视，充分发挥托幼工作联席会议各单位的综合效力。发挥好教育、妇联、卫健"三驾马车"在家庭科学育儿指导领域的优势，教育局牵头结合一年6次免费科学育儿指导活动，形成覆盖全区各街镇的336个科学育儿指导点；区妇联牵头实行"父母成长计划"；区卫健委牵头建设了儿童早期发展基地。各部门进一步形成合力，整合街镇各方面为"小"服务的资源，大力推进科学育儿指导"五进"活动，打造浦东品牌，让居民更便利地获知和获得相应服务。

（二）综合效力，合理规划科学布局

1. 打造社区托育服务圈

推进社区婴幼儿照护服务设施建设，新建、改扩建一批嵌入式、分布式、连锁化、专业化的托育服务设施，提供全日托、半日托、计时托、临时托等多样化的普惠托育服务。各街道、社区通过提供场地、减免租金、购买服务等措施，引进社会力量提供婴幼儿照护服务，进一步打造15分钟社区婴幼儿照护服务圈。

2. 科学规划设点布局

新建居住区应当规划建设与常住人口规模相适应的托育机构，在老旧小区改造中，利用存量资源和低效闲置土地建设完善婴幼儿照护服务机构和设施。在调研基础上，精准预测，引导在人口密集的中心城区和产业密集的新兴居住区重点设点布局，对接需求。

（三）多措并举，加大政策扶持力度

1. 加强政府综合行政效能

将婴幼儿照护服务纳入区、街两级经济社会发展规划和目标责任考核，列入城乡基本公共服务目录，充分发挥托幼工作联席会议各单位的综合效力，制定和完善政府关于普惠托育服务的相关政策与制度。根据新修订的《中华人民共和国人口与计划生育法》，由卫生部门牵头，尽快梳理处置依据、流程，建立教育、卫生、市场监管等多部门协同推进托育服务的综合监管网络，规范托育服务市场。

2. 加大政策支持力度

出台相关财税激励政策，调动企事业单位等多元主体的办托积极性，特别要强化国有企业、园区社会责任，由大型国企、园区带头落实办托义务，并统筹园区的各类主体积极参与，形成共享共治共办的合力。对承担普惠任务的机构给予一定的成本补贴；形成购买服务的制度，激活托育服务市场，培育示范性的托育服务机构。对承担托幼一体化试点任务的幼儿园，加大经费保障力度或探索合理收费制度，多举措调动多元主体参与托育服务的积极性。

（四）灵活准入，增强多元主体意愿

1. 明确标准，降低准入门槛

一是依托行业协会，探索制定灵活托育服务的设置标准、课程标准和教玩具配置标准等，既使之有章可循、有标准可依，又可降低其开办难度和开办成本。二是研究制定"量体裁衣式"的社区嵌入式、计时托、临时托等多样化托育服务的设置依据，探讨降低普惠托育服务机构的准入门槛，使更多的托育机构能参与到普惠性托育服务的供给中来。

2. 加强督政，强化职责意愿

在政府督政中，将普惠托育服务供给的具体操作落实到基层，将街镇落实托育服务工作纳入考核，形成个性化的考核指标，调动基层单位举办普惠托育服务机构的动力和决心，充分发挥街镇、工会、商会、园区管委会等在托育服务建设中的重要作用，增加普惠性服务供给，不断发展和完善普惠托育服务体系。

让户外运动"活"起来
——幼儿园户外运动实施现状及思考对策

上海市临港新城海音幼儿园　龚文瑜

运动是幼儿健康发展的需要。幼儿园运动是幼儿健康教育的重要内容。《3～6岁儿童学习与发展指南》强调，幼儿园应"保证幼儿每天的户外活动时间不少于2小时，其中体育活动的时间不少于1小时"。室内外运动作为幼儿园主要的体育活动组织形式，几乎占了幼儿在园运动的全部，其运动质量正是关系幼儿体能健康发展的关键部分。2021年，笔者有幸挂职在浦东新区教育督导中心，参与了25所幼儿园的综合督导工作，幼儿园户外运动的实施情况也是我们督导过程中课程教学、幼儿园半日活动观察板块收集信息的主要途径和依据。在督导情况课程教学板块中，对幼儿园户外运动开展的情况梳理与统计发现一些问题并展开思考及实践，力求寻求优化策略，提升幼儿户外运动的质量，让户外运动"活"起来。

一、存在的问题

在观察中，发现25所幼儿园的幼儿运动组织比较规范，有计划、有内容、有实施，并且有观察和记录反馈。但是，普遍问题是幼儿的运动强度和运动密度不够，运动时间不能保证等。在与80名教师的访谈中问到"目前幼儿户外运动组织实施中的问题是什么"，主要普遍的问题集中为（图1）：有58名教师表示在幼儿运动过程中不知道如何去实施观察并施加干预，占45%；有43名教师表示在幼儿运动中缺少对材料投放适宜性的思考，占33%；有28名教师表示出于安全原因不敢太放手让孩子自主地去运动，占22%。总结一下主要问题有：部分区域幼儿的运动强度偏低；教师出于种种原因造成幼儿的运动时间不足；幼儿在运动中的运动密度需要提高；幼儿运动中的自主性体现不够。这些问题正是当前关于幼儿运动质量本质的重要研究问题，是真正满足幼儿运动需要的必要研究问题。

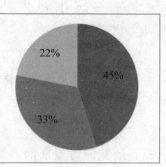

幼儿户外运动组织实施中的问题

- 有 58 名教师表示在幼儿运动过程中不知道如何去实施观察并施加干预
- 有 43 名教师表示在幼儿运动中缺少对材料投放适宜性的思考
- 有 28 名教师表示出于安全原因不敢太放手让孩子自主地去运动

图1 幼儿户外运动组织实施中的问题访谈

（一）幼儿的运动强度有待提高

 案例一

我们对 H 幼儿园的 234 名幼儿分别在平衡区、跑跳区、钻爬区、投掷区等不同运动区域中的心率进行了测试，将幼儿运动高峰时刻的心率进行了汇总（图2）：

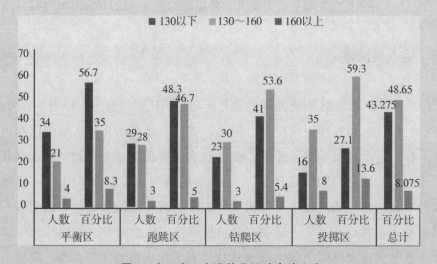

图2 小、中、大班幼儿运动高峰心率

分析：

综合一些科研资料，幼儿在运动活动中的平均心率达到130～160次/分钟为合理，低于130次/分钟为偏低，高于160次/分钟则偏高。从以上研究数据来看，幼儿运动高峰时刻平均心率达到130～160次/分钟占48.65%，其运动强度较为合理；43.275%的幼儿平均心率未达到130次/分钟，其运动强度过低；8.075%的幼儿平均心率超过160次/分钟，则为运动强度过高。也就是说，不到半数的幼儿在参与教师组织的户外运动时的运动强度比较适宜，而另外不到半数的幼儿的运动强度则明显偏低，只有小部分的幼儿运动强度过高。这一数据也表明，在教师组织的户外运动中，幼儿的运动强度低是最主要的问题。而若将幼儿在不同运动区的平均心率进行横向比较，则发现幼儿在投掷区的运动强度最高，在平衡区的运动强度最小。

建议：

1. 建议合理划分场地，给予幼儿足够的运动空间。
2. 合理划分运动区域，避免单一动作发展。
3. 材料的投放要考虑层次性、挑战性、整合性。

（二）幼儿运动的密度有待加强

在L幼儿园的中班平衡区的运动中，教师将梯子架在两个轮胎上让所有幼儿排队在梯子上行走，部分平衡感较好的幼儿轻轻松松就走过了梯子，而部分平衡感较弱的孩子则在梯子上小心翼翼的，有时候还需要老师的搀扶。这样一来就造成了后面幼儿的等待，原来属于每个孩子的运动时间都用在了"排队等待"上，那么幼儿的练习时间也就减少了，运动密度自然而然就降低了。在大班跑跳区的运动中，教师为幼儿提供了大量的跨栏、呼啦圈，并将这些材料布置成小路，让幼儿扮演小兔跳跃前进。许多幼儿一开始会按照要求跨过跨栏，跳过呼啦圈，时间一长很多孩子开始偷懒，用走的方式代替"跳"，运动密度也有所降低。

分析：

在运动现场，不同教师的组织和调控下幼儿的运动密度也不同。教师的语言调控和行为调控丰富，能够适时鼓励、引导幼儿参与运动，幼儿运动的密度则较高。年轻教师在组织运动中多以"玩伴"的方式参与幼儿的运动，带领孩子一起玩，但提供的材料和路线幼儿不感兴趣，教师缺少对幼儿的观察，没有进行及时的调整，从始至终忽略了幼儿在运动中的身体情况，有些幼儿没有积极参与，导致运动密度偏低。根据幼儿的运动情况及时调整材料的摆放、运动的难度，以此来调节幼儿的运动负荷。每个孩子的运动兴趣也会影响孩子是否积极参与运动。因为运动兴趣是幼儿参加体育活动的主要驱动力，幼儿是否积极参加运动直接影响到他在运动中的运动量。若幼儿对于运动内容感兴趣，他就会积极参与；反之，幼儿缺少兴趣，则很难投入运动，其运动的负荷也就无法达成。如果教师在运动中学会观察幼儿的运动兴趣，采用不同的干预方式，就可以提高幼儿的运动密度。换句话说，如果教师对于幼儿的运动密度缺少准确科学的干预，那么幼儿的运动质量也就没办法得到保证。可见，教师的干预策略是否科学有效，对于幼儿的运动质量起到了很关键的作用。

建议：

1. 针对幼儿年龄特点，科学设置运动难度。

2. 关注幼儿个体差异，多元激发运动兴趣。

3. 观察幼儿运动状态，灵活采取干预措施。

（三）运动时间长度不够保证

在F幼儿园的幼儿户外运动观察现场，我们发现由于教师要布置下一个环节集体教学的幼儿绘画材料，带幼儿到操场运动的时间推迟了，导致整个运动时间的缩短，幼儿实际参与运动的时间也相应地缩短。在M幼儿园的运动中，我们也观察到，教师在运动开始的时候交代了运动的要求，反复强调拍球的动作要求，教师一直在教授幼儿如何拍球的技能，幼儿始终处于"倾听与观看"状态，看似幼儿运动环节的时间是保证了，但是幼儿真实的是处于"假运动"，实际幼儿运动的时间在无形中被减少了。

分析：

运动总时间的保证是满足幼儿基本运动需求的基础，在足够的总时间内教师才能组织幼儿合理运动，幼儿才能拥有足够的运动时间。只有确保幼儿的运动时间适宜，才能保证他们适宜的运动负荷。如果运动时间过长，不仅会消耗幼儿过多的体力，造成幼儿机体的疲劳，同时还会影响幼儿游戏的兴趣和积极性。相反，运动时间过短，幼儿的运动需要不能得到相应的满足，在较短的时间内幼儿不能够充分地运动，往往会出现运动量不足。时间不足的原因有教师因为其他事项拖沓，没有严格按照一日活动时间安排实施，随意地缩短幼儿的运动环节时间；也有教师没有合理地安排幼儿运动的环节，一直处于教授运动技能的状态，对户外运动的理解需进一步加强。

建议：

1. 教师与搭班协商并做好当天一日活动环节的准备工作，不影响幼儿正常的运动时间。

2. 加强学习《运动》教材书及《上海市幼儿园办园质量评价指南》，理解幼儿户外运动的组织策略及方法，给予幼儿更多的自主空间。

3. 细化一日活动操作细则，强化日常操作，优化教师一日活动的执行能力。

二、对策与思考

（一）针对幼儿运动强度的提高策略

1. 科学划分和利用运动场地

《幼儿园教育指导纲要（试行）》中提到："环境是重要的教育资源，应通过环境的创设利用，有效地促进幼儿的发展。"户外场地是承载幼儿发展的重要环境资源，对其科学、合理的开发和利用，能最大限度地满足和促进幼儿身心发展的需要，使幼儿肌肉得到锻炼，使身体形态正常发育。通过阳光、空气、水等自然环境因素的刺激，使幼儿对外界各种环境变化的适应能力增强，促进幼儿体质健康发展。

（1）充分利用空间

本着因地制宜的原则，充分利用园内的各种空间区域，尝试开展运动区活动，使幼儿在不受空间的限制下，身心愉悦地进行锻炼，进而发展幼儿的基本动作，提高身体素质。在H幼儿园，在运动中能根据幼儿年龄特点，较合理地安排活动，体现一定的均衡性，并能注重集体和个别活动的有机结合。主要表现为：多样性场地地质，初步创设具有野趣和挑战性的运动情境，例如芳波部有塑胶跑道、草地小土坡、水泥石子路、沙地，还有塑料草地等多种不同材质，区域划分能很好地与大型器械结合。多样性的运动时间安排，三个分部根据园舍运动场地特点，因地制宜布局运动内容，错时、拆分同龄班级来保证幼儿运动的时间和空间，运动中大部分材料能体现运动特质，基本能满足幼儿动作的发展，较好地提供了便于幼儿选择、取放使用器械的设施以及运动中的生活环境，满足幼儿自主选择需要。在T幼儿园有一个攀爬墙的设施创设，但是我们发现幼儿仅在四面墙上攀爬，运动负荷比较难达到理想的效果。于是我们针对幼儿园的场地资源重新思考调整，因地制宜，充分挖掘，根据场地的地质、地貌等自然特点，对区域进行总体布局，重新规划。考虑到场地的整体布局，利用周围现有的设施环境，将草坪、石板路、凉亭、小木桥、攀爬墙、木质长廊有机整合在一起，整个区域的空间比原先扩大了三倍。建议创设有六类不同地质的场地：木板地、水泥地、砖地、草坪、鹅卵石地、塑胶地等；地貌丰富多样：有高有低、有凸有凹、有平面斜面、有阶梯等，还有丰富的绿化带、景观树木等。紫藤缠绕的长廊，设计悬挂了高低不一的愤怒的小鸟，阳光充足、松软如茵的草地，可以添置木桩、钻网，花圃周围铺上鹅卵石，小草坪上可以利用花台与地面的高度、鹅卵石的凹凸特点开展走平衡练习，还在草坪上放置了木桩、平衡木、轮胎等设置成了平衡区；建议利用凉亭前的小石板路练习走S形、障碍跑。在投掷区中，悬挂了高低不同的铁环，幼儿不仅可以练习跳跃拉环，还能进行投掷，满足了不同幼儿的发展需要。笔者提倡幼儿园充分挖掘每一块地方，开发利用每一个角落，创设一个合理、科学、多样化、多功能的运动环境，让幼儿园的户外场地真正成为幼儿的锻炼场，把场地变成立体的、多层次的、多视角的运动区域。

（2）合理划分场地

在活动开展之前，我们应该充分考虑户外场地的整体布局，将场地进行科学合理的划分，提高场地的利用率。并根据不同运动项目的特点来划分和布置场地。例如在运动场地的划分上，原本大操场上有三个运动区：跑跳区、平衡区、钻爬区。而在布置情境场地、排设路线的时候通常采用南北朝向。这样一来，本来就不大的场地上创设了三个运动区，使整个场地看上去非常拥挤，而且因为场地有限，整条运动路线的距离不满30米，这样孩子们在跑跳、平衡等运动区域中，都不能达到一定距离的助跑和跳跃的练习，使运动的强度和密度都会受影响。观察发现了这个问题之后，我们对运动场地进行了调整，把前操场由原来三个运动区缩减为两个，将钻爬区调整到后操场。由原来的南北朝向的路线摆放方式改为东西朝向的方法，前操场从东到西的距离比南北距离大约要长一倍。这样我们创设的运动路线距离就可以拉长了，跑跳区中给孩子们助跑的距离变长了，跨栏与跨栏之间的间距也能拉大了。孩子们还能进行类似30米快跑或接力跑的运动游戏。经过这样的调整之后，孩子们运动的强度一下子就上去了。

2. 三思而行，合理选择和投放运动材料

在幼儿园运动的开展过程中，材料是幼儿参与运动的主要载体，它对幼儿运动效果的好坏起着关键性的作用。教师在选择和投放运动材料时必须

"三思而行"，使之满足层次性、挑战性和整合性。

（1）材料的设计要考虑层次性

我们在材料的设计上更应体现层次性，不仅要满足不同年龄段幼儿的发展需求，还要体现同一年龄段不同发展水平幼儿的要求。不同年龄段幼儿的动作发展要求是不同的，教师需在充分了解该年龄段幼儿发展要求的基础上提供材料。因此，我们在开展实践研究的过程中，翻阅了许多有关幼儿运动的书籍，通过多渠道查询和搜集资料，重新梳理了3～6岁幼儿动作发展的基本经验，包括幼儿走步、跑步、跳跃、投掷、平衡、钻爬等的基本形式、锻炼价值以及各年龄段活动目标，不断丰富幼儿运动资源库，为教师如何针对幼儿的年龄特点进行材料的选择提供了依据。通过研究我们发现，小班适合提供活动技能易于掌握、模仿性强、数量充足，能促进其平衡、走、跑能力发展的活动材料；中班则注重提供能促进其身体协调发展的，发展钻、爬动作能力的活动材料；大班应考虑提供动作技能高，能满足幼儿一物多玩的需要，能促进综合素质提高，发展追逐、躲闪技能，运动强度较大的活动材料。如"钻爬区"，提供的材料有适合小年龄幼儿的"山洞"、毛毛虫钻洞、板凳等，有满足大年龄幼儿向高处钻爬的木梯、竹梯、网梯等。然而，同一年龄段的幼儿也存在个体差异，每个幼儿的动作发展水平有高有低，如何让每位幼儿自主选择，挑战自我，并在与材料互动中建构经验，获得动作发展成了最大的难题。对此，我们尽可能多地为幼儿提供自由选择、自主活动的运动材料，包括不同难度层次的材料以及不同玩法的材料。即同一种材料，存在不同的差异。有的是轻重差异，如米袋有5斤、9斤、13斤；有的是大小差异，如轮胎有大卡车轮胎、轿车轮胎、自行车轮胎；有的是难度差异，如在"过森林"的游戏中，提供三条不同难度的道路，一条是"平平路"（平衡木），一条是"圈圈路"（轮胎），一条是"摇摇路"（梯子）。

（2）材料的选择要考虑挑战性

教师在选择运动材料时，应遵循幼儿的年龄特点和身心发展水平，充分判断其运动能力水平，创设一定的"困难"情境，并有选择地投放适宜且具挑战性的材料，将多种运动方法和经验隐含其中，鼓励幼儿在一定的运动能力的基础上勇敢地进行多种运动形式的尝试。帮助他们克服困难，建立大胆勇敢、不畏困难的心理，激发幼儿快乐运动的内驱力，体验成功的喜悦，获得自信和快乐。但教师切记把握好"挑战性"的度，若"挑战性"过大，超出了幼儿的能力范围，则幼儿处于胆怯、害怕无法完成任务，最终不愿积极参与运动，此类"挑战"则成为"负担"。比如，大班的钻爬区长期以来都是利用平地铺设钻爬网架让孩子在其中进行钻爬，而此类钻爬都为向前以及向后的爬，对于大班的孩子来说运动量较小，难度较低。因此，我们利用钻爬区边上的梧桐树，创设了"送鸟窝"的情境，让幼儿边向上攀爬梯子，边将鸟窝放置在树枝上，钻爬的难度就增加了，对于大班的孩子来说挑战性增加了，运动的热情和积极性就自然而然被激发。

（3）材料的投放要考虑整合性

在创设运动区域内情境和投放材料的时候，往往有的老师会被某一个区的功能性所局限。一个运动区内创设的练习内容均是练习单一运动技能项目的，没有注重运动的整合性，这样的创设让这个运动区显得既单调，趣味性又低，孩子们没有兴趣去玩，自然运动的强度就低。所以我们要打破运动的界限，让运动区域凸显整合性。例如，在大班平衡区内，我们除了投放竹梯、轮胎、长凳等常用材料外，还投放了扁担、竹篓、沙子、塑料仿真玩具小螃蟹，创设了一个抓螃蟹的运动情境。我们在竹篓里装上小沙袋，请孩子们挑着扁担在长凳上走，还要跳过轮胎障碍，孩子们不仅锻炼了平衡能力，还得到了负重和跳跃的练习，比单单空手在长凳上走有趣味多了。孩子们运动的积极性提高了，运动强度也就大了。

（二）针对提高幼儿运动密度的策略

1. 针对幼儿年龄特点，科学设置运动难度

每个年龄段的幼儿都存在着差异，幼儿的动作发展水平也存在着不同程度的差异。若采取统一的标准对幼儿提出活动要求，往往能力强的幼儿因运动难度过小而缺乏兴趣，而能力弱的幼儿因活动的难度过大而缺乏信心。教师要在活动的过程中加强观察，了解不同幼儿的个体差异，以便有目的、有计划地进行分层指导。

在体育活动中，若运动项目的难度过大，不但会打击幼儿参与体育活动的信心、幼儿进行体育活动的积极性，更重要的是无形中会增大运动量，超

过幼儿生理和心理负荷。但是，体育活动项目的难度也不可过小，如果过小，只需简单地练习就掌握了动作要领，时间少，运动密度小，运动量也会减少，达不到运动强身健体的效果。所以，我们研究了各年龄段幼儿的运动特点，针对不同的年龄特点来科学设置各体育活动项目的难易程度。

（1）小、中、大各年龄段的身心及运动特点

小班的幼儿基本动作能力整体发展水平比较低，主要原因有：第一，生理基础。幼儿身体发育不完善，幼儿的骨骼、肌肉还处于初步的发育期，所以其运动能力相对会比较差，而且很不稳定。第二，心理因素。小班幼儿的年龄小，经验少，任何一种主动发起的动作、行为都有一定的冒险性和危险度，所以幼儿在运动过程中的基本认知能力、意志、毅力的发展水平就会影响到幼儿运动的水平。

中班幼儿的身心发展水平虽然处于低水平阶段，生理和心理的承受能力比起小班有所发展，在体育运动的难易选择上要结合幼儿的身心发展水平，特别是在制定体育活动目标时，要根据中班幼儿的年龄特点和体质水平来定。

大班幼儿动作发展比较协调，理解能力增强，有一定的自控力等特点，多采用竞赛性的游戏，以激发幼儿的积极性，提高练习的效果，培养幼儿积极进取精神和集体责任感、荣誉感。

（2）小、中、大各年龄段运动难度的设置

笔者认为，小班多提供一些活动技能易于掌握、模仿性强、数量充足，能促进其平衡、走、跑能力发展的活动材料；为中班提供能促进其身体协调发展的，发展钻、爬动作能力的活动材料；给大班幼儿我们提供的则是动作技能高，能满足幼儿一物多玩的需要，能促进综合素质提高，发展追逐、躲闪技能，运动强度较大的活动材料。如大班幼儿在进行"投篮"的活动中，教师有意识地在场地上安排了不同高度、不同距离的小筐，便于幼儿根据自己的实际能力进行投掷练习。又如，小班幼儿的投掷能力可以说是几项基本动作技能中，发展最欠缺的，表现在幼儿对于挥臂、甩腕、投掷的时机把握不准确，不能很好地协调投掷的方向、速度和力度。因此，在设计小班幼儿投掷目标的时候，我们可以放低难度，引导幼儿向各个方向自由接抛纸球。中班我们可以提出投过一定高度和距离的网，投向某一目标的要求。大班可以

提出跳跃时投掷、行走时投掷、奔跑时投掷、侧身投掷、倒走时投掷等新的难度。

2. 关注幼儿个体差异，多元激发运动兴趣

幼儿的身体机能水平和心理特点存在个别差异，在幼儿园体育活动中，往往相同的运动对不同的幼儿会产生不同的影响。比如，有的幼儿性格文静，喜欢安静的活动，运动积极性不高；而有的幼儿天生好动，愿意尝试不同的动作练习，并大胆主动参与到不同的运动区域。在运动过程中教师须关注班中每一位幼儿在运动中的情绪，对于运动中过分"安静"的特殊儿童，可以采用语言鼓励和行为引导的方式。如对胆小、不爱动的幼儿，应该鼓励或带动他们一起活动；而对能力较弱、需要帮助的幼儿，则重点在于方法的指导。例如，在一次中班的运动中，有一位女孩子始终在运动场地内徘徊，教师则光关注那些运动着的孩子，而忽视了对她的引导。整个运动过程中，教师都没有进行语言和行为的指导，经测试得出该幼儿的运动强度偏低，运动密度也偏低。当教师意识到该幼儿的特殊情况之后，在第二次的运动观察中，我们发现该教师能主动去提醒该幼儿一起参与运动，并在其完成相应的动作之后进行口头的表扬和鼓励，该幼儿在运动中的积极性明显比之前高出许多，运动中的练习时间也相应地提高了，其运动密度也相应得到了提高。

3. 观察幼儿运动状态，灵活采取干预措施

在运动中，幼儿是活动的主人，教师应是幼儿活动的支持者、观察者、引导者、帮助者，注重的是活动过程的引导。在整个运动的过程中，教师要不断观察幼儿的运动状态，如观察幼儿运动的积极性、幼儿与运动材料的互动情况、幼儿的生理反应等。在观察的基础上，进行灵活的干预，可以是调节运动材料的摆放方式，也可以是调整运动难度。运动材料的摆放并非在一次运动中是一成不变的，教师可以结合幼儿的运动密度进行灵活调控。比如，当幼儿由于排队等待而造成运动密度偏低的时候，教师可以增加运动路线，分流部分幼儿以免过多等待。当运动难度过高时，教师可以降低运动的难度，或者采用循序渐进的方式，逐步增加运动难度，确保幼儿不断练习并完成相应的动作技能要求。在小班的跑跳区中，教师提供了纸板荷叶，让幼儿扮演青蛙在荷叶上跳跃。教师将荷叶的摆放进行了三次调整，不断增加荷叶之间

的距离，幼儿的跳跃距离也在不断加大。又如大班的跑跳区中，教师提供了大量羊角球供幼儿自由跳跃和玩耍，有些孩子跳了几下就开始坐在羊角球上聊天，此时教师上前引导幼儿骑在羊角球上组合成"毛毛虫"，再一起向前跳跃，原本跳了几下就想休息的孩子，就会始终跟在前一名孩子的身后进行跳跃，其运动密度有了保证。

（三）针对保证幼儿运动时间的策略

1. 保证充足的运动时间，满足幼儿基本运动需求

足够的运动时间是幼儿园运动活动开展的主要因素之一，只有足够的运动时间，教师才有可能实施运动计划，保证幼儿充足的运动量。《上海市教育委员会关于进一步规范幼儿园保教工作的实施意见》中明确指出："要保证幼儿每天2小时的户外活动时间。"由此可见运动在幼儿园一日活动中的重要地位。作为教师不能因为运动时间的不足，导致幼儿运动质量的下降。首先，教师应按时组织运动。幼儿园的一日活动安排表较科学合理地制定了幼儿的运动时间，作为教师要严格按照时间表执行，拖沓和延误幼儿到操场运动的时间都会直接影响幼儿运动的效果。其次，教师不能占用幼儿运动的时间。户外运动时间中，有的教师会慢慢地布置场地、搬器械，或是和早上来园的家长交流等，这些都让孩子增加了等待的时间，减少了真正运动的时间。准备工作其实在运动开始之前就可以请配班老师和保育员共同完成，或是请中大班的孩子一起布置完成，减少这个环节的时间。此外，我们分别录制了热身音乐、运动音乐、放松音乐，既创设了运动氛围，又能有效促使教师每天有计划地组织安排好户外活动内容。

2. 把握幼儿的生理机能，合理安排运动各环节

在运动中，幼儿练习时间的合理分配是很重要的。教师要安排好整个运动中各个部分的时间分配，满足幼儿在运动过程中的生理机能的变化。据相关研究证明，幼儿在运动过程中，生理机能能力的变化经历了上升阶段、平稳阶段以及下降阶段，因此运动的各环节必须与幼儿的生理机能相适应。所以，一次运动活动大致由三个部分组成，包括开始部分、基本部分和结束部分。在开始部分，教师可以带领幼儿做一些模仿操、简单的律动等类似运动负荷不大的游戏，激发幼儿参与运动的兴趣，通过身体活动，克服各器官、

组织的惰性，激活主要群肌，提高活动能力，一般占总时间的10% ～ 20%。在基本部分，教师则围绕某些动作发展要求，引导幼儿完成相应的运动内容与任务，一般占总时间的70% ～ 80%。在结束部分，教师可带领幼儿进行平静的徒手放松、简单以及缓慢的操节或舞蹈，以降低幼儿大脑的兴奋性，由运动的紧张状态逐渐恢复到相对安静的状态。

当前，学前教育的理念正处于转型期，幼儿户外运动的有效开展是我们的幼儿园践行教育使命的重要内容之一。让我们不断地在实践中发现问题，思考策略，解决问题，让幼儿园的户外运动真正"活"起来，从而提升我们幼儿园户外运动的质量。

本班幼儿抗挫力缺乏的家庭教养原因调查分析

上海市浦东新区观海幼儿园　卫　丽

一、问题提出

健康指的是人在身体、心理和社会适应方面的良好状态。幼儿的身心健康发展不仅仅要关注"身"，也要关注"心"。身在外，容易被大人观察到，而心在内，容易被成人所忽视。幼儿阶段是形成安全感和乐观态度的重要阶段，关注幼儿的心理健康是家长和教师不容忽视的问题。

笔者是小班的班主任，本次疫情导致了突如其来的长时间居家隔离，对小班幼儿来说可能产生一定的心理影响。于是笔者更加关心本班孩子的心理健康。通过线上家访，班中有家长反映了孩子的问题，比如，遇到不如意的事就要哭闹，害怕自己穿衣服穿得不整齐，总是让妈妈帮忙穿，一批评就生气等。这些问题都反映出了孩子的抗挫力有待提高，心理素质有待加强。

美国宾夕法尼亚大学研究发现：面对挫折与困难，决定一个人成功与失败的关键在于人的心理弹性能力，俗称抗挫力。幼儿期是抗挫力发展的关键期，玻璃心的孩子小时候可能只是发脾气扔积木，长大了面对更大的学业压力和家人的不理解，可能引发抑郁或其他心理问题。

通过查阅资料发现，幼儿的抗挫力与许多因素有关，老师的教育对幼儿抗挫力也会产生一定的影响，但主要是受到家庭教养人的影响。特别是疫情期间，孩子和家长日夜都在一起，相处的时间增加了，受到家长的影响就更大了。于是，笔者决定在班中开展幼儿抗挫力的调查分析，结合问卷调查和与家长的沟通来分析原因，提出相应的家庭教养建议，对家长开展指导，切实提升本班幼儿的抗挫力。

二、研究方法

（一）研究对象

本研究的对象为本班30名幼儿。其中，男孩有16名，女孩有14名。

（二）研究方法

本研究主要运用了问卷调查法，了解本班幼儿抗挫能力程度现状，分析家庭教养方式与幼儿抗挫力的相关性。研究采用问卷星匿名发放电子问卷的方法，共发放30份问卷，回收有效问卷30份，回收率为100%。

问卷的设计借鉴了任静的硕士论文中编制的《母亲教养行为和儿童抗挫力的相关性研究的问卷调查》，并做了修改。任静的问卷分为七个维度：愉悦情绪、惩罚程度、空间干涉、成长期望、保护投入、情感表达、尊重意识。每个维度都设计了三个子题目。同时包含家庭背景信息：家长的学历、是否与老人同住、是不是独生子女等。本研究在此基础上做了一定的修改，主要如下：

第一，任静的问卷调查中对于母亲的教养行为调查很全面，但对幼儿抗挫力的测评只有三个问题，且问题比较抽象，比如"孩子是否会选择一个对自己有挑战的任务"，不利于本班家长理解和做出客观的判断。因此，本次调查同时借鉴了张怡筠博士的幼儿抗挫力测试，将幼儿抗挫力的测评调整为八道题目，题目皆为具体生活场景，更全面地调查了本班幼儿的抗挫力。同时设置了自测计分，让家长在做问卷的同时也了解到自己孩子抗挫力的强弱程度。

第二，任静的问卷主要是为了研究抗挫力和哪些教养行为相关，她研究得出了相关度较高的行为和不相关的行为，如在儿童抗挫力和尊重意识的相关度的检验中，抗挫力只和"我时常听完孩子的想法后再做决定"相关，和"我答应孩子的事，一定说到做到""我说过类似'大人的事，小孩不懂'这样的话"不相关。而本研究的调查目的有所不同，主要是为了挖掘孩子缺乏抗挫力的家庭教养原因，所以笔者在本次问卷中把已证明不相关的行为去除了，保留了研究结果中相关的行为。

第三，幼儿的抗挫力与家庭主要教养人密切相关，本班幼儿绝大多数是母亲主要照料的，有一名幼儿是父亲主要照料的，因此笔者联系了其父亲填写问卷。而在班级群中要求每位幼儿的母亲进行填写，以确保填写者为主要教养人。

三、研究结果与分析

（一）幼儿抗挫力总体情况

按照张怡筠博士的幼儿抗挫力测试方法，每题1分，八道题总共8分，4岁以上儿童以6分作为抗挫力强弱的临界点，6分及以上的视为抗挫力较强，6分以下的视为抗挫力较弱。

本班幼儿抗挫力测试达到6分及以上的有18名，即60%的幼儿抗挫力较强。6分以下有12名，即40%的幼儿抗挫力较弱。本班幼儿的抗挫力情况比较分散，且个体差异性较大。分数低的只有2分，而分数高的达到了8分。根据日常对本班孩子和家长的观察了解，笔者推断本次问卷的数据可能带有一定的主观性，更偏向于乐观一些，实际上抗挫力有待提高的幼儿更多。在事后与家长的沟通中，也有家长表示："在选题感觉模棱两可的时候，就选了相对较好的答案，实际分数达不到那么高。"

（二）与幼儿抗挫力相关的家庭因素

通过分析问卷结果发现，与本班幼儿抗挫力相关的因素是：家长的学历、是否与老人同住、空间干涉、保护投入、情绪稳定；而相关度不明显的因素有：是否为独生子女、尊重意识、情感表达、惩罚程度、家长期望。

在12名抗挫力较弱幼儿的家长问卷中发现，其家庭背景虽然各有不同，但主要抚养人的教养行为有着某些相似之处，如家长对孩子的空间干涉明显，具体反映在12名家长中有75%的家长会为孩子自己能做的事情代劳；家长对孩子的保护投入较多，如与同伴争执时经常帮忙解决，经常因孩子身体出现的变化而紧张；家长的情绪不稳定，如50%的家长在孩子表达不清时感到不耐烦，75%的家长偶尔在孩子不知原因的情况下发脾气。

四、研究结论

（一）父母作为主要抚养人的幼儿抗挫力更强

在问卷调查中发现，12名抗挫力测试在6分以下的幼儿中，只有1人没有与老人同住，即91.7%的幼儿与老人同住，全班幼儿中与老人同住的比例是63.3%。抗挫力较弱的幼儿与老人同住的比例大大高于班级水平。可以看出，与祖辈同住的幼儿抗挫力可能受到影响。

通过与抗挫力较弱的小D妈妈的沟通，笔者得到了更多的信息。小D的爸爸妈妈周末陪伴时间更多，平时每天陪伴小D的时间为半个小时左右，平时以爷爷奶奶照料为主。小D妈妈说："平时他自己玩积木或者画画，积木搭不好会闹脾气，我和他爸会慢慢和他说，帮着他一起做，他基本能化解这些。如果他还有感兴趣的事情，但是因为太难了放弃，我们会帮他一起找到原因，再找办法。就像拼积木，他很喜欢，只是有时候力量不够，扣不上去，我们就会告诉他，现在力气还不够大，这个需要慢慢来，等你长大些，就好扣了。然后，我们会告诉他这个时候可以找爸爸妈妈或者其他人帮你扣，只要你告诉我们怎么扣就好了。但是他接受不了别人说他做得不好。有时候在家里画画，姥姥说他这里画得出格了，他就会放弃或者让姥姥代笔。"

分析这段叙述可以得知，小D的爸爸妈妈比较耐心，当小D遇到挫折时会慢慢引导他，小D能够在爸爸妈妈的帮助下化解不良情绪，并且最终克服困难自己完成，获得自信和成就感。但是小D的姥姥会直接说他做得不好，画出格子，这对小班的孩子来说要求有些过高，而且小D自尊心比较强，接受不了，就会直接放弃，让姥姥代笔。由于和祖辈同住，平日里姥姥带小D的时间远远多于父母，所以小D的抗挫力水平受到姥姥的影响更多一些。

结合问卷调查和个别沟通，以及平时对本班幼儿和家长的实际情况的了解，笔者认为，父母作为主要教养人的幼儿的抗挫力高于祖辈为主要教养人的幼儿，可能是因为祖辈的教养行为对幼儿产生了影响。祖辈对幼儿的教养行为中存在着一定程度上的包办代替和溺爱的现象，且祖辈对幼儿更多的是在生活上的照顾，这导致幼儿对生活中常见挫折的忍受程度较低。许多祖辈会对幼儿吃饭、穿衣服等事情包办代替，对不满足要求时幼儿的哭闹撒泼毫无办法，只能妥协。相对而言，父母会更加有原则一些。因此，祖辈教养为主的幼儿可能在独立性、自制力、自信心、行为习惯等方面略逊一筹，抗挫力的发展也因此受到了阻碍。

（二）父母的学历对幼儿抗挫力可能有影响

由于时代的进步，父母的文化水平逐渐提高，我班大专及以下学历的家长有5名，比例占16.7%，本科比例占70%，硕士比例占13.3%。问卷结果中发现，这5名家长的问卷中幼儿抗挫力分数都在6分以下。也就是说，在本班中，所有大专及以下学历家长的孩子抗挫力都有待提高。除此之外，家长是本科或硕士对孩子抗挫力的影响并不明显。因此笔者推测，父母的学历可能对幼儿抗挫力有影响。但由于样本数据较少，仅限于本班家长，所以父母学历是否对幼儿抗挫力有影响，无法通过本班的数据来证明，还需更大范围的调查研究。

（三）被父母空间干涉较多的孩子抗挫力更弱

从问卷结果来看，抗挫力较弱的孩子的父母空间干涉比例高于班级水平。在空间干涉对幼儿抗挫力的影响方面，本问卷共分成三个子题目，分别为："我严格规定孩子看电视或玩电脑的时间""孩子不愿意，我也会为TA报班学习""孩子能做的事，我出于各种原因代劳"。这部分家长中，16.7%的家长在"严格规定孩子看电视的时间"这题中选择了"经常"，83.3%的家长选择了"偶尔"，没有家长不严格规定孩子看电视的时间。33.3%的家长"偶尔"会在孩子不愿意的情况下为TA报班学习，75%的家长会为孩子自己能做的事代劳。

根据以上结果可以分析出，父母的空间干涉过多，可能会影响孩子的抗挫力。究其原因，首先，"权利"和"义务"是相对应的。想要一个孩子变得坚强，就需要先赋予孩子"自主选择的权利"和"承担后果的义务"，这样才能激发孩子的自主性，而后才能产生做事的意愿，和遇到困难不放弃的意志。父母对孩子的事情干涉过多，没有给孩子自己决定的权利，孩子也不会承担选择和决定所带来的后果。父母根据自身经验替孩子做了决定，确保孩子不会"犯错"，导致孩子缺乏"试错"的机会，缺乏担当，喜欢把责任推卸给家长。笔者研究调查结果时发现，在"孩子做错事的时候总是责怪别人"这一题中选"是"的家长，在三个空间干涉的子题目中表现欠佳，其对孩子的干涉明显较多。可见孩子的"责怪"与家长的"干涉"密不可分。

其次，家长经常为孩子能做的事情代劳，也会导致孩子的抗挫力缺乏锻炼。当家长为了让孩子多吃一些饭而选择喂饭的时候，孩子自己吃饭的速度就得不到提高。当家长为了怕孩子穿衣太慢而着凉，总是帮孩子穿的时候，孩子就学不会自己穿衣服。久而久之，孩子就更加做不好，更加害怕自己吃、自己穿，会说"自己吃太慢了""我不会穿"，变得越来越依赖家长，独立性、自信心和抗挫力的发展都会受到阻碍。

（四）被父母保护更多的孩子抗挫力更弱

调查结果显示，父母保护更多的孩子抗挫力较弱。保护投入方面的题目共有三个子题目。其中在"孩子和同伴起争执，我会用我的方式帮孩子解决"这一题中，抗挫力测试6分以下的12名家长中只有1人选了"从不"，有2人选了"经常"，9人选了"偶尔"，即只有8.3%的家长让孩子自己解决同伴间的问题。在"和亲戚朋友一起玩时，我对自己孩子的照顾是最明显的"这一题中，有1人选了"经常"，6人选了"偶尔"，只有2人选了"从不"，也就是只有16.7%的家长没有偏护自己的孩子，对这些孩子一视同仁地照顾。在"我非常紧张孩子身体上的一些变化"这一题中，3人选了"经常"，7人选了"偶尔"，只有2人选了"从不"，即只有16.7%的家长对孩子身体上的一些变化没有感到非常紧张。

结合这三个子题目综合来看，孩子抗挫力较弱的父母通常对孩子的保护投入较多。分析原因，可能是父母对他们的身体和情绪都保护得太好，导致孩子没有经历挫折的机会。比如，在同伴争执时父母为他解决了，自己并没有真正地经历社会交往方面的问题和挫折，身体上也因为过度保护而少摔跤、少受伤等，经历的挫折少了，对于挫折的耐受力自然而然地也会较少。这样培养出来的孩子，就像温室里的花朵，无法经受外面的风吹雨打。

（五）父母情绪不稳定的孩子抗挫力更弱

调查研究发现，父母情绪不稳定的孩子抗挫力更弱。关于情绪的问题有两个。在12名抗挫力较弱的孩子家长中，有7人"偶尔在孩子表达不清楚时感到不耐烦"，比例达到58.3%，而班级水平为48.4%。有9人"偶尔在孩子不知原因的情况下发脾气"，比例达到75%，远远超过了班级水平54.8%。

从这些数据中不难看出，父母情绪不稳定与孩子的抗挫力有着较强的关联性。分析其原因，笔者认为，孩子天生喜欢模仿，孩子一直在父母的身边观察和学习着父母的一言一行，所以父母对于情绪的控制和处理能力非常重要。当父母没有耐心倾听孩子的想法，以及在孩子不知原因的情况下发脾气时，孩子潜移默化中习得了这样的情绪处理方式，也会同样地对一些事情不耐烦和发脾气。情绪不稳定的父母自己的抗挫力都有待加强，更何况孩子呢？

五、教育建议

（一）父母要提高亲子陪伴的时间和质量

有些父母认为"承担起教育的责任"就是教孩子功课，也就是"读写算"，平时只要祖辈带着吃饱穿暖就可以了。我们班的孩子64.5%是和老人同住的，这些孩子的父母平时工作较忙，陪伴孩子的时间较少，所以要更加注重高质量的亲子陪伴。在陪伴孩子的时候，不仅要带孩子学习、游戏，更要注重耐心倾听孩子，细心观察孩子，与孩子深入沟通，增强亲子间的情感连接。

（二）父母要积极学习育儿知识

父母的学历要改变起来较难，但是不应停止学习和成长，特别是在育儿方面。俗话说，最可怕的事情莫过于不学习的老师在拼命教书，不学习的家长在拼命育儿。父母不是生来就会做父母的，要不断学习育儿知识，不要凭着本能随意地把孩子养大，忽略孩子的心理健康，当孩子长大后问题严重时后悔莫及。

（三）父母要有界限感，要给幼儿更多自主决定的权利

孩子需要自己做决定，即使"撞南墙"也要他们自己去撞，经历后才会有所成长。父母要有界限感，学会克制自己，不要对孩子的世界干涉过多。

当有一天孩子要自己决定的时候，他们无法做出选择，因为选择意味着有所失去，选择也有选错的风险。如果一直是父母做决定，承担后果的人是父母，孩子永远会把责任推卸给父母，自己身上的问题都会归咎于原生家庭。给孩子自主权，孩子会学会如何做选择，会享受自己决定、自己安排的快乐，也会承担每个选择所带来的后果，变得更有担当。孩子都渴望"自主"，想要成为自己世界的主人。他们的权利不该被剥夺，他们也需要知道"自主"是有"代价"的。但他们宁愿付出"代价"，也要选择"自主"，因为"自主"对我们每一个人来说，都意味着对"自由"的向往。

（四）父母要保持情绪稳定，避免盲目跟风或攀比而引起焦虑

父母要情绪稳定，与周围人的攀比会导致焦虑情绪，以及对孩子的期望过高，容易让孩子产生心理压力和挫败感。每个孩子的天赋不一样，没有必要事事比较。更何况孩子的身心发育是逐步完善的，我们不能忽略孩子的年龄特点，事事要超前学，追求赢在起跑线，最后导致揠苗助长，得不偿失。现在网络上的信息比较多，妈妈们也比较"卷"，或多或少会引起一些焦虑情绪，这种情绪一定会影响到感受力敏锐的孩子们。孩子们的心智还未发育成熟，心理承受力达不到成人的程度，他们不应该过早地承受这些压力。

（五）不要过度保护，替孩子规避挫折，而要培养孩子对待挫折的能力

著名心理学家马斯洛说："挫折未必总是坏的，关键在于对待挫折的态度。"生活中总会遇到困难、痛苦，没有谁的一生是一帆风顺的。作为家长，我们要做的不是替孩子将所有挫折挡于门外，我们要做的是教会孩子面对挫折的能力。孩子不可能永远活在父母的保护伞下，早一天给他应对挫折的能力才是送给孩子最好的礼物。

当孩子因为受挫而闹脾气，父母要做的不是急于质疑或指责孩子，最好的办法是：保持平静并接纳孩子的情绪。"爸爸妈妈知道你没有做到，你很难过。"当孩子情绪稳定后，要肯定孩子的努力。"爸爸妈妈看到你很努力了，知道你很在意这个，我们特别欣赏你这么努力，要把这个事情做好，真好！"要允许失败，并鼓励孩子再尝试。即便孩子做错了，我们仍然需要让他们感受到我们的理解和支持。因为挫折不会给孩子造成永久性的情绪伤害，我们

无意或有意的指责轻视才是阻碍他们进步的绊脚石。

（六）要提高孩子的抗挫力，家长要系统培养孩子的心理能力

经过深入研究，笔者惊喜地发现，影响孩子抗挫力的家庭教养因素，正好契合了张怡筠博士提出的系统培养孩子抗挫力的四种心理能力——自信心、独立能力、安全感、情绪管理。家长的"空间干涉"和"保护投入"对应的是孩子的"自信心"和"独立能力"，家长的"情绪稳定"对应的是孩子的"安全感"和"情绪管理"。因此，本次调查研究的结果从某种程度上证明了张怡筠博士提出的观点——培养孩子的抗挫力需要培养"四维系统心理能力"，即培养孩子的自信心、独立能力、安全感和情绪管理能力。这些能力就像地基，而抗挫力是上层建筑，地基打好了，建筑才会稳固。

六、不足之处

本次问卷调查存在着一定的局限性，笔者期望通过本次实践和反思来进行改进。

首先，笔者在对班级家长开展指导时也发现了一些问题。笔者在指导上采取了点面结合的方法，即全班指导与个别指导结合。在班级群中公布研究结果，并开展了"如何培养孩子的抗挫力"的家长讲座，然后对幼儿抗挫力较弱的家长进行个别指导。由于问卷是匿名的，笔者让家长根据自测的抗挫力情况，低于6分的私信给笔者，可以提供对应的指导。但遗憾的是，只有5分的家长私信给笔者，1～4分的都没有私信，可见这部分家长对幼儿抗挫力的重视程度有待提高。

其次，笔者的调查工具采用了问卷星，在数据分析方面，部分采用了人工计算的方法，因为样本较少，可以使用这样的计算方法。但是如果以后在更广范围内进行采样，数据更多，就要使用SPSS数据分析的方法。

最后，本研究只调查了家庭教养方面的因素，而幼儿的抗挫力实际上与先天遗传、幼儿的气质类型、学校和教师的教育因素都有关系。笔者将在本次研究之后，进一步展开更多的研究，以期对幼儿抗挫力的了解更加深入，为促进幼儿的心理健康贡献微薄之力。

附录

调查问卷

尊敬的孩子家长：

您好！感谢您的支持配合，在百忙之中抽出时间作答。本问卷仅用于理论研究，完全匿名，请您实事求是地回答。

您的学历：○高中/中专及以下　　○大专　　○本科　　○硕士及以上

家中是否与老人同住　　　　　　　　　　　　　○是　　○否

子女是否为独生子女　　　　　　　　　　　　　○是　　○否

1. 周末原定去游乐场没去成，孩子并不会很在意。　　○是　　○否

2. 想和小朋友玩却被拒绝，孩子不会太难过。　　○是　　○否

3. 孩子做错事被批评了，会更加努力改正错误。　　○是　　○否

4. 积木没搭好，孩子能给自己加油打气，坚持做完。　　○是　　○否

5. 因为没有买到想要的玩具，孩子就哭闹撒泼。　　○是　　○否

6. 和同伴玩游戏，只要输了孩子就放弃不玩了。　　○是　　○否

7. 失败了，孩子会经常责怪："都怪你，都是你没帮我，我才没做好。"

○是　　○否

8. 事情没做好（如积木搭不好），孩子会责怪自己，如打自己的手，或说"我真笨，真没用"！　　○是　　○否

9. 第1～4题选"是"得1分，第5～8题选"否"得1分，您得了几分？

○1　○2　○3　○4　○5　○6　○7　○8

从不　偶尔　经常　总是

10. 我要求孩子每天有一定量的知识学习，
　　例如一天若干道加减法。　　　　　　　　○　　○　　○　　○

11. 我严格规定孩子看电视或玩电脑的时间。　　○　　○　　○　　○

12. 孩子和同伴起争执，我会用我的方式帮孩子解决。

○　　○　　○　　○

13. 在孩子表达不清楚时，我会感到不耐烦，并打断。 ○ ○ ○ ○

14. 我有过在孩子不知原因的情况下发脾气。 ○ ○ ○ ○

15. 我对孩子的惩罚力度，可能超过TA的承受范围。 ○ ○ ○ ○

16. 我要求孩子在幼儿园学习的内容都要记住。 ○ ○ ○ ○

17. 孩子不愿意，我也会为TA报班学习。 ○ ○ ○ ○

18. 和亲戚朋友一起玩时，我对自己孩子的
照顾是最明显的。 ○ ○ ○ ○

19. 我主动和孩子谈论TA喜欢的玩具、电视节目等。 ○ ○ ○ ○

20. 我曾为一件小事而体罚孩子。 ○ ○ ○ ○

21. 孩子能做的事，我出于各种原因代劳。 ○ ○ ○ ○

22. 我非常紧张孩子身体上的一些变化。 ○ ○ ○ ○

23. 我时常听完孩子的想法后，再做决定。 ○ ○ ○ ○

以"互助教育坊"促农村
幼儿园家委会运作实效

上海市浦东新区坦直幼儿园　潘慧芳

家委会是代表全体家长参与幼儿园民主管理，支持和监督幼儿园做好教育工作的群众性自治组织，是幼儿园联系广大幼儿家长的纽带，是幼儿园与幼儿、家长之间沟通的桥梁。坐落于古镇新场北区的坦直幼儿园，家长均来自偏远农村，为了发挥家委会运作实效，幼儿园有针对性地建设起"互助教育坊"，即由幼儿园、教师、家长三方代表，围绕一定的育儿主题，进行规划设计、困惑解析、经验分享、未来创想的互惠平台。结合区规划课题的研究与实践，逐步摸索出了农村幼儿园家委会运行和操作的方法。

一、幼儿园家委会现状的调查

为完善家委会工作，幼儿园特采取问卷、访谈形式进行相关内容的调查，结果如下。

（一）家长对幼儿园家长委员会重要性的认识

目前绝大部分家长都认可幼儿园家长委员会的重要性，同意组织幼儿园家长委员会。但还是有小部分的家长认为家委会的重要性一般，可见这部分家长还不是很了解家委会这一组织的重要性和作用，在日常的活动中还没有体会到家委会所发挥的作用（见表1）。在课题的研究中，将着重关注这一部分家长的需求，家委会成员还需多与这部分家长沟通，提高活动的参与度。

表1　家长对家长委员会重要性的认识

	重　要	一　般	不太重要	合　计
人数（人）	41	4	0	45
比例	91.1%	8.9%	0	100%

（二）家长对幼儿园家长委员会的了解程度

1. 家长委员会的人员组成

从表2可见，在孩子的教育中，妈妈承担了主要责任，部分爸爸比较关心孩子的教育和成长，也愿意加入幼儿园家委会，极少部分是由祖辈代替。说明现在的年轻家长还是非常重视幼儿园教育的，愿意参与幼儿园组织的活动，参与幼儿园家委会的工作。

家长的文化水平调查结果显示，本科占有率较低，这跟本园所处地域有关，因所处上海偏远农村，外来务工人员的子女占到全园幼儿的一半左右，加之部分社区的动迁，部分家长选择去区外入学，间接导致本地区家长的知识水平偏低。

表2　家长委员会构成情况

	性　别		年龄（岁）				学　历			合计
	男	女	<30	30~40	40~50	>50	本科	大专	中专及以下	
人数（人）	14	31	7	33	1	4	7	21	17	45
比例	31.1%	68.9%	15.6%	73.3%	2.2%	8.9%	15.5%	46.7%	37.8%	100%

2. 家长委员会的组建方式

绝大多数家长所在班级的家委会主要通过教师推荐的方式产生，同时也有部分家长因为对家委会这一身份感兴趣而自愿申请加入家委会。其中教师推荐心目中更符合家委会成员标准的家长成为家委会成员是一种教师经常使用的组建家委会的方式和策略（见表3）。

表3　家长委员会组建方式

	自 荐	教师推荐	家长选举与教师推荐结合	自身感兴趣与家长选举结合	合计
人数（人）	13	18	9	5	45
比例	28.9%	40%	20%	11.1%	100%

（三）家长参与家委会组织活动的情况

1. 家长参与活动的积极性

绝大多数的家长朋友表示喜欢或者有意愿参加家长委员会组织的活动，都希望能够通过家长委员会组织的活动更加了解幼儿园，更好地帮助幼儿增长见识，丰富生活体验。但是也有少部分的家长对于家委会组织的活动并不喜欢（见表4）。由此可见，选择活动内容时还需考虑部分家长的需求。

表4　家长参与活动态度

	喜 欢	一 般	不 喜 欢	合 计
人数（人）	30	11	4	45
比例	66.7%	24.4%	8.9%	100%

2. 家委会组织活动的形式

从表5中可见，家委会在家园共育中还是发挥了组织、号召作用的。但组织的活动内容以亲子活动、户外活动、节日活动居多，与幼儿园安全、膳食管理等幼儿园管理相关的活动内容占比均衡，但不是很多。通过数据也可推测家长委员会很少组织参与教学研讨、课程设置等方面的活动。

表5　家委会组织活动形式

	亲子活动	节日活动	户外活动	安全工作	膳食管理	教学研讨	课程设置	募捐	未参加过
人数（人）	32	30	18	19	17	7	3	0	4
比例	71.1%	66.7%	40%	42.2%	37.8%	15.6%	6.7%	0	8.9%

3. 家委会组织活动的频率

调查显示，幼儿园家委会组织活动较少，且没有固定时间，一学期组织 1～2次的居多，不以月、学期为组织活动的周期，活动计划性比较弱，不定期随机组织的活动较多。活动的开展往往根据幼儿园的需求进行选择，缺乏家委会自主组织活动的情况（见表6）。

表6　家委会组织活动频率

	1～2次/学期	3～4次/学期	1次/月	不定期	合计
人数（人）	19	11	6	9	45
比例	42.2%	24.5%	13.3%	20%	100%

4. 家长对家委会的监督、评价情况

半数以上的家长表示，从来没有监督、评价过家委会的工作，但也有部分家长评价过（见表7），虽然参与评价的家长比例不太高，但可见，目前幼儿园已经开始关注这一组织的监督问题，个别班级已经考虑到这方面的需求，需从幼儿园的层面进行广泛宣传与实施。

表7　家长对家委会工作评价

	评价过	从来没有	合　计
人数（人）	20	25	45
比例	44.4%	55.6%	100%

5. 家长加入家委会的意愿情况

关于是否愿意加入幼儿园家长委员会的问题，家长的热情度比较高，还是非常愿意加入家委会这个自治组织，以期得到更为专业的家庭教育指导，更深入地了解幼儿园的教育教学，更好地参与教师、家长的沟通，为形成教育合力贡献自己的一分力量（见表8）。

表8　家长加入家委会意愿

	愿　　意	一　　般	不　愿　意	合　　计
人数（人）	34	11	0	45
比例	75.6%	24.4%	0	100%

综合以上调查结果，我们可以发现：家委会在我园占有一定的地位，家长对家委会的存在还是比较重视的，虽然存在家长学历、能力方面的欠缺，组织活动相对单一，但从各个活动中还是可以发现家委会的活动身影，对我园家长、幼儿之间的沟通起到了一定的纽带作用。所以，我们想通过"互助教育坊"的建设，深入挖掘家长资源，调动家长参与幼儿园活动的积极性，激发家长的潜能，构建一套相对完善的坦直幼儿园家委会工作制度，为幼儿园今后的发展提供一定的制度支撑和运作途径的积累。

二、幼儿园"互助教育坊"的建设

（一）组织建设

"互助教育坊"建立以来，我园成立了以园领导为引领的活动组织，所有教师、后勤人员均为教育坊的执行人员，各层级家委会亦为教育坊的宣传、组织、策划的中坚力量，全园家长参与实施，在探索中逐渐构建起一套相对完善的"互助教育坊"组织建设网络（如图1）。

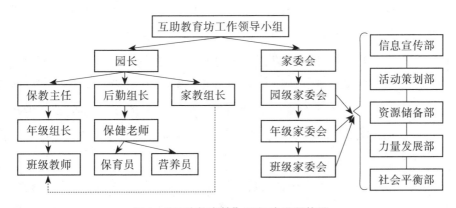

图1　"互助教育坊"组织建设网络图

（二）功能建设

1. 滚动功能

滚动即一轮接一轮，使之不断积累而逐步扩大规模。滚动功能的意义在于使"互助教育坊"的活动和作用得到充分的开展和发挥，发挥其最大的教育价值，使参与活动的家长群体越来越多，最终达到幼儿园、教师、家长三协同的状态。

2. 粘连功能

粘连即关联，利用某种关系使两种物体连接在一起。粘连功能的意义在于利用"互助教育坊"建设中的各项活动内容，把家长与幼儿、家长与家长、家长与幼儿园、家长与教师、教师与教师、教师与幼儿、幼儿与社会紧密连接在一起，使之形成一种相互学习、相互借鉴、相互成长的良性氛围。

（三）专题建设

"互助教育坊"结合我园园情、家长需求、幼儿发展，开展了诸多互助教育活动，以适应不同时期教育的需求，提高家长的育儿水平，促进幼儿和谐、健康、快乐成长。

例如，"互助劳动坊"活动的开展——幼儿自理能力、自我服务能力的培养，仅仅依靠园内培养效果并不显著，家庭中的劳育培养才是幼儿的主要阵地。但是实施起来还是有困难的，家长尤其是祖辈家长一来是溺爱，二来是缺乏耐心，不愿意等待。因此，我们从源头上转变家长的教育观念，让劳动成为幼儿学习的一部分。在发放"我劳动，我光荣；我创造，我幸福"劳育倡议书的同时，各班相应组织了小班"穿脱衣"、中班"我是劳动小能手"、大班"我是值日生"等诸多比拼。以上活动内容，各班均会不定时发布在孩子通App中，便于家长查看，以获得家庭培养的信心。在经历过一段时间的平台展示后，部分家庭开始加入劳育活动中，每周会有家长上传"劳动最光荣"记录卡，记录下幼儿在家的劳动内容、照片，并附上一些劳动后的小心得，让幼儿体验劳动艰辛的同时，更多的是劳动带来的快乐与自豪感。

（四）制度建设

"互助教育坊"作为一个幼儿园、教师、幼儿、家长均获益的教育团体，坚持以师幼家长的发展为根本，以优质的教育内容为中心，以科学常态化的管理为保障，以幼儿的身心健康为目的，以生动有趣的活动为载体，以孩子的快乐成长为宗旨。因此，"互助教育坊"要想全面落实并实现这些目标就必须加强制度建设，用制度来做根本保障。

1. 强制性和自觉性的统一

"强制性"是指规章制度作为幼儿园制度文化的物化形态，不仅使"互助教育坊"内的有关人员在行动时"有章可循"，而且对他们的行为有很强的约束力，即规章制度一旦形成，有关人员就必须严格遵守。"自觉性"是指"互助教育坊"的规章制度除了作为外在的要求外，更重要的是需要教育坊中与制度有关的人员都要按照这样的"外在要求"自觉地执行，甚至成为自己行动中的一种习惯，否则这样的要求就没有发挥它的最大作用。在制度文化建设中，制度的强制性只是达到我们所期望的自觉、自为目的的一种手段。对制度文化的强制性和自觉性辩证统一的认识，有助于我们把握制度文化的实质，并最大限度地发挥制度的效益。

2. 科学性和经验性的统一

建立规章制度，往往需要科学理论的指导，使规章制度符合工具理性的要求，确保"科学性"。但是，在"互助教育坊"具体的实践中，依据理论建立的某些制度，并不符合实践的要求。那些参与"互助教育坊"活动实施的一线教师，在实践中依据"经验"积累起来的关于互助教育方面的制度，虽然不一定完全符合科学的规范要求，却能为大家所接受和执行。因此，制度的形成不仅需要理论的指导，也同样需要由实践中丰富的、个别化的经验通过不断归纳、总结、提升而形成科学的理论。这样，实践与理论的相互结合，就使得幼儿园的制度文化具有了经验性和科学性的辩证统一。

3. 共性和个性的统一

"互助教育坊"制定的章程是针对全体参与人员的，是必须遵守的规范。然而，每个活动及参与人员在活动实施的过程中，由于班级幼儿的具体情况，面对不同的文化背景及不同的教师、家长和社会参与人员，可根据具体情况，将共性的制度具体化、个性化，或者根据自身的特点制定出适应本班特色的制度体系，使之更具人性化。

三、幼儿园"互助教育坊"的运作

（一）运作的形式

"互助教育坊"建设下的家委会参与管理幼儿园各类活动的形式主要分为以下三种：全参管形式（家委会全权负责并组织幼儿园各类活动，包括一些幼儿活动和家长活动）、半参管形式（幼儿园与家委会成员共同承担幼儿园系列活动）、微参管形式（家委会成员只是参与部分幼儿园活动并提出反馈意见）。三种参管形式多管齐下，获得了理想的成效，家园共育在不断探索、实践、创新中逐步成长并发展起来。

1. 家委会全参管形式（如图2）

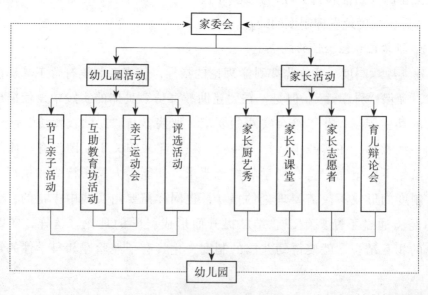

图2　家委会全参管形式图

在这样的形式中，家委会成员的主人翁意识体现得淋漓尽致，既是实施者，亦是参与者。方案设计—宣传发动—多方筹备—落实分组—组织实施—活动反馈，有跟踪、有记录、有评价，通过有效的双向互动既增进了家园之间的信赖与合作，提高了共同解决问题的能力，又提升了幼儿园的活动质量，可谓一举三得。

2. 家委会半参管形式（如图3）

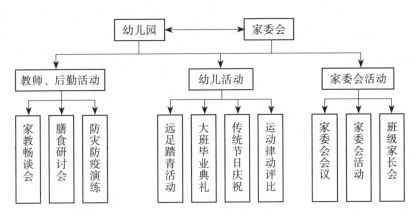

图3　家委会半参管形式图

在这种参管形式下的各类活动，主要由幼儿园领导小组和家委会成员共同承担起策划、组织实施与活动评价的任务，双方在共同努力下将"教师、后勤活动""幼儿活动""家长活动"三个板块的活动开展得有声有色。

3. 家委会微参管形式（如图4）

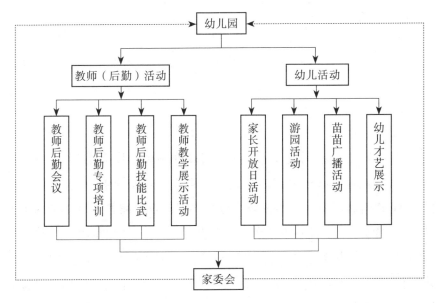

图4　家委会微参管形式图

在这种形式下的活动，主要以幼儿园、教师为活动的组织者、实施者，在方案的策划、实施的形式、内容的宣传、效果的评价方面，家委会只作为一个知情者、观察者、微参与者。在活动实施的过程中，进一步感受我园的教育理念、幼儿近阶段园内活动、幼儿教师教学方式方法、其他家庭幼儿的教育成效等。

（二）运作的内容

在以上三种参管形式的引领下，我园家委会主要开展了以下活动。

1. 绿叶远足

自"互助教育坊"建立实施以来，家委会成为我园远足活动的策划者、组织者、协同者之一。从学期初的园务工作计划通晓后，委员们就积极策划远足路线。为了让孩子们更有挑战性、目标性，委员们也是绞尽脑汁：如何让枯燥累人的远足变得更有趣。委员们利用自己的实际走、周边问、家长说等方式，设计出一份孩子能够看懂的远足路线图，标志性建筑与卡通交通相结合，真实还原的基础上又不失童趣，让孩子们对远足充满了期待。远足是一项园外实践活动，安全是家长最为关心的事情。如何打消家长的顾虑呢？委员们又是一番动脑筋，不仅要照顾到家长的心理，又要考虑到家长的工作，于是一张家长志愿者招募表诞生了。委员们在各班级家长群中详细介绍了远足活动的方案及需求，以接龙的方式请家长自主报名，并对志愿者进行分工：各站点打卡小红帽——以不同印章图案代表不同的站点，吸引幼儿坚持走完全程；安全陪护小黄帽——做好幼儿沿途的安全陪护。

2. 绘本菜单

在"互助教育坊"之"互助阅读坊"系列活动中，家委会通过与家长的互动，收集整理出一系列适合不同年龄段幼儿阅读的图画书清单，以供全园家长有针对性地进行亲子共读。班级家委会代表在本班级群内发放"互助阅读坊"亲子共读倡议书后，由家委会成员共同商议本班亲子共读的活动方式，如"周末故事会""今日绘本推荐""爸爸故事电台""故事大王挑战赛"等，根据各班幼儿的年龄特征及语言发展水平，每班开展的形式也各不相同，但是都得到了家长的积极响应。大家在群内相互交流亲子共读经验、共读方法、指导方式、故事搜集渠道等，让更多缺乏阅读经验的家长受益匪浅。孩子们阅读的兴趣大增，讲故事的能力越来越高，最终形成了现下幼儿自告奋勇讲故事、编故事的形势。

3. 课堂参与

家委会以学习者、评价者的身份参与幼儿园的集体教学活动或家长学校活动。在"互助教育坊"实施过程中，我园结合教师公开教学评比活动，邀请家委会或部分家长走进课堂，实地观摩教师的教学风采，满足家长，尤其是小班家长想要了解幼儿园教学模式的需求。通过这样的现场观摩，家长对幼儿教育有了一定的认识，懂得幼儿园教育不是小学教育，不是知识灌输、书本教育。幼儿的教育是分阶段进行的，每个阶段都有不同的发展水平，设计健康、语言、科学、艺术、社会五大领域，每一次集体活动又都融合了五大领域的内容，且各有侧重。幼儿园的教学更像是在跟孩子做游戏，一起做实验，在游戏、探索中寻找科学的秘密，掌握语言的精妙，感受艺术的美妙。

4. 营养监督

通过家长对幼儿在园每日所需食物的采购、搭配、烹饪过程等环节的监管，使之更符合幼儿的饮食营养标准，促进幼儿的健康均衡发展。每月第四周的周五，每班一名家长志愿者会进入孩子所在班级进行陪餐活动，对幼儿食物的搭配、制作方式、口味咸淡等进行评价，对每一次的菜品进行评价，筛选出比较好的菜品加入日常菜谱。对于一些比较擅长食物搭配的家长，每月也会参与保健老师的菜谱设计，增加一些新鲜花样、时令菜品，激发幼儿的就餐欲望。此外，家长的"拿手好菜大比拼"也是"互助教育坊"的一大特色，家委会定期组织家长烹制一道自己最拿手的菜或点心，以自助餐的形式陈列出来，幼儿、家长做评委，品尝后给出小红心，红心数量最多的那道菜，便会出现在下一个月的菜谱中，让家长体验一把大厨的风采。这一系列活动，都由家长自主自愿参与，交流的过程让家长感受到幼儿园对他们的重视与肯定，很大程度上调动了家长参与的积极性，增强了家长的自信心，也会越来越踊跃地组织、参加今后的活动。

5. 卫生呵护

家长参与幼儿园一日中对幼儿身体、心理等方面的卫生管理和监督，保障幼儿在园健康的外部环境和心理环境。每学期初，家委会成员便发出卫生呵护志愿者招募计划，报名参与的家长再进行分组，每周一轮，主要负责幼儿入园时的洗手环节。尤其是刚入园的新生和冬季，幼儿洗手七步骤还不清晰，家长志愿者就负责指导新生如何正确洗手，如何使用洗手液。冬季幼儿着装较厚，袖子难以自行卷起，志愿者则负责帮助挽袖子，提醒幼儿控制水量，避免溅湿衣物。疫情出现后，志愿者们的任务相对繁重且细致，需分流出部分家长提醒幼儿一米间隔站立，监测体温，检查幼儿是否携带玩具等。此外，志愿者还参与了幼儿园的防疫演练，每个班级的幼儿走哪条路线进出教室；发生突发状况（发热、呕吐等），应急通道如何走；如何与保健老师交代，如何与家长联系等，确保孩子们的入园安全。同时，还观摩了生活老师的玩具消毒环节，食堂人员的配菜、烹饪、出菜、留样等过程，保证孩子入园后的食品、活动健康。

6. 信息解读

因我园家长的文化程度差异较大，对于我园组织的一些活动通知，不是所有的家长都能清晰领会，有的家长甚至因为没有及时查看，而没有接收到通知内容，导致幼儿或家长没能参与活动。此种情况下，家委会成员就作为信息解读者，对于幼儿园发布的各类活动通知进行内消化，把活动方案通俗化，划出方案的重点内容和家长需要准备的事项，并转化为通俗易懂的语言转达给其他家长。如有家长未及时接收消息，家委会有义务单独提醒，确保每一位家长的参与；如遇个别理解有偏差的家长，家委会还需逐条解读，避免产生不必要的误解。

7. 园地种植

家委会中有种植经验的成员组成种植小组，辅助各班教师在自留地内，根据季节栽培相应的农作物，并负责日常打理的工作。我园地处偏远农村，幼儿的祖辈皆较擅长耕种。我园为每个班级划分了一块园地，用以让幼儿参与种植活动，学习使用简单的劳动工具，观察植物的生长、开花、结果的过程，培养孩子细心照料的耐心。园地种植组成立后，组员们非常热心，什么季节到了适合种什么农作物，长到什么阶段了需要施肥、搭架子，开花多好还是少好，根茎长得高就一定能结出更多的果实……这些孩子们平时都接触不到的知识，通过组员们的耐心讲解、亲身示范，都得到了很好的解释。

平时孩子们受家长的影响，饭后散步时、户外运动后都会跑去园地看看花开了吗？果实长大了吗？有没有虫子呀？对园地的关心越来越多。等到收获的季节，老师们带领孩子一起去园地里采摘，并把自己种的蔬菜送到食堂，请厨师们为大家烧好。品尝着自己种的蔬菜，连平时不爱吃蔬菜的孩子都吃得特别香。

8. 器具制作

我园一直以运动为特色，在运动的实践研究中，为了满足幼儿自主运动的需求，需要一些自制小器械的投放，例如沙包、流星锤、橄榄球、自制小车等。但是因材料缺乏，教师准备存在一定难度。我园家长中有部分是经营服装加工的，有许多废旧布料，自愿提供给幼儿园进行投掷类小器械的制作。制作人员中，多数是有缝纫经验的，所以制作的成品精致且耐用。平时的修补工作，也放心地交给她们。另外，我园的混班混龄运动中，有一块游戏场景是快乐的田间，需要较多的稻草制作仓库、蒲团、麻绳等器械，许多家长也把稻草提供出来，并辅助扎草屋、编麻绳、卷蒲团，这些复杂的制作在他们手中却非常拿手。所有器具制作组的家长，经常性地来到幼儿园进行器械的制作与修补工作，不仅减轻了教师的负担，增添了幼儿运动的乐趣，同时也提高了家长对我园每一阶段运动重点的了解。

9. 财务管理

组织家委会中有一定资金调控能力的成员，组成一个对幼儿园每月资金流动进行计划、支出、整理、公示的团队。作为一所规范的公办幼儿园，我园在财务管理上非常规范，有专业的财会人员，每月公示相关收费标准，按幼儿出勤天数收取保育费和餐费。建立财务管理小组后，家委会成员可以更清晰地了解幼儿园的收支情况，每日幼儿饮食支出情况。每月月底，财务管理组成员协助幼儿园财务共同测算每月收支情况，公布于幼儿园橱窗内，并有义务向存在疑问的家长解释每一笔支出及用途，确保收支的透明。

10. 法律咨询

家委会成员中从事法律服务的人员，协助幼儿园就有关法律事务问题、家园矛盾等做出解释、说明，提出建议和解决方案。幼儿园是许多个家庭构成的一个小社会，每个家庭都是一个陌生的小个体，对于自己以外的家庭都存在未知和顾虑。我们面对的都是3～6岁的幼儿，自我中心强烈，自我保护能力较弱，难免会出现大大小小的摩擦和矛盾。教师作为最直接的观察者，即使对双方家长都做了沟通，但还是存在个别家长的不理解不接受。法律咨询组在这样的情况下，就显示出他们的专业与技巧，化解双方家长的矛盾，解决老师夹在中间的尴尬。法律咨询不仅要解决幼儿园内部的矛盾，还需协助幼儿园解决与社会上可能存在的不和谐，例如幼儿园门口的停车问题。因我园处于村与镇连接的主干道，上下班时间非常拥挤，经常堵塞，教师停车是个大问题。了解到这一现象后，法律咨询组主动与周边社区沟通，邀请坦东居委的辅警协助管理上下班时间的交通指挥工作，并请坦南居委在马路原有的基础上拓宽一辆车的距离，方便两车交会，并在园门口划出车位，方便教师停车，解决了我园教师停车难的困扰。

"互助教育坊"从构思、建设到运行已有三年，园内家长的教育理念逐步更新，大家不再依赖老一套的育儿模式，主动接受新理念、新方式；育儿知识日益丰富，随着新媒体的运用，家长接受育儿知识的渠道更为多样化、及时化，通过接受新的育儿知识，改变自身的知识匮乏、育儿无措，以科学的知识武装自己；育儿能力获得提升，通过互助教育坊中的各项活动实践，与教师、家长的互动交流，家长自我发现教育能力的不足，主动学习他人的教育方式，提高自己的教育能力。我园也拓展了教育资源，吸纳了更多多才多艺的家长参与到幼儿园的教育中来，形成了适合我园的家长课堂资源库、互助教育资源库，为以后活动的开展提供相对完善的资源参照。我们将继续尝试，积累更多。

基于循证理论的家长参与
幼儿发展评价路径的探索

上海市浦东新区绿洲幼儿园　盛雅敏

《上海市学前教育课程指南》中明确指出：幼儿发展受到家庭教养环境等多方面的影响，因此，评价过程中还要注意收集来自家长及其他保教人员的信息，同时也要关注对幼儿发展有影响的环境因素与教育实践。幼儿园管理人员、教师、家长都是课程评价工作的参与者。在幼儿发展评价过程中，我们除了要做好园方对幼儿的发展评价外，也要注重收集来自家长的评价信息，使幼儿的发展评价更加客观、全面。

但是，由于家长缺乏学前教育相关的专业理论知识，对幼儿的发展水平认知不足，因此，如何让家长能够科学、客观地去评价幼儿的发展，成为家长参与评价的一大难题。此外，由于疫情，家长和幼儿园间如何开展有效的沟通，也成为促进家长参与幼儿发展评价路径的研究要点。基于此，笔者通过文献搜索及相关资料的研究找到一个突破口。或许，我们可以运用循证学理论的实践模式，来设计一条符合家长认知特点的幼儿发展评价路径，以此来提升家长对幼儿的评价能力，将家长评价真正纳入课程评价体系中。

一、循证学

20世纪70年代末80年代初，David L. Sackett教授首次提出了关于循证实践的准确定义："慎重、准确和明智地应用当前所能获得的最好研究依据，结合临床医生的个人专业技能和多年临床经验，考虑患者的价值和愿望，将三者完美地结合，制定出治疗措施。"形成了循证医学。循证医学不仅在理论层面引领着整个医疗服务领域，同时它的实践逻辑还不断地向其他领域进行渗透，逐渐形成了循证犯罪学、循证教育学、循证经济学、循证管理学等数十个人文、社会、科学相关领域。"循证医学原则超出医学范围的应用，导致了其核心原理的拓展以及循证实践概念的发展，最终在全球的实践领域催生了一场浩浩荡荡的循证实践运动。"

　　研究者、实践者、消费者与相关管理者是循证实践理论体系中的四个重要元素，其构建起的框架体系主要包括四个方面：（1）研究者的证据。即研究者为实践活动能客观、科学地进行而提供的参考标准。这些证据可以是通过大样本、多中心的试验或元分析所获得的数据，也可以是通过单个个案研究得出的结论，甚至可以是专家意见或个体经验。这些证据虽然都可作为参考标准应用于具体实践，但从参考价值方面来说，它们在级别上有着高低之分。其中，级别最高的是最具普遍性、客观性和科学性的元分析，证据级别最低的是个人色彩比较浓厚的专家意见和个体经验等。需要特别注意的是，在运用循证框架体系进行实践研究的过程中，研究者的证据采用从高到低的顺序进行，也就是说只有在高级别证据不存在的情况下，研究者才可以逐级向下采用低一级别的证据。（2）实践者的实践。实践者在实践过程中，在充分考虑消费者的具体个人情况后，根据研究者提供的最佳证据对实践中的决策做出判断，完成整个实践过程。与传统的实践模式相比，循证实践由于参与决策的人员范围较广，因此其决策过程是完全公开、透明化的，其他实践者完全可复制其决策过程。（3）消费者的主动参与。在整个循证理论体系中，消费者作为"受力方"需要积极、主动地参与到实践过程中，并有权根据研究证据与实践者的建议对实践决策做出自己的衡量。消费者也可以通过从平衡自己成本与效益的关系角度出发，及时反馈实践想法并与实践者共同制订、调整实践计划，最终与实践者共同完成实践过程。（4）管理者的协调。管理者应在实践过程中努力协调其余三者之间的关系。管理者可以通过规范研究证据的发表与出版来建立相应的证据数据库；运用课题申请、论文发表等外在利益的杠杆，适当地调控研究者的研究方向。这样可以通过有机整合来达到平衡研究者、实践者、消费者以及管理者四方的利益，将四方限定在一个框架体系中。综上所述，笔者借用图符的形式具像化地构建了循证实践路径如图1：

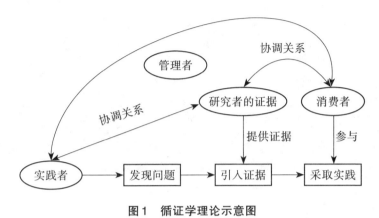

图1 循证学理论示意图

二、循证学理论运用于家长参与幼儿发展评价中的实践模型

循证学理论虽然最早适用于医学，但笔者认为其框架及实施路径同样适用于教育学。循证体系除了是一种实践理念以外，它的可操作性和可复制性还决定着它是一个实实在在的、具体可实行的实践框架。在本研究中，笔者认为循证学中的"实践者"即是家园共育中的主体之一"家长"；"研究者的证据"即是教育部颁布的《3～6岁儿童学习与发展评价指南》；"消费者"即是家园共育中的客体"幼儿"；"管理者"即是家园共育中的另一个主体"教师"。遵循循证学相对固定的实施步骤，可以建立家长参与幼儿发展评价实施路径的模型（图2）。

如图2所示，运用循证学理论可以建立家长参与幼儿发展评价路径的基本模型。（1）家长通过近距离接触和观察，发现幼儿在自身发展上存在的问题，并将自己发现的问题及观察到的幼儿行为尽可能客观地、详细地向教师进行描述（如生理问题、心理病症、学习不良行为及习惯等）。（2）家长在教师的帮助下通过检索《3～6岁儿童学习与发展评价指南》，尽可能地找寻解决这一问题的所有证据，判断这一问题是由于幼儿自身客观的年龄发展特点造成的，还是因自身行为、习惯不良习得等主观因素造成的。（3）家长在教师的

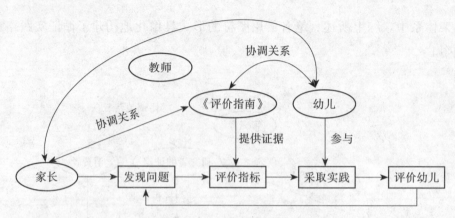

图2　家长参与幼儿发展评价实施路径的模型

帮助下找出能够遵循最佳评价标准来解决幼儿问题的最佳方法。（4）在幼儿的配合下遵循最佳评价标准进行线下实践。（5）家长对实践的效果进行评估，即评价幼儿。与此同时，教师也要根据家长提供的证据对幼儿发展进行评价，并将评价结果与家长进行反馈，通过对比家长评价与教师评价，分析家长在幼儿评价上是否存在不足。（6）基于家长和教师双方评价，可以再次发现幼儿发展上存在的问题，从而再次进行实践。通过不断循环"发现问题—引入指标—实践活动—评价幼儿"这一运行机制，在深化家园双方协同关系的同时，让家长真正参与到幼儿发展评价中，从而最终达到促进幼儿全面发展的家园共育目的。

三、家长参与幼儿发展评价的实施路径

（一）家长参与幼儿发展评价路径的运行机制

从路径的运行机制方面来说，通过前期对循证学理论的研究，笔者已构建出一条"发现问题—引入指标—实践活动—评价幼儿"的实践运行机制。在此基础上，通过根据调查中发现的问题，对该运行机制进行不断优化，最终形成一条可实践的家长参与幼儿发展评价实施路径。比如，在"发现问题"环节，教师可通过线上问卷星功能，向家长征询符合他们实际需求的家园共育指导内容；在"引入指标"环节，为了减轻家长学习育儿知识的

负担，我们可将其优化为通过"线上专题讲座""教师视频演示示范"的形式来展开对家长《评价指南》的学习指导；在"评价幼儿"后新增一个"教师反馈"环节，既可增加家园间的互动性，又能对家长开展具有针对性、个性化的家园共育指导。综上所述，家长参与幼儿发展评价路径的运行机制可优化为"发现问题—专题讲座—教师示范—家长实践—幼儿评价—教师反馈"。

（二）家长参与幼儿发展评价的实施途径

从路径的实施途径方面来说，随着互联网技术的应用和普及，家长参与幼儿发展评价实施路径可分为线上途径和线下途径两条，线上途径有微信、钉钉／腾讯会议、问卷星、孩子通App等移动客户端软件，其主要作用是育儿资讯的宣传；线上家长会、家长学校、家长开放日等会议的召开；通知的发布；问卷调查以及家园共育任务的落实。线下途径有家长委员会、家园任务等。其中以会议、讲座、观摩形式为主的家长会、家长委员会、家长学校、家长开放日这类活动，其主要作用以传播科学的育儿理念、指导家长科学的育儿方法为主，而像家园任务这类以家庭互动形式为主的线下途径，其主要作用则是提供幼儿和家长实践操作的机会，从而提升双方各需的能力。

（三）家长参与幼儿发展评价的路径

首先，为了更清晰地阐述家长参与幼儿发展评价实施路径的整体设计，笔者假设根据家长对于幼儿某项能力培养的需求入手，结合线上线下各活动方式的主要功能，将其应用到幼儿发展评价各实施阶段中，以图文的形式呈现一条家长参与幼儿发展评价实施路径，见图3。

如图3所示，家园共育间的有效沟通必须建立在共同话题基础上，因此在开展幼儿发展评价前，教师可通过问卷星调查功能来收集家长在育儿方面的困惑及需求，并以此为后续开展家长参与幼儿发展评价活动的主要专题内容。

其次，为了加强家长协同参与幼儿发展评价的意识，明确自己是负责幼儿教育的第一责任人，教师可通过家长会的形式向家长传播正确的育儿理念，打造家园共育协同体。与此同时，教师还可通过家长会告知后续幼儿发展评价活动内容，适当地对家长进行移动端软件使用的培训，以确保幼儿发展评

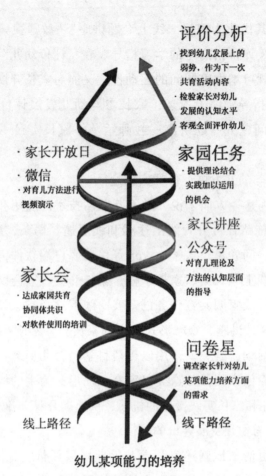

图3　家长参与幼儿发展评价的路径

价后续活动顺利开展。

　　再次，为了提高家长科学育儿技能，对幼儿身心发展规律有一个系统、正确的认知，运用符号互动理论，教师可以通过结合运用线上家长学校视频活动以及育儿资讯图文推送的形式，对家长在育儿理论知识方面、育儿方式方法方面进行系统、科学的传授。

　　最后，依据杜威"从做中学"的理论，想要真正达成提升家长育儿能力，检验家长是否掌握教师传授的育儿理论和技巧，检验家长是否能真正读懂幼儿，则需要教师向家长提供充分的实践机会，体现学与做的结合，也就是知与行的结合。因此，教师可以通过布置线下家园任务的方式，邀请家长和幼儿共同完成某一项小练习并以视频的形式记录下来，通过线上分享的途径发送给教师，由教师来评价家长的育儿水平是否有所提高。但是在这之前，为了使家长更好地掌握育儿方法，同时也是为了提高家长参与家园共育的积极性，教师可以以短视频演示的形式，通过微信公众号先向家长提供育儿方法的模仿素材，以便家长在实践前进一步巩固已习得的经验，从而提升获得实践成功自豪感的概率。除此以外，教师也可以以线上直播的形式向家长公开幼儿教学活动，让家长直观感受到教师是如何指导幼儿学习发展的。同时最重要的是，教师还可依据《3～6岁儿童学习与发展指南》中的指标，向家长提供一份幼儿发展水平评价表，由家长在陪同幼儿完成共育任务后对自己孩子的完成情况进行评价，这既能体现出家长对于幼儿发展水平的认知情况，又能将家长拉入幼儿发展评价体系中，使幼儿的发展评价更加全面和客观。评价数据的分析也能帮助教师和家长及时发现幼儿发展水平上的弱势，并以此为切入口开展下一个专项主题的家园共育活动。

以我园开展的"慧眼识儿童，宅家共成长"家园共育活动为例，活动开展前我们通过问卷星向家长调查了解到，家长迫切希望在居家期间，能通过一些方法和活动来增强幼儿居家运动的兴趣和能力，可家长缺乏这方面的经验和方法。因此，我们先通过《幼儿运动＝肢体锻炼吗？》线上家长讲座，向家长宣传了幼儿运动的基本理论和案例；其次通过师幼线上视频活动，向家长演示如何运用生活中常见的物品进行多种运动技能的锻炼，并鼓励家长和幼儿一起进行亲子运动。在这个过程中，我们鼓励家长多方位地观察自己孩子的运动水平，并结合教师提供的《幼儿居家运动能力评价表》来对幼儿进行表现性行为评价，从而及时记录幼儿的运动能力发展轨迹。

家长参与幼儿发展评价一直都是一大难题，它除了对家长的学前专业知识、幼儿心理学理论提出了很高的要求外，家长是否有时间和精力，以及家长是否能客观、公正地评价幼儿，是否有勇气直面幼儿在发展上的弱势都将影响家长参与评价的成效。本文仅是对家长参与幼儿发展评价的实施路径进行了研究，上述问题将有待继续探讨。

参考文献：

［1］刘晓清，吴东.临床流行病学和循证医学的学科建设［J］.协和医学杂志，2019（10）：398-402.

［2］Drummond Rennie. Champion of evidence-based medicine who won over the medical establishment［N］. The Guardian, 2015(5).

幼儿成长档案数字化转型中
评价功能异化的归因研究

——基于扎根理论的质性分析

上海市浦东新区香山幼儿园　李　颖

一、问题提出

近年来，在全面推进教育现代化的背景下，幼儿成长档案的数字化转型已成为学前教育高质量发展的一个重要趋势。数字化幼儿成长档案具有许多纸质档案没有的优势：灵活性强、形式多样、内容丰富、空间容量大、易保存，可以用图片、视频等多种形式反映幼儿的成长历程，为教师调整教育策略提供更多样的依据。但与此同时，幼儿成长档案的数字化转型面临着评价功能异化的问题：幼儿成长档案成了幼儿优秀作品的收集袋，教师一元主体评价的问题愈演愈烈，幼儿成长档案数字化转型希冀实现的多元主体、重视发展、动态评价的功能目标并未实现。因此，分析幼儿成长档案数字化转型评价功能异化的原因是迫切需要的，这对推进幼儿成长档案教育评价功能的正向发展具有重要的现实意义。

关于幼儿成长档案数字化转型的已有研究主要包括两个方面：一方面是成长档案数字化转型的实施内容，Helen Knauf强调儿童对于成长档案的重要性，他认为儿童应当自己定义成长档案的内容。杨晓珉认为教师要合理分工数字化成长档案的构建途径，调动家长的建档热情，发动幼儿主动参与。另一方面是成长档案数字化转型目前存在的问题与原因，Joanne R. Beaumont-Bates提出随着科技在教育领域的应用，教师自身是否能够利用数字化的成长档案来加强师幼、家园等方面的合作伙伴关系是非常值得探索的。岳露露分析了当前成长档案袋存在的问题：重记录轻评价，重制作轻反思，重教师轻幼儿、家长，重外在轻内容。

综上，已有研究大多关注幼儿成长档案的具体实施与现存问题，对幼儿成长档案的数字化转型具有一定的启发意义，但并未对幼儿成长档案数字化转型评价功能异化的原因深入探讨。因此，本研究将聚焦于评价功能异化，拟采用质性分析方法进行归因分析，为教育评价的理论研究提供一定的借鉴。

二、研究设计与实施

（一）研究选样

为了保证研究的信效度，需要考虑到不同园所幼儿成长档案数字化转型的基础，因此本研究在上海市信息化普及程度基本相当的6所幼儿园展开。通过校标抽样，选取36名教师作为深度访谈对象，其中12名为管理者，24名为一线教师。选取的对象中，男性5名，女性31名，任教年限均在5年以上。

（二）研究设计

1. 研究方法

首先运用访谈调查法，对选取的调查对象进行深度访谈，收集数据与资料；然后以扎根理论为研究范式，选用NVivo12.0软件为工具，对数据进行编码处理；最后根据编码结果进行归因分析，得出研究结论。

2. 访谈

访谈前对相关文献进行整理分析，编制半结构化的访谈提纲。受疫情影响，访谈以当面谈话和网络视频两种方式进行。采访前，先向访谈对象介绍幼儿成长档案数字化转型的评价功能异化的含义，使其对研究问题产生初步理解。访谈问题主要是：第一，您在幼儿成长档案数字化转型的过程中是否发现评价功能异化的问题？第二，请您结合已有经验举例说明；第三，您认为评价功能异化的原因是什么？第四，您认为还有哪些因素会影响幼儿成长档案评价功能的正常实现？

在访谈完成后将有效信息转录为共约6万字的文本资料，然后将文本导入NVivo12.0软件的内部材料中，再对转录文本进行三级编码。

3. 研究的信效度

本研究采用"编码一致百分比"衡量原始材料编码的一致性程度，使用NVivo12.0软件的"编码比较"（Coding Comparison）功能，得出相同的编码个数占编码总个数的86%。该结果表明，文本内容的归类一致性较好。

（三）数据处理

首先是开放式编码阶段。运用NVivo12.0软件中的节点功能初步归纳出245个高频节点，对其进行合并归纳、删除重复，形成35个基本范畴，具体情况如表1所示。

表1 开放式编码概念化（部分）

范 畴	原始语句概念化
A1幼儿的参与程度	我们会让孩子们参与档案的制作，比如一些简单的材料提供，比较复杂的内容孩子们不会参与
A2幼儿的选择范围	孩子们选择的材料基本上是学习活动做好的作品，生活、运动、游戏等材料内容并不会提供
A3幼儿创建的档案内容	孩子们创建的内容还是比较少的，大部分是由老师来实施
A4幼儿的主体性	从表面上我们还是以幼儿为主体的，但成长档案数字化过程中孩子们其实是听从老师的行为
A5幼儿的兴趣体现	不同幼儿呈现的档案内容差不多，能展现幼儿兴趣的个性化内容较少

其次是主轴编码阶段，在开放式编码阶段的基础上对各个基本范畴进一步归纳和整合，析出11个范畴，具体情况如表2所示。

表2　主轴编码结果

类　　属	初　始　概　念
B1幼儿的参与水平	A1幼儿的参与程度；A2幼儿的选择范围；A3幼儿创建的档案内容
B2幼儿的主体地位	A4幼儿的主体性；A5幼儿的兴趣体现；A6幼儿的认可度；A7幼儿的成长体现
B3教师的工作压力	A8教师的工作状态；A9教师的工作时间；A10教师的绩效压力
B4教师对成长档案的功能认知	A11教师对含义的理解；A12教师对内容的设计；A13教师对评价功能的重视程度；A14教师对成长档案价值的理解
B5教师的数字化应用能力	A15教师的数字化素养；A16教师的数字化评估与评价能力；A17教师的职业认知和发展能力；A18教师处理组织与社会关系的能力
B6管理者的数字化素养	A19管理者的数字化意识；A20管理者的价值认同；A21管理者的数据伦理
B7管理者的数字化胜任力	A22管理者数字化应用水平；A23管理者的榜样示范水平；A24管理者的数据判断能力
B8家长的参与程度	A25家长的了解程度；A26家长的主动性；A27家长的分工角色
B9家园合作的功效	A28家长与教师的互动关系；A29双方未能达成有效合作
B10成长档案的设计	A30评价内容的设计；A31反馈调整的及时度
B11数字技术的成熟度	A32网页界面操作便捷度；A33人脸识别技术的发展；A34智能化评价的程度

最后，从主轴编码中抽象出核心式编码，具体情况如表3所示。

表3　核心编码结果

核心类属	对 应 类 属	类属的具体含义
C1幼儿参与权	B1幼儿的参与水平	幼儿对档案内容的参与程度
	B2幼儿的主体地位	档案内容中幼儿的主体行为与认可度
C2教师评价工作	B3教师的工作压力	教师的工作状态与时间紧张度
	B4教师对成长档案的功能认知	教师对成长档案含义和功能的理解
	B5教师的数字化应用能力	教师的数字化素养与应用能力

续　表

核心类属	对 应 类 属	类属的具体含义
C3管理者素质	B6管理者的数字化素养	管理者的数字化意识与价值认同度
	B7管理者的数字化胜任力	管理者的数字化应用水平与技术驾驭能力
C4家园协作合力	B8家长的参与程度	家长参与的主动性与行为表现
	B9家园合作的功效	家园互动关系与协作水平
C5网络平台开发水平	B10成长档案的设计	档案的目标、内容等设计
	B11数字技术的成熟度	网页与人工智能等技术的发展水平

三、研究结果与分析

（一）幼儿成长档案数字化转型中评价功能异化的归因分析

1. 幼儿参与权→根本性因素

从访谈文本和编码结果中，发现幼儿参与权不足所导致的评价主体缺失，是幼儿成长档案数字化转型评价功能异化的根本原因。

受访者中有7人14次提到了儿童参与水平不高的问题，影响路径为：① 幼儿的参与程度。由于让幼儿挑选档案内容会花费大量时间，所以收录材料大部分由教师决定。② 幼儿的选择范围。幼儿选择材料只限于已经确定好的作品展示，大部分生活、运动、学习、游戏的材料内容并不会展示给幼儿。③ 幼儿创建的档案内容。教师认为很多幼儿并不具备挑选作品的能力，所以幼儿自身创建的档案内容稀缺。

受访者中有9人17次提到儿童主体地位不强的问题，影响路径为：① 幼儿的主体性。数字化幼儿成长档案的创建过程中，幼儿只是实践者和教师的追随者。② 幼儿的兴趣体现。就档案内容而言，不同幼儿的呈现大同小异，并未充分展现幼儿个体的兴趣。③ 幼儿的认可度。教师只是力图呈现丰富多彩的网络界面，成长档案的建立并未征询幼儿的认可。④ 幼儿的成长体现。数字化成长档案当前的水平只能从某方面体现幼儿随着心智发展带来的成长进步，比如艺术作品能表现出幼儿表现美的能力，但幼儿的语言表达能力、思维发展水平未能得到合理呈现。

2. 教师评价工作→主导性因素

教师是幼儿成长档案数字化转型的重要实施主体，教师评价工作是幼儿成长档案数字化转型评价功能异化的主导性因素。

受访者中有15人26次提到了工作压力，影响路径为：① 教师的工作状态。幼儿成长档案数字化转型过程中，教师的工作状态相对之前更为紧张，要将大量的精力投入数字化档案的制作。② 教师的工作时间。下班后的休息时间需要更多投入数字化幼儿成长档案的制作中。③ 教师的绩效压力。管理层对教师的考核增加了数字化幼儿成长档案内容，教师需要尽可能美化幼儿成长档案。

受访者中有19人35次提到教师对成长档案的功能认知。影响路径为：① 教师对含义的理解。教师认为数字化幼儿成长档案是幼儿自己从事各种活动的成果记录，对于评价功能提及较少。② 教师对内容的设计。教师对成长档案内容的提议多是从学习活动的各个主题出发进行内容设计，对于学习之外如游戏、生活等方面的评价缺乏系统的设计。③ 教师对评价功能的重视程度。大部分教师只是把档案当作幼儿成长过程中的证明，没有将其作为评价幼儿发展的依据。④教师对成长档案价值的理解。教师没有充分理解数字化成长档案能够对幼儿发展水平进行整体评估的价值。

受访者中有13人23次提到了教师的数字化应用能力是评价功能异化的诱发因素。影响路径为：① 教师的数字化素养。虽然大家都可以熟练地利用数字设备进行日常的沟通和交流，但是对于幼儿成长档案数字化转型的需要的新功能无法快速适应。② 教师的数字化评估与评价能力。教师对于幼儿进行数字化评估与评价，缺乏过程评估的意识。③ 教师的职业认知和发展能力。教师的心理惰性导致其不愿为幼儿成长档案的数字化转型做相应的准备。④ 教师处理组织与社会关系的能力。教师习惯了与家长进行面对面交流，不能充分利用数字设备处理师幼、家师、家长与幼儿之间的关系。

3. 管理者素质→驱动性因素

从对访谈资料的编码结果中发现，管理者素质对幼儿成长档案评价功能的实现具有驱动作用。

受访者中有9位17次提到了管理者的数字化素养。影响路径为：① 管理者的数字化意识。管理者缺乏使用数字技术的自觉性和主动性。② 管理者的价值认同。管理者不能真正认可数字技术在教育中的价值，幼儿成长档案数字化与实际教育教学"两张皮"现象广泛存在。③ 管理者的数据伦理。遵守数据伦理意味着能关注教师与幼儿在数字化幼儿成长档案中公平参与的权利，然而当前管理者还缺乏这种意识。

受访者中有10位21次提到了管理者的数字化胜任力。影响路径为：① 管理者数字化应用水平。管理者不能熟练使用数字化成长档案的软件，按需选择应用功能。② 管理者的榜样示范水平。管理者的榜样示范水平高，才能带领整个教师群体胜任幼儿成长档案数字化转型中的评价功能。③ 管理者的数据判断能力。无论数字化成长档案的内容多么精美，能够基于数据内容对成长档案做出正确的评判才是管理者的最大职责所在。

4. 家园协作合力→保障性因素

在对访谈资料进行编码的结果中发现，家长是幼儿成长档案的重要评价主体之一，是幼儿成长档案评价功能的保障性因素。

受访者中有14人20次提到了家长的参与程度与家园合作功效的问题。影响路径为：① 家长的了解程度。成长档案尚在数字化转型初期，家长对其使用方法和功能都缺乏了解。② 家长的主动性。家长没有把自己当作与教师一样可以促进幼儿发展的主体，不能积极主动地参与幼儿成长过程的评价。③ 家长的分工角色。在成长档案的实施过程中，家长大多扮演的是听凭教师分派任务的角色，对幼儿成长档案的评价流于表面。

受访者中有16人27次提到了家园合作的功效。影响路径为：① 家长与教师的互动关系。教师与家长互动中双方地位不等，家长很少会发表自己对档案内容的看法。② 双方未能达成有效合作。家长的配合度差导致家长很难与教师同步教育幼儿，幼儿园与家庭的双向协作互动并未达成。

5. 网络平台开发水平→支持性因素

从原始访谈结果中发现，网络平台开发水平对成长档案评价主体的使用体验有支持性作用。

受访者中有13人21次提到了成长档案的设计。影响路径为：① 评价内容的设计。平台方的内容设计并未成形，经常出现内容不匹配、照片呈现不合理等问题。② 反馈调整的及时度。出现问题平台没有及时解决，这会拖慢成长档案的实施进度，影响整体评价的质量。

访谈者中有21人39次提到数字技术的成熟度。影响路径为：① 网页界面操作便捷度。当前网页界面操作的便捷度还不高，导致大家需要花费大量的时间用在照片上传上，对评价内容的思考就会减少很多。② 人脸识别技术的发展。人脸识别技术尚不成熟，仍需要教师对大量照片进行人员分类。③ 智能化评价的程度。评价模板单一，教师对幼儿的文字评价如出一辙，不能根据不同幼儿的发展程度做出评价。

（二）模型建构

基于以上分析可知：幼儿参与权、教师评价工作、管理者素质、家园协作合力、网络平台开发水平这五大主范畴，对幼儿成长档案数字化转型评价功能的异化存在显著影响。那么这些主范畴之间是否存在关联？弄清楚它们之间的相互关系，对优化幼儿成长档案数字化转型的评价功能具有重要意义。

经过逻辑分析可以发现：五个主范畴并不彼此独立，而是相互作用的关系。① 教师对幼儿成长档案功能的认知，决定了教师是否会重视家长与幼儿的参与。② 在教师对家园协作产生影响的同时，家长的参与能动性同样对教师的评价工作进行了反馈。③ 管理者的数字化胜任力，影响着整个托幼机构的数字化水平。其直接后果就体现在教师工作压力的大小，数字化胜任力强的管理者能够提升成长档案数字化运行速率和运行效果，反之则给教师评价工作增添很多压力。④ 网络平台开发水平广泛作用于每个要素，对幼儿参与权、教师评价工作等四个主范畴都会产生影响。⑤ 评价主体的积极反馈可以促进网络平台技术的发展，因此其余四个主范畴对网络平台开发水平具有反向作用。鉴于此构建幼儿成长档案数字化转型评价功能异化的归因模型，如图1所示：

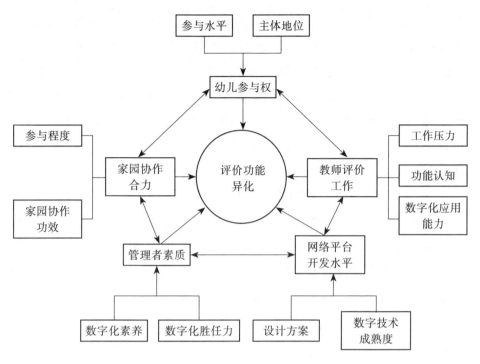

图1　幼儿成长档案数字化转型评价功能异化的归因模型

四、教育建议

（一）重构师幼关系：教师主体变为师幼互为主体

教师的职业决定了教师在教学环境中处于主动的地位，而数字化转型迫使以教师为主导转化为师、幼互为主体。完成这个转型可以从以下方面展开：首先，给予幼儿选择权，支持幼儿开展自我评价。教师将材料的选择权还给幼儿，由幼儿决定哪些材料最终放入成长档案袋。其次，培养幼儿对成长档案袋的拥有感。拥有感就是幼儿与成长档案袋之间建立的一种所属关系，即幼儿感受到自己是成长档案袋的主人，产生自主、安全的体验。最后，班级配备更多电子化设备，幼儿可结合自己的需求建立、查看、修改数字化成长档案。

（二）加速信息素养的提升：拥抱数字技术，关注成长档案的评价功能

幼儿成长档案的数字化转型中，教师和管理者的工作职能变得更加复杂，

更加具有创造性，因此管理者与教师需要提高数字化素养。首先要提高信息技术培训的效果。教师和管理者充分认识到数字化成长档案的功能并不局限于便捷的作品收集袋，而且可以对幼儿发展过程做出评价，达到改进教育行为的目的。其次，针对幼儿成长档案数字化转型进行研修讨论，以教师团队的形式对数字化成长档案评价的多元功能进行熟悉操练。最后，根据托幼机构信息化发展特点，与家庭、社会相互配合，对数字化成长档案与教育教学实施融合提升。

（三）管理扁平化：打破层级限制，减轻教师工作压力

目前教育机构采集的管理模式大多采用层级管理的模式，层级之间没有过多的联系和交流，缺乏效率和灵活性。而扁平化管理能够使管理者、教师与幼儿之间彼此高度连接。根据调查结果，目前教师的工作内容、师幼配备基本是由管理者安排，管理者不熟悉教师的工作内容与工作压力，这就导致幼儿园教师保育任务重，工作压力大，成长档案数字化转型的评价功能难以实现。因此，教育管理要逐步扁平化，以随时针对成长档案的节奏做出不同的决策，保障教师投入的时间和精力。具体可以从两方面展开：一方面，打破层级限制，教师可以和管理者及时沟通，一起确认档案袋的实施工作；另一方面，教师与管理者双方共同商讨确定绩效方案，以此来降低教师对绩效的担忧。

（四）多元化评价：一元化评价向多元主体评价模式改进

当前，家园协作合力弱是幼儿成长档案数字化转型的一大挑战。为了解决这个难题，可以尝试将档案袋与家长工作结合，达到教育评价多主体化的目的。首先，与家长建立良性沟通的路径，利用多种载体宣传幼儿成长档案数字客户端的便捷性和可操作性。其次，向家长传达档案袋数字化的评价知识。家长对档案袋的实现这一工作有躲避的嫌疑，出现这一现象的原因很大程度在于家长对于幼儿成长档案的内涵没有充分的理解。最后，提高家长参与评价的质量。家长的参与不应该仅仅限于提供材料上，而是要发挥评价主体的作用，拥有档案评价真正的发言权。

（五）拓展技术水平：内容设计个性化，人工智能现实化

网络平台开发的高水平，是支持幼儿成长档案数字化转型评价功能合理

化的重要因素。为了解决当前的平台问题，可以采取以下途径：其一，将内容设计个性化。在对幼儿的综合分析和诊断的基础上，根据每个幼儿的现有个性，量身定制目标、计划，充分体现每个幼儿个性发展的教育方式。其二，充分利用人工智能技术，对幼儿数据进行采集、分析和判断。以前不能自动识别的图片、语音可以通过模式识别、感知智能技术，把它变成计算机能够识别的字符，从而对幼儿的活动行为、活动效果、学习能力做一个全面反馈。

参考文献：

［1］鲍文娟.幼儿档案袋评价的"记录仪+App"技术性解决方案［J］.中国教育信息化，2018（18）：89-90+96.

［2］田巍巍.幼儿成长档案袋应用现状研究［D］.大连：辽宁师范大学，2018：43-44.

［3］贾倩倩.幼儿园教师成长档案袋的调查研究［D］.北京：首都师范大学，2014.

［4］Helen Knauf. Partizipation von Kindern bei der Bildungsdokumentation［J］. Frühe Bildung, 2019, 8(1): 37-43.

［5］杨晓珉，徐微.幼儿电子成长档案的优点、价值与建构策略研究［J］.青岛职业技术学院学报，2017，30（05）：61-64.

［6］Joanne R. Beaumont-Bates. E-Portfolios: Supporting Collaborative Partnerships in an Early Childhood Centre in Aotearoa/New Zealand［J］. New Zealand Journal of Educational Studies, 2017, 52(2): 347-362.

［7］岳露露.S园幼儿成长档案袋实施现状研究［D］.南京：南京师范大学，2017：47-52.

［8］格莱斯.质性研究方法导论［M］.王中会，译.北京：中国人民大学出版社，2013：30.

［9］陈敏.美国NBPTS优秀幼儿教师档案袋评价及其启示［J］.宁波教育学院学报，2018，20（06）：31-34.

以"田园日记"推动中班幼儿
田园活动实践的案例研究

上海市浦东新区六团幼儿园　施　敏

　　本研究以"田园日记"为媒介，推动中班幼儿开展田园活动实践，基于儿童视角引导他们在现实的生活场景和学习活动情境之中，以自己的方式去感知和体验，去探索和记录，成为学习的主人、知识的主动建构者，并在田园活动实践的过程中提升幼儿的记录能力和思维能力。同时，帮助教师丰富以"田园日记"为载体开展田园活动的经验，提炼一些行之有效的实施途径和策略。

一、以"田园日记"推动中班幼儿田园活动实践的意义与价值

　　（一）以"田园日记"为媒介，有助于幼儿更好地体验生活、感知生命

　　首先，田园活动注重孩子与大自然共融沟通，能够改变幼儿对动植物的认识、对自然现象的认知都源于书本、网络等媒体传递的第二手资料等现状，努力让教育去顺应幼儿天性，让幼儿走进自然，融入自然，通过大自然的广博和丰富滋养幼儿的心灵。

　　其次，"田园日记"的引入能够帮助幼儿明确观察内容，选取适宜的观察方式，开展较为系统的观察记录，帮助其有目的地去感知和体验植物的生长规律，给予幼儿亲身体验生活和感知生命的可能，促进幼儿的全面发展。

　　（二）"田园日记"的记录有利于幼儿记录能力、思维能力的发展

　　《3～6岁儿童学习与发展指南》在科学领域中指出："要培养幼儿初步的探究能力，让4～5岁的幼儿能用图画或其他符号进行记录，5～6岁的幼儿能用数字、图画、图表或其他符号进行记录。"记录不仅能呈现幼儿的思考

过程和探究结果，还可以促进幼儿思维能力的发展。

"田园日记"能够帮助幼儿有目的地去观察事物、开展记录，并在教师的协助下串联各自零碎的图幅，逐步形成对事物的整体感知意识，提升中班幼儿的记录能力。它的记录给了幼儿发现问题、记录问题、思考问题、验证猜想的可能，使其通过观察和记录充分了解事物发生、发展的某些环节之间的联系，从而提升中班幼儿的思维能力。

二、中班幼儿"田园日记"的记录形式及方法设计与实施

中班幼儿有着"观察事物的目的性逐渐明显，能够用零碎的图符去简单地记录自己的发现，但随意性较大"的探究特点，我们需要根据幼儿的年龄特点帮助其设计更适宜的"田园日记"，以辅助他们更好地开展田园活动。

（一）以"主题模式"为突破口，帮助幼儿在园内开展田园活动记录

1."主题模式"的由来

借鉴2002年虞永平老师发表于《学前教育研究》上的《论幼儿园课程中的主题》一文中对幼儿园主题活动的界定："师生共同围绕一个中心话题，开展一系列探究性的学习活动。"同时结合园级课题"开展田园探究主题活动"的实践经验，我们将本课题的"主题模式"诠释为：围绕某一主题与幼儿一起开展研究实践，并鼓励幼儿在实践过程中做实时记录完成田园日记，教师则是通过对田园日记的解读为幼儿的持续研究做好支撑。

2."主题"内容的选择

本课题中的田园活动主要指向幼儿在田野、田地、园圃中开展的有关种植、养护农作物的一切活动，于是田园活动主题的选择主要包括：农作物生长过程中的主要节点，如种植、发芽、收获等；农作物主要特性的提炼，如外部特征、生长习性、生长方式等；研究过程中遇到的某一问题的深入思考，如草莓种植时容易死亡该怎么办？孩子们采取了一系列的措施后，结果如何？不同研究途径的比较，园中盆栽、家中菜地种植，有条件的话也可以结合搭棚养殖在三者之间开展不同时期的农作物生长比较等。

3."主题模式"的运用

结合中班幼儿的学习特点，田园日记的记录主要以绘画形式开展。教师收集幼儿的记录片段，解读幼儿观察行为，并配以简要的文字说明、简单标注日期及事由，根据观察日期、进程整理成册。主题模式下的"田园日记"其内容源于幼儿的观察所得，记录的推进顺应着主题的发展，这样主题式的田园活动，能够帮助幼儿更深入地观察动植物的特征和习性，更清晰地了解其生长规律。

4."主题模式"下的田园活动典型案例与分析

在近一年的课题实践过程中，我们发现"田园日记"这一媒介在主题模式下开展的田园活动中发挥着很好的推动作用，通过田园日记的记录和梳理，中班幼儿的观察记录能力和逻辑思维能力得到了一定的提升，同时，教师对幼儿开展田园活动的支持能力和解读幼儿行为表现的能力也获得了很大的提高。这样的研究成果在下文的典型案例中得到了很好的体现。

以农作物整个生长过程为主题的田园活动案例

蚕豆生长记

【主题的产生】

在一次日常散步活动中，孩子们对一种花非常好奇。这些花白白紫紫的外衣下包裹着黑黑的花心，孩子们称之为"黑心花"。随之而来的是孩子们一个接一个的问题："老师，这到底是什么花呀？""老师，这个花为什么会有那么多颜色呢？""老师，'黑心花'的小叶子好特别呀！你看，这一片它是卷起来的呢！"孩子们对"黑心花"有着太多的好奇与疑问。既然有问题那我们就去解决它。于是，我们回到班级进行了一场对"黑心花"的探索之旅……

我的思考：

中班的幼儿，求知欲和认识兴趣在不断提高。让幼儿用自己的感官去发现事物的特征，激发幼儿对周围事物的好奇心和探索的兴趣，才能真正发挥田园教育的作用。发挥幼儿的积极性、主动性、创造性，使幼儿真正成为环境的主人。同时，孩子有了一定的兴趣后，我们选择以"蚕豆"的生长方式为切入口进行研究，为此我设计了"认识蚕豆"这一集体教学活动，以便更好地激发幼儿的热情。接下来，我们的任务就是帮助孩子了解蚕豆从种子到花再到果实的生长历程。

【主题的开始】

我和孩子们上网搜索了有关"黑心花"的资料。"黑心花"原名叫"蚕豆花"，我们平时吃的蚕豆就是蚕豆花结出来的果实。从种子到花再到果实，每一种食物的生长过程都是一段奇妙之旅，孩子们对"黑心花"变蚕豆感到不可思议，于是，他们打算自己来种一种蚕豆，亲身经历一次植物开花结果的过程。

结合孩子们对蚕豆花的一些种植问题，我设计了一张《蚕豆发芽记》前期调查表，鼓励孩子们与家长共同探究。在孩子们密密麻麻的调查表中，我们可以看到孩子们描绘的蚕豆花是椭圆形的、颜色多为绿色和黄褐色、中间花心的外围一圈为白色、里面为黑色这样的调查结果，也知道了"黑心花"由此得名。通过孩子们的信息分享他们决定水培蚕豆。为了更好地记录蚕豆的生长过程，我们决定共同完成田园日记，孩子们负责画下自己的观察所得，老师负责梳理装订，并要求每日值日生组长负责填写观察日期。

我的思考：

一场由好奇引发的种植探索之旅就这样开始了，这其中我和孩子们共同学习，了解"黑心花"的真面目，探索如何进行水培种植，并将理论知识付诸实践，这正诠释了陶行知老先生"教学做合一"的理念。孩子们在种植过程中学，老师们在种植活动中教，还合理地利用了家长资源，在种植前先丰富孩子们的认知，在此基础上，我们才能更好地进行这一场种植之旅。

【主题的发展】

在种下蚕豆种子后，孩子们时时刻刻都在问："什么时候可以发芽呀?"于是，我和孩子们共同探究了一下如何照料种子可以让其快快发芽。孩子们以小组为单位，先共同商讨用什么方法可以让种子快快发芽，并在田园日记中记录下自己的种植方法。之后的日子里孩子们的观察非常仔细，发现了许多种子的小秘密。接下来我们将继续观察，耐心等待蚕豆发芽。孩子们发现种植三天后蚕豆种子就冲破泥土，长出了嫩叶;五天后，种在土壤里的种子高度就已经超过了长在水里的种子。

于是，我们又进行了一个小思考:为什么蚕豆种子种在土壤中会长得更快更高?这激发了幼儿深入探究的兴趣。

我的思考:

从种下第一颗蚕豆种子开始，孩子们每天都会观察蚕豆种子的变化，在蚕豆种子的生长过程中，每一点变化都让他们兴奋不已，同时孩子们在每日记录的观察过程中逐步习得了一些记录方法，也从中梳理了对蚕豆的认知，逐步形成了整体思维的模式。在整个探究的过程中，我们始终给予幼儿自主探究的机会，引导幼儿去发现秘密，解决问题。

【主题的高潮】

距离我们的种植活动已经一个多月了，蚕豆的根茎每过一段时间就会"偷偷"地长大一点，起初幼儿还会仔细观察，拿尺量一量长高了多少，并做好记录。后来蚕豆都没有什么变化，渐渐地大家都对这样的观察没有了兴趣，从每天一大半的幼儿去自然角观察蚕豆到每天只有两三个幼儿观察。

在这期间，我并没有刻意地引导幼儿去如何做，而是默默观察着那些还在坚持每天照顾、观察着蚕豆的孩子。直到有一天，诗诗发现上次我们种在纸巾里的蚕豆也发芽了，她拿着记录本和我们分享了她的发现，这颗小小的蚕豆又一次点燃了孩子们的兴趣。

我的思考:

在一个多月的持续观察下，由于在土里的蚕豆生长得较为缓慢，或者称之为不明显，导致孩子们慢慢对观察蚕豆生长失去热情，不像刚开始时那样，除了几个孩子外，其他孩子几乎都不怎么去自然角了，也不太喜欢去小园地参观自己种的蚕豆了。原因很简单，就是不好看，蚕豆宝宝长得太慢了，和昨天没什么区别。但是峰回路转，通过对田园日记的翻阅，孩子们发现之前为了做对比而随意在塑料杯里放了几团纸巾就种下的蚕豆却意想不到地发芽了，这再一次激发了孩子们的热情。

【主题的尾声】

随着时间的推移，蚕豆的根茎越来越长，可是由于蚕豆的生长周期较长，需要等到第二年才会开花结果，于是我们的研究从观察蚕豆的生长过程回到了对果实蚕豆的研究。这段时间自由活动的时候，孩子们对晒干后的蚕豆硬硬的、滑滑的很感兴趣，而刚摘下来的豆荚剥开的蚕豆是绿绿的、嫩嫩的，为什么经过太阳公公一晒就变了颜色，原本一掰就碎了的蚕豆变得坚硬无比？他们就会思考，是不是可以用蚕豆来玩游戏呢？

我的思考：

经过我们的讨论，我们共同创设了蚕豆添画、弹蚕豆、接蚕豆、蚕豆大变身四个活动，帮助幼儿更深入地实践研究。

对于孩子们提出的问题，我们利用调查表的形式请家长配合，与幼儿一起寻找答案。这样幼儿抛出问题，幼儿与家长一起寻找答案的过程，可以更好地激发幼儿的探索兴趣，提升了孩子探索的主动性，也增加了亲子之间的互动。

【主题的启示】

★ **幼儿的成长**

田园日记的使用很好地帮助幼儿回忆并梳理了蚕豆种植、养护过程的点滴收获，通过对田园日记的翻阅能够唤起幼儿在发现蚕豆生长变化时的惊喜，激发了孩子观察和记录的动力，幼儿能大胆质疑，积极去观察、发现，探索大自然的奥秘。

★教师的收获

在整个探究过程中，教师通过解读幼儿的行为表现，及时激发幼儿的学习探究兴趣，促使幼儿用多种感官观察，引起幼儿积极探索，鼓励幼儿在探索中发现问题，在操作中寻求答案，帮助幼儿提升探究能力的同时也提高了自己的能力。

●以外部特征类似的农作物的生长比较为主题的案例

大蒜哥哥、葱弟弟和韭菜妹妹

【主题的产生】

大蒜、葱、韭菜是我们生活中比较熟悉，但也是孩子容易混淆的几种蔬菜，教育来源于生活，贴近幼儿的生活。三者的叶子都是绿绿的，叶子都是尖尖的，闻一闻它们的味道都有点辣辣的。但大蒜的叶子上面小下面大，又宽又扁；葱的叶子圆圆的像根吸管，里面是空空的；韭菜叶子从上到下都是一样粗的，叶子是扁的、窄的。中班幼儿观察事物的目的性逐渐明显，能够在成人的引导下发现三者的这些差异，并较完整地进行观察记录。

【主题的开始】

开学第一周，为了创设我们的小菜园，需要幼儿分别带来葱、大蒜和韭菜的秧苗。经过商量讨论幼儿自主分成了三组，挑选心仪的秧苗，周一带来和阿姨、老师一起种植。活动前，我们向孩子们介绍了种植工具的使用方法和用途，并演示了种植的步骤。活动中，幼儿兴致特别高，纷纷在成人的帮助下认真地种植自己的秧苗。

我的思考：

午饭时，有幼儿指着韭菜跟我说："老师，这个葱我不要吃。"我发现孩子们对葱、大蒜和韭菜区别不了，由此话题引出了我们班级的研究主题，通过谈话激发了孩子们的热情参与。协助孩子们种植好葱、韭菜和大蒜之后，接下去就是悉心养护了。

【主题的发展】

自从孩子们种植好葱、大蒜和韭菜之后，每次去后面农家乐经过小菜园，孩子们总说要去看一下他们的小菜园里的葱、大蒜和韭菜长得怎么样了？不知道长大了没有？一个星期过去了，孩子们发现，葱长得很好，韭菜也长大了，有些大蒜也长高了，可是有部分大蒜并没有长出大蒜叶，这是怎么回事呢？经过仔细研究和讨论，原来没长好的大蒜是因为种植的时候没有把大蒜埋进土里，露在泥土的外面。为了更好地实现对观察收获的记录，每次逛菜园时孩子们都会带着自己的田园日记本开展观察记录。

我的思考：

经过这次研究讨论之后，大蒜组的幼儿将没长出的大蒜进行了调整，将大蒜埋进土里。孩子们对大蒜的种植有了一个思考过程，虽然有一部分大蒜种植失败了，并没有发芽长出来，但是对孩子们来说是一个学习的过程，对平时不爱吃的大蒜进行了研究，这让孩子们对大蒜的兴趣更高了。早上来园自由活动时，幼儿们会两两聊天，讨论自己悉心照顾的植物。

【主题的高潮】

一周过去了，在一次午间观察中，语欣好奇地指着植物角的葱问我："老师，这是什么呀？"嘉城说："这是韭菜。"岳岳高声说道："这是葱，韭菜是扁扁的！"我继续问道："那葱有什么用呀？"岳岳快速地说道："烧菜用的，能让菜香喷喷！"于是，我剪下了葱送去食堂邀请厨师给幼儿加餐，细心的梦梦则在一旁用笔在日记上记下了今天的小故事。后来的很长时间，"葱还会长高吗"成了我们研究的新热点。

三天后的一次午间谈话，孩子们争论着葱到底有没有长高，此时梦梦笃定地拿出了自己的日记本，淡定地说："根据我的记录，上一次老师把葱的绿色部分统统割掉了，只留下了白色的部分，你们看现在的葱，很明显绿色的部分长出了很多。"见状，我从教室拿出了几根吸管，放在一旁。孩子们立马想到了可以把吸管插在葱旁边做对比，这样就能更科学地观察了。他们还不忘邀请细心的梦梦继续帮我们一起记录。

我的思考：

整个活动能够很好地推动，梦梦的细心记录起到了很好的作用，当孩子们疑惑葱会不会长高时给出了事实依据，运用记录的方法帮助孩子们更好地观察葱的成长过程，并且引发了孩子们继续思考：我们怎么才能知道葱究竟长了多高。之后我再帮孩子们提供吸管，推动他们的观察记录，更好地遵循了孩子的学习习惯。成人要善于发现和激发幼儿的好奇心，充分利用自然和实际生活经验，引导幼儿通过观察、比较、操作和实验等方法。这说明他们并不相信别人告诉的知识，相信自己亲眼看到的才是真实的。

【主题的尾声】

大蒜、葱和韭菜长得很像，都是绿色的、长长的，怎样让孩子们很快地来区分它们呢？今天，我和孩子们一起采摘了我们的大蒜、葱、韭菜，配合着孩子们的田园日记，各自表述了自己整理的大蒜、葱、韭菜之间的异同，幼儿在梳理日记的过程中了解认识了大蒜、葱、韭菜的共同点和不同点，还纷纷诉说着大厨为我们烹饪美食的趣事，通过品尝，孩子们都喜欢上了吃大蒜、葱、韭菜这三种蔬菜。

我的思考：

活动中，我们借助田园日记和孩子们一起开会，并采摘实物和幼儿一起看一看、摸一摸，区分大蒜、葱、韭菜的不同之处与相同之处。孩子们对本次活动产生了浓厚的兴趣，通过观察、交流、讨论，让幼儿各抒己见，对大蒜、葱、韭菜有了进一步的了解。在此过程中，幼儿回忆着自己在种植养护过程中的收获，许多平时不喜欢吃大蒜、葱、韭菜的幼儿还表示以后自己要多吃它们，使自己的身体更健康！

【主题的启示】

★幼儿的成长

"大蒜哥哥、葱弟弟和韭菜妹妹"这一田园活动的实践，由小及大、由点到面，形成了一系列精彩的故事。孩子们在田园日记的记录和梳理过程中发现了葱、大蒜、韭菜的大秘密，生活经验得到了丰富，整体思维能力得到了提高。一次收获满满的主题活动，给孩子们带来了无穷的乐趣。在未来的时光里，我们还会和孩子们探索大自然的秘密，我们的故事还在继续。

★教师的收获

通过此次研究，我发现来源于幼儿日常生活中的材料更能激发幼儿的探究兴趣，对田园教育也有了新的认识。对于幼儿来说更是一种体验，是培养幼儿各种能力、情感和社会性的过程。实施之后，我发现，田园教育原来也可以有声有色。

（二）以"亲子任务卡"为突破口，帮助幼儿在家中开展田园活动记录与分析

课题研究之初，我们考虑到幼儿开展田园活动的场所主要是园内以及家庭中，协助者主要是教师以及家长。同时家庭是幼儿园重要的合作伙伴，争取家长的理解、支持和主动参与，能够提升家园合作的效能。于是，如何指导家长开展亲子田园活动是我们必须思考的。

1. 亲子田园活动任务卡的由来

家长不是专业人员，我们要让家长知道需要做什么、怎么做，最好有一个示范性的东西，家长照着做可能更方便一些，也易于操作。经过课题组研究，初步确定了以"任务卡"的形式，给家长一些简单的小提示，帮助家长和孩子一起实施亲子田园探究的实践策略。

于是，研究前期我们便借助中国知网，以"任务单"为关键词搜索相关文献，获得徐丽芬《例谈小学英语合作学习任务的有效设计》，闫语、余云峰

《小学英语阅读课任务单》，翟元祯《多重任务单翻转小学英语阅读教学》等颇具借鉴意义的文章，把"任务卡"定义为：具有清晰、明确操作提示的载体，能够给幼儿及家长的田园活动指明方向。

2. 亲子田园活动任务卡的内容

背景：（什么时机、什么情境等）

家长可以这样做：（家长可以说什么、做什么、看什么等）

● 找一找：

● 问一问：

● 听一听：

● 画一画：

……（PPT插入文本举例）

孩子的体验：（通过这次活动，孩子可以获得哪些经验或发展）

小贴士：（提示家长注意些什么，可以拓展哪些活动）

---

3. 亲子田园活动任务卡的运用

我们在课题实施伊始，便将任务卡发送给各个家长供其挑选并使用，并募集有意愿开展亲子田园活动的家庭对其进行分层指导，详细讲解亲子田园任务卡的由来及使用说明，同时欢迎家长就活动中的疑惑随时进行咨询，并在协助家长开展亲子田园活动的过程中，指导家长收集幼儿的田园日记及田园活动剪影，梳理成可供阅读及参考的中班幼儿田园日记。

4. "任务卡"协助下的田园活动典型案例与分析

在"亲子田园活动任务卡"的推进过程中，教师会及时协助家长做好幼儿的活动记录，帮助家长梳理幼儿的田园日记，和家长一起解读幼儿的行为表现，支持幼儿以亲身体验、直接感知的形式投入田园活动，形成了一些比较典型的"任务卡"协助下的田园活动案例。

洋葱根部的秘密

【主题的产生】

为了更好地协助幼儿开展田园活动，5月初教师在班级微信群内发出了组建亲子田园活动微信群的邀请，并说明了其用于帮助幼儿开展田园活动的目的。有三组家庭积极响应，我们一起根据家长及幼儿的研究意愿，确定了"洋葱根部的秘密"这一田园活动主题。

【主题的开始】

2022年5月4日，开启第一次亲子田园活动微信群视频会议，鼓励幼儿猜测植物根系吸水相关原理，并与幼儿一起制订研究计划（同等大小的容器中装入不同量的水，由多到少排序，种入同样大小的洋葱，观察根系的生长情况）。约定每周三开微信群视频会议，与参与本次活动的家庭一起分享研究成果和研究中的疑惑。

我的思考：

家长资源的引入扩充了田园活动的无限可能，同时给教师的引导提出了新要求，教师须时不时地帮助家长解读幼儿的观察记录和观察行为，给予幼儿最适宜的协助。

【主题的发展】

开启田园活动的第一周，每组幼儿家庭均有准备相同的容器、大小均等的洋葱，在三个容器中分别放入不同容量的水进行观察，发现洋葱的根部没有明显的变化并做好记录。其中，梦梦发现水分最多的容器中的洋葱底部聚集了很多小水珠。第二周，两组家庭的洋葱开始长根，梦梦家的水分最多的容器中的洋葱冒出了三个根系，水分中等的容器中的洋葱冒出了一点点根芽；琭琭家的洋葱水分最多的容器中开始冒根芽，其他并没有变化；周周家的洋葱没有冒出根芽，反而开始出现腐烂的现象。

于是幼儿产生了这样的疑惑：

• 为什么用同样的方法种下去的洋葱，梦梦和琭琭的都开始发芽，而周周的却开始腐烂？

- 梦梦和琏琏是邻居，一起买的洋葱、一起种在阳台上，为什么梦梦的洋葱根系长得快？

在成人的鼓励下，三个孩子开展了激烈的讨论后，一致得出结论：周周的洋葱种在阴暗处缺少阳光，可以将它们移到阳光充足的室外进行种植并关注后续变化；琏琏的洋葱可能没有及时更换水，里面出现了绿色的"霉变"（为了将实验主动权彻彻底底地交给孩子，教师要求家长不走在孩子前面，提前告诉孩子其中的原理），才导致洋葱长得慢。于是孩子们约定经常为洋葱更换水，但水量不变继续种植。

我的思考：

配合着记录叙述自己的观察收获，使幼儿在表述时更有理有据、条理清晰，实时的小范围探讨给了幼儿深入思考和反驳他人意见的可能，给幼儿创造了思维碰撞的时间和空间，在观察过程中不但记录能力得到提升，表达也更具逻辑性。

【主题的高潮】

通过观察各自的田园日记，孩子们发现到了第三周，周周的洋葱腐烂得更为严重，琏琏的洋葱根系依旧没有梦梦的长得快。经过比对记录成果和共同谈论，孩子们发现洋葱的腐烂与种植环境关联不大，洋葱根系的生长与更换水的次数关联不大。经过大家的商讨，孩子们一致发觉琏琏的洋葱在买来后经过了去皮处理，而洋葱的根系生长需要先累积足够量的水分，于是琏琏的洋葱根系才会相对长得没有梦梦家的快。

于是孩子们将之后的研究重点放在：

- 周周接下来的研究重点为除去腐烂外皮后洋葱的根系是否会有所成长。
- 琏琏的洋葱根系是否能顺利地快速长出。
- 梦梦的洋葱根系什么时候能够全部长出，是否如孩子们担忧的那样水最少的洋葱根系无法生长。

我的思考：

依托实践的观察表述能够更好地激发幼儿表达和思考的欲望，在成人的协助下逐渐形成独立思考和质疑的能力，并且能够合理地做好自己的观察记录，为进一步解决问题做依据。田园日记的引入给了幼儿记录的挑战，也给了幼儿思维的依托。

【主题的尾声】

第四周，周周的洋葱中水分最多的容器里的那个开始长出根芽；瑛瑛和梦梦的洋葱统统长出了根芽，并且水分最多的容器中洋葱的根系和水分一般多的容器中洋葱的根系开始一样多。

我的思考：

对于幼儿能够这么敏锐地发现问题，并积极地寻求成人的帮助一起实践解答，家长和教师都十分意外，也十分欣喜。通过成人间的反思，我们发现田园日记的记录不光给了幼儿梳理观察收获，形成整体思维的可能，同时我们成人在帮助幼儿梳理日记的过程中也收获了很多正确解读幼儿、了解幼儿的经验。

【主题的启示】

"田园日记"记录的可以是一个瞬间、一个活动或者某一事物发展的整个过程，它的记录给了幼儿发现问题、记录问题、思考问题、验证猜想的可能，使其通过观察和记录充分了解事物发生、发展的某些环节之间的联系，从而提升幼儿的思维能力。通过亲子田园活动的开展，注重顺应、追随幼儿的兴趣和需要，以亲身体验、直接感知为主要学习方式，培养幼儿爱自然、爱探究的情感和能力。在幼儿成长的过程中，让家长有更多的时间陪伴孩子，支持孩子，学习科学教养方式，形成更好的家园合作模式。

三、研究成果

本次研究的研究内容及研究范围都有一定的局限性，于是研究所得还需要不断地实践验证，以下仅是本次研究的一点小收获。

（一）体验式学习激发幼儿观察兴趣，提升幼儿记录能力

田园活动为幼儿提供了看得见、摸得着的学习环境，让他们去亲身体验、观察、操作，发现问题、寻找答案，这种从抽象到具体形象的探究形式，加深了幼儿的直接经验，满足了幼儿的好奇心，激发了他们自主学习的兴趣。

"田园日记"的引入，更是为幼儿提供了记忆的载体和思维的支架，幼儿在翻阅观察记录的过程中梳理自己的认知经验，逐渐提升逻辑思维能力。同时在实践过程中，幼儿的观察记录有明显的连续性，从中可以找到大致的动植物生长变化轨迹，能较清晰地描绘动植物各个生长片段的明显特征。

（二）沉浸式观察树立良好教育观念，提高教师指导能力

经过近一年的研究实践，我们逐渐感受到并确信了"基于儿童视角，解读幼儿的观察行为，能够让教师更准确地把握幼儿的研究兴趣，更好地推动幼儿的研究行为，给予更有效的研究支持"的教育理念，发现用解读幼儿的田园日记去代替非A即B的选择性提问，能更准确地解读幼儿，关注到孩子的活动需求。

在课题实践过程中，通过追踪观摩幼儿田园活动的整个过程并仔细解读其行为背后的成因，总结了一些较为行之有效的以"田园日记"推动中班幼儿田园活动实践的方式，提高教师的活动实施与组织能力。

（三）形成了具有特色的以"田园日记"为媒介的田园活动

基于中班幼儿"观察事物的目的性逐渐明显，能够用零碎的图符去简单地记录自己的发现，但随意性较大"的学习特点，我们商议并形成了以"主题模式"为突破口的田园活动。在主题式田园活动中，幼儿可以选择围绕农作物生长过程中的主要节点，如种植、发芽、收获开展田园活动；也可以提炼农作物主要特性，如外部特征、生长习性、生长方式等开展田园活动；还可以根据农作物养护过程中遇到的某一问题深入思考。

主题式田园活动配合田园日记的记录，能够更好地帮助幼儿回忆和梳理田园活动中的观察收获，也能帮助教师更好地解读幼儿、支持幼儿。

四、讨论与思考

作为农村幼儿园，我园教师普遍存在科研能力较为薄弱的问题，在研究方案的设计、研究内容的斟酌、研究过程的反思等方面都需要一定的提升，因此，本次研究成果势必还有很大的提升空间。

同时，本次研究的时间较短，且研究对象仅仅是本园中班幼儿，于是其研究结果很可能存在着一定的片面性。后续我们将进一步通过文献收集、学习以及课题的深入研究，来提升课题成果的科学性和教师的科研实践能力。

思玩微课中"一课三版"操作模式的实践与研究

上海市浦东新区上钢新村幼儿园　方斯璐

随着幼儿园微课教学掀起的热潮，结合"思玩"教学理念，"一课三版"操作模式走进了幼儿园与家庭教育中。本文对思玩微课中"一课三版"操作模式应用于不同对象（幼儿、家长、教师）的适用性进行分析，对不同版本实践过程的设计与制作进行分析与研究，通过构建基于思玩微课的"一课三版"操作模式，对实践效果进行反馈研究，以期达到有效教学目的。

一、思玩微课中"一课三版"操作模式的研究背景

（一）幼儿园以思玩为教育理念

"思玩"是我园特色教育课程，其课程理念为好思乐玩，共享成长。好思乐玩即好思考、乐参与。共享成长诠释为让幼儿在共享成长的过程中，用积极阳光的心态和行为快乐体验，在乐动手、乐挑战、乐交往、乐探索、乐思考过程中，唤醒和支持孩子的兴趣与需要，不断寻找成就孩子未来的快乐成长之路。此成长不仅是针对幼儿，同样也针对本园的教职工与家长。幼儿、老师和家长共学习、共体验、共成长。

（二）微课成为幼儿园教学新宠

张一春教授认为，"微课"是指为使学习者自主学习获得最佳效果，经过精心的信息化教学设计，以流媒体形式展示的围绕某个知识点或教学环节开展的简短、完整的教学活动。针对特定的目标人群，传递特定的知识内容。微课能够利用信息化手段更好地实现有效教学，更快地实现知识传播，更优

地尝试自主学习，从而微课现已成为教学新宠。

（三）"一课三版"操作模式的优势尽显

本文幼儿园思玩微课中"一课三版"的操作模式则是研究适用于指导家长、教师，以及3～6岁幼儿的短小视频。其优势如下：

1."家庭互动版"有利于增加家庭中的亲子互动

将思玩微课的形式推广到家庭教育中，是一开始的初衷，让传统的课堂教学也能在家中进行，更好地将理念传递给家长，实现共育幼儿。让幼儿与家长能利用教师提供的微课视频自主安排学习的时间，在遇到困难时可以按下暂停键，在没听清要求时可以重新播放，让学习更有目的性。另外，根据教育指导意见，家长能更清晰如何以思玩的方式与幼儿游戏教学，如何专业且正确地指导幼儿，并将其经验迁移到日常家庭生活过程中，从而增加家庭中的亲子互动关系。

2."教师指导版"有利于促进教师间的专业交流

教师可以根据微课视频的学习快速了解到优质教学的演绎方法。优质教学可以将活动目标、重难点一一罗列，并且在活动过程中将如何落实重难点的内容通过教育现场视频呈现，让其他教师可以更直观、清晰地明白教学活动中教师的想法与目的。这样教师之间交流彼此的情感、观念与理念，共享彼此的见解、知识和思路，以丰富教学内容，营造高效且专业的研课氛围。原本需要见面才能进行的学习，现在通过视频学习的方式，不仅可以反复观看，同时节约了时间，也促进了教师间的专业交流，更好地实现有效教学。

3."幼儿实操版"有利于提高幼儿的自主学习能力

思玩微课的教学方式颠覆了传统的课堂教学活动，利用信息化手段帮助幼儿实现自主学习等现实问题。幼儿根据教师提供的素材进行自主学习，在自主学习过程中需自己理解含有教学内容的游戏视频，并且遇到问题自己解决，通过反复的尝试，最终完成任务。这就要求幼儿主动自主学习，这不仅提高了幼儿的自主学习能力，也为培养终身学习能力打下了坚实的基础。

二、思玩微课中"一课三版"操作模式的实践需求

（一）基于解决思玩微课中信息技术运用问题的需求

1. 家长在亲子活动中的参与欠主动性

微课技术结合乐玩游戏非常吸引幼儿，但现在工作节奏很快，家长回到家都已经很疲惫，往往在闲暇之余选择将幼儿送到早教机构或是自主学习，甚至有的就将幼儿交给老人陪伴，缺乏亲子陪伴，更何谈互动。所以，如何利用信息化技术将微课制作得更有趣、更专业，且推广给家长，提高家长的主动参与性，是我们需要研究的。

2. 教师专业与信息技术运用欠专业性

幼儿园中有许多优质教学活动，但是多数是一个教学视频、一份教案或是一个PPT，对于学习的教师需要一份解读清晰且准确的优质教学案例。将优质课内化后通过微课短视频，将一节集体教学活动解析完成。一节优质课的视频能否专业、准确地解读，也是需要教师的教学专业能力与信息技术能力互相辅助，这对于"教师指导版"教学视频专业性解读与制作是至关重要的，否则就会事倍功半。

3. 幼儿教学微课在互联网上显多样性

当今视频软件盛行，吸引幼儿的微课视频越来越多，如何做到吸引幼儿是我们需要关注的。微课需要通过使用信息化手段呈现，幼儿教师在日常工作中积累了一些信息技术应用能力，例如剪映、爱剪辑、VLOG等视频编辑软件，对于幼儿而言，在自主学习的过程中只能观看视频而不能实操，这便失去了幼儿实操版的意义。如何让幼儿进行实际操作，利用什么软件制作都是需要探讨的。

（二）基于解决传统教学中教学现状问题的需求

1. 亲子教学缺乏游戏趣味性

例如，"铺草坪"集体教学活动以科学领域"数"方面为主，"数"核心经验围绕测量与估算以及图形与空间，将一节集体教学中的目标延伸到家庭亲子教育中。在实施过程中大多数家长会以教学的方式进行授课，而缺少手段，

所以亲子教学相对会缺乏趣味性，渐渐地，家长与幼儿的互动率就会减少。

2. 优质教学难以有效内化

现在幼儿园现状多数是优质课有保存整节课的视频，教案也能做相应参考，但都需要观看视频的教师自己内化教学活动，如遇到重难点的演绎、成熟教师是如何教学的，都需要花费时间不断观看与分析，大大浪费了教师的时间。

例如，"铺草坪"这节集体教学活动是一节区级公开课，主要是能运用生活中的物体作为工具进行简单测量，并尝试用比较简洁的方法测量物体的面积，有参照物的条件下对草坪进行草皮数量估算。活动中另一核心经验是图形与空间，在一个大几何图形中有几个小几何图形。整个活动设计也是基于儿童立场出发，通过铺草坪的游戏方式贯穿始终，创设铺草坪的情境使幼儿在游戏中体验合作的乐趣。一节数学课是需要很严谨的设计的，在设计课以及演绎过程中有许多教师的巧思，作为一名青年教师通过一节演绎课的视频有效内化是比较困难的。

3. 个别化学习忽略幼儿体验

幼儿在个别化学习时经常是自主操作，无论幼儿在操作时是正确还是需要调整，及时鼓励和表扬都是老师容易忽视的，这样就很难使幼儿的情感体验得到满足。针对"铺草坪"教学活动，幼儿对于为城市铺草坪缺乏相关经验，对铺草坪的方法不是很熟悉，这也决定了测量的准确性。另外，能运用同样大小草皮测量比较草坪面积的大小，初步感知面积与图形的关系，这也不能仅靠一节集体教学活动就能使全部幼儿领会的。所以，在教学活动前可将相关知识点进行前期经验积累，后期进行活动延伸，从原本铺14块草皮到之后铺16块草皮，从而鼓励幼儿自主探索，自主发现，自主尝试，通过微课教学让幼儿直接体验自主学习的乐趣。

三、"一课三版"操作模式下思玩微课的设计与制作

思玩微课的设计与制作离不开前期的方案制订、拍摄前的脚本设计、拍摄后的视频制作以及完成后的内容汇总，但是"一课三版"操作模式

针对对象的不同性和特殊性，在具体设计与制作过程中有些差异，具体如下：

（一）根据优秀案例制订制作方案

根据优秀教案或是教学视频制订微课方案，方案中需要包含的内容包括微课名称、版本、材料、设备配置、基本方法、制作流程以及建议汇总（见表1）。

版本指"家庭互动""教师指导""幼儿实操"。设备配置指在制作过程中需要的应用软件与设备。基本方法指制作微课时需要用到的技术手段。制作流程指制作过程中需要完成的任务，以流程的形式呈现，例如制作课件、设置电脑、教学录像、编辑美化等。汇总建议指在微课初稿制作完成后，在实施过程后将制作过程中发现的问题进行记录与反思。

"一课三版"操作模式在方案制订时要考虑针对不同的对象制作流程有明显差异。"家庭互动版"主要需要拍摄幼儿与教师或是教师示范的操作视频再进行编辑；"教师指导版"则是需要通过演示文稿和教师上课视频相结合的方式，一边配合讲解进行录制；"幼儿实操版"则是利用动态演示文稿制作软件或是编程软件进行方便幼儿操作的内容。

表1　上钢新村幼儿园思玩微课方案

微课名称		版本	
材料			
设备配置			
基本方法			
制作流程			
建议汇总			

（二）根据目标设计微课拍摄脚本

脚本指微课的发展大纲，用以确定教学的过程，其中主要包括微课名称、年龄段和微课过程。"一课三版"操作模式下的脚本设计有明显的区别，主要针对其微课过程。

1. "家庭互动版"思玩微课脚本显简洁性

"家庭互动版"考虑到是家长和幼儿一起观看的视频，所以微课过程需要包含每一环节的内容，例如材料准备、现场讲解、观察指导要点与教育建议。画面内容的设想则需要更加简洁，方便幼儿与家长理解游戏玩法与规则，并通过解说的方式让家长不仅能看，还能更清晰地理解，最后需要考虑每个环节的时间要尽量简短（见表2）。

表2　上钢新村幼儿园思玩微课脚本（家庭互动版）

作者：

微课名称			
年龄段			
微课过程			
环　节	画面内容	解　说	时　间
一、材料准备			
二、现场讲解			
三、观察指导要点			
四、教育建议			

2. "教师指导版"思玩微课脚本设计显专业性

"教师指导版"是给教师间专业交流用的，所以其微课过程主要通过集体教学活动中环节的实施，例如目标解读、重难点解读以及环节递进解读。专业性的集体教学活动微课是结合PPT内容、教学视频片段，并且为了让老师更好地理解，PPT内容与教学视频片段以穿插播放的形式进行演示，并且配有相应的解说词，说明每一步骤老师的实施想法、方法、途径以及使用策略。因最终呈现的是微课，主要通过播放演示文稿进行演绎，所以添加备注栏提醒拍摄老师页面切换（见表3）。

表3　上钢新村幼儿园思玩微课脚本（教师指导版）

作者：

微课名称			
年龄段			
微课过程			
环节	PPT内容	解说	备注
一、目标解读			
二、重难点解读			
三、环节递进解读			

3.“幼儿实操版”思玩微课脚本设计显趣味性

“幼儿实操版”使用对象为幼儿，所以其微课过程主要描述幼儿操作过程中的环节实施步骤，例如情境引入、幼儿实操以及对应验证。通过画面内容与解说词让幼儿理解游戏玩法与规则，图片与视频方式居多，文字偏少，这样更便于幼儿理解（见表4）。

表4　上钢新村幼儿园思玩微课脚本（幼儿实操版）

作者：

微课名称			
年龄段			
微课过程			
环　节	画面内容	解　说	备　注
一、情境引入			
二、幼儿实操			
三、对应验证			

（三）运用信息技术制作微课视频

信息技术在微课视频呈现中起着决定作用，现在运用较多的软件为视频编辑软件（爱剪辑、剪映、VLOG等）、演示文稿PPT、照片修图软件（美图秀秀、天天P图）、编程软件（猿编程）、录音等。一个吸引人的微课往往基于使用多种软件、多手段编辑、技术运用等使得最终呈现效果动态。对于"一课三版"操作模式中的信息技术的使用也有所异同，相同之处在于最终都是通过将分散图文或视频用演示文稿合成并配录音，最终制作成微课视频；而不同之处则是在微课视频生成前期的手段不同（见表5）。

表5 "一课三版"操作模式的信息技术运用的异同点

软件 版本	图文编辑	视频编辑	编程软件	演示文稿	录音
家庭互动版	√	√		√	√
教师指导版	√	√		√	√
幼儿实操版			√	√	√

1."家庭互动版"思玩微课制作考虑其参与性

"家庭互动版"中考虑到家庭版微课观众是幼儿与家长，所以多是以演示文稿、图片与视频相结合的形式。其中考虑到幼儿年龄特点，所以以图片与视频居多，尽量以动态视频吸引幼儿注意，便于幼儿理解，鼓励家长和孩子一起观看。

2."教师指导版"思玩微课制作考虑其专业性

"教师指导版"是为老师日常集体活动学习所用，所以使用演示文稿与集体教学视频片段穿插结合的方式呈现。演示文稿主要呈现教案内容，包括教学目标、重难点解读、环节递进、环节解析以及教学活动过程。每个演示文稿都配有同步专业解说，运用这样的方式能让学习的老师更清晰，也更显专业性。

3."幼儿实操版"思玩微课制作考虑其体验感

"幼儿实操版"是能让幼儿独立操作的版本，在制作微课过程中考虑到幼儿体验性，所以此微课是可以操作的。在使用信息技术软件中，我们主要运用到的是演示文稿和编程软件，尽量做成交互模式，让幼儿可以直接用点或拖拉的方式进行游戏，并且在幼儿答对时会用相应的提示音表扬幼儿，在答错需要调整时会有提示音鼓励幼儿再接再厉，让活动的趣味性更强，从而提升幼儿的参与性。

（四）根据微课作品进行内容汇总

将制作好的微课视频进行汇总，对于每一个演示文稿与视频页面进行截屏保存，做相应的内容简要；"一课三版"操作模式下都需要对制作的微课进行内容汇总，梳理的同时也方便查阅。

四、思玩微课中"一课三版"操作模式的构建

"一课三版"操作模式的主要流程为设计并制作思玩微课、上传网络、实施、效果反馈与评价。根据"一课三版"针对不同对象的特点，在实施其操作模式时需考虑不同途径与形式，具体操作模式实践的基本流程如下（见图1）：

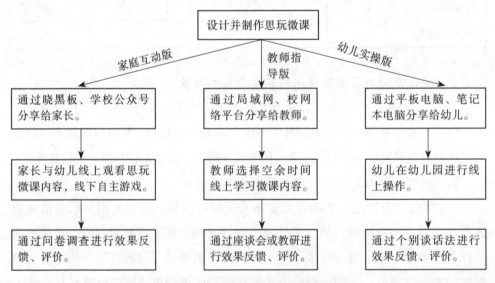

图1 "一课三版"操作模式流程图

（一）思玩微课线上分享途径

"家庭互动版"思玩微课通过晓黑板、学校公众号分享给家长。晓黑板是每个班级与家长沟通、联系的方式，所以以班级为单位用晓黑板分享。另外，学校公众号是面向幼儿园全体家长，所以以全园为单位通过学校公众号进行分享。

"教师指导版"思玩微课通过局域网、校网络平台分享给教师。局域网属于校内网络，优点是速度快、便捷、文件大小不受约束；缺点是传播范围较小，只能分享给本园本部教师。校网络平台是网上的公共平台，其特点是传播范围较大，除了本园老师以外，其他幼儿园的教师也能通过一定途径看到，能做到知识共享。

"幼儿实操版"思玩微课通过平板电脑、笔记本电脑分享给幼儿。平板电脑与笔记本电脑相比较，平板电脑更适合于幼儿操作。首先，从体积上而言平板电脑相对较小，便于幼儿取放；其次，从使用上而言平板电脑是触摸屏，幼儿可以通过手指触摸屏幕进行点击与拖动，这样幼儿的体验感会更好一些，相反笔记本电脑多以鼠标操作，幼儿操作上相对困难些，从而影响体验感。

（二）思玩微课线上线下实施

"一课三版"操作模式的微课在实施中主要分线上与线下进行（见表6）。

"家庭互动版"思玩微课的实施，表现为家长与幼儿线上观看思玩微课内容，线下自主游戏。考虑到亲子活动的特殊性，对于所提供的线上思玩微课观看时间相对自由，在不影响工作的情况下，家长可以选择空余时间与幼儿一起观看。线下实施时可以在理解玩法与规则之后进行多次、重复或是增加难度的玩。

"教师指导版"思玩微课的实施主要是老师在空余时间线上学习。

"幼儿实操版"思玩微课的实施在幼儿园自由活动或是个别化活动时进行，幼儿需要在线上进行学习与操作。

表6　"一课三版"操作模式的思玩微课线上线下实施情况

实施 版本	观看	操作
家庭互动版	线上	线下
教师指导版	线上	
幼儿实操版	线上	

（三）思玩微课效果反馈评价

"家庭互动版"思玩微课因面对家长，所以可以通过问卷调查进行效果反馈与评价，这样便于家长填写，更高效。

"教师指导版"思玩微课面向教师，可以通过座谈会或教研进行效果反馈与评价，这样可以在互相交流中获得更多，在互相谈论的过程中可以补充与调整，这样更便于教师的理解与学习。

"幼儿实操版"思玩微课因幼儿的年龄特点，所以可以通过观察法进行效果反馈与评价，观察幼儿操作过程中的表情，重复操作次数，成功后是否有满足感，失败了是否愿意再尝试等问题。

五、"一课三版"操作模式下思玩微课的实施效果调查与分析

为检验思玩微课中"一课三版"操作模式针对不同对象的适用性与操作性，以及探究思玩微课中"一课三版"操作模式在传统教学实践中的有效性，以"铺草坪"教学内容为例，开展思玩微课中"一课三版"实证研究，选取大三班A组12名幼儿及家长参与"家庭互动版"思玩微课；B组12名幼儿参与"幼儿实操版"思玩微课，从而开展教学实践；与12名教师参与"教师指导版"微课学习并开展研课实践，在实践中收集数据进行分析，并运用问卷调查、座谈会、观察法了解学习者对新模式的认可度，与传统模式相比"一课三版"的模式能否提高参与兴趣、学习效率与乐玩体验。

（一）家长对"家庭互动版"思玩微课调查统计与分析

1. 家长问卷调查统计

对A组12名家长进行问卷调查，具体的调查统计如下（见表7）：

表7 "家庭互动版"思玩微课问卷调查统计

调 查 问 题	是（%）	否（%）
家长与幼儿是否全程参与微课视频的观看？	100	0
对于微课中所讲解的玩法与规则是否清晰？	92	8

调查问题	是（%）	否（%）
对于微课中所包含的教育指导要点是否明确？	67	33
针对拓展的教育建议对家长是否实用？	83	17
家长与幼儿是否在微课结束后继续挑战？	100	0
对于本次微课分享是否满意？	100	0
如有下次微客分享是否还会参与？	100	0

2．调查分析

（1）家长对"家庭互动版"思玩微课认可度较高

首先，家长普遍对"家庭互动版"微课很满意，幼儿与家长的参与度很高，并且在微课结束后还会继续挑战。其次，有92%的家长认为微课中所讲解的玩法与规则很清晰，83%的家长认为微课后拓展的教育建议对家长是实用的。家长希望快乐教学可是不知方法，好思乐玩的教育理念让家长与幼儿很快就能参与进来。根据教育目标，利用生活中的材料，使用趣玩游戏的方法且一物多玩，在游戏中获得知识，锻炼幼儿能力。在教学后还会告知家长一些教育指导要点以及教育建议，让家长更加明确适龄儿童所需以及在思玩微课后还能怎么玩。这些都使得家长与幼儿愿意参与进来，以最简单的日常游戏体验学习快乐。

（2）教育指导要点与教育建议语言生活化

有33%的家长认为微课中所包含的教育指导要点不够明确。例如在"铺草坪"这个思玩微课中，指导要点为观察幼儿是否能运用生活中的物体作为工具进行简单测量，并尝试用比较简洁的方法测量物体的面积。观察幼儿是否在有参照物的条件下，对草坪进行草皮数量估算。教育建议为运用家里现有的材料如纸盒、乐高、手工纸等进行铺草坪的游戏，体验和父母一起比赛铺草坪的快乐。通过切割图形或运用加法或减法来计算，从而丰富幼儿数草坪的方法。

教育指导要点描述与教育建议描述相比较，前者更显书面语，专业用词较多，家长不一定能第一时间理解，所以可以将语言尽可能描述得生活化。

（二）教师对"教师指导版"思玩微课调查统计与分析

1. 座谈会调查统计

对12名教师进行座谈，其中10名青年教师，2名成熟教师。围绕话题"'教师指导版'思玩微课对你有帮助吗？"进行讨论。

大多数青年教师认为有很大帮助，微课方式呈现更能清晰地体现优质集体教学活动目标的达成与重难点解析，并通过片段式的现场演绎方式加上背景音专业解读，让原本只能通过教学视频自己摸索的青年教师更快速地理解，再进行教学模仿演绎以及经验迁移就更易实现。但是，微课制作以青年教师为主，在脚本设计时往往难以精准分析，这便使得事倍功半了。

成熟教师认为"教师指导版"微课想法很好，但解说缺乏专业性，在语句上还需要斟酌，在视频剪辑时没有很精准地选取最合适的片段，使得视频很长，没有体现出"微课"中的"微"一词。

2. 调查分析

青年教师具备信息技术运用能力，但缺乏解析教学专业性。相反，成熟教师具备解析教学专业能力，但缺乏信息技术运用能力。这也是现在各个幼儿园普遍的一个情况，青年教师可以与成熟教师配对结合，在成熟教师的专业指导下，再加上青年教师的信息技术运用能力，从而达到事半功倍的效果。

（三）幼儿对"幼儿实操版"思玩微课调查统计与分析

1. 观察法调查统计

对B组12名幼儿进行观察，主要观察幼儿操作过程中的表情，重复操作次数，成功了是否有满足感，失败了是否愿意再尝试。具体的调查统计如下（见表8）：

表8 "幼儿实操版"思玩微课观察统计

观察要点	是（%）	否（%）
幼儿是否理解玩法与规则	92	8
幼儿操作过程中是否愉悦	100	0
幼儿出现多次重复操作	67	33
成功了是否有满足感	100	0
失败了是否愿意再尝试	100	0

2. 调查分析

（1）幼儿在"幼儿实操版"思玩微课下主动自主学习

根据观察取得调查数据，92%的幼儿能够自己观看微课，理解游戏玩法与规则解释，并且所有孩子在操作过程中都很高兴。这是因为借以好思乐玩的理念，鼓励幼儿在玩中学习，通过使用电子设备可以让操作动起来，并且配有声音，比原本放在桌面上的个别化活动内容更生动有趣，极大地吸引了幼儿的注意，提高了幼儿的参与性与主动性，在玩的过程中自主学习。

（2）幼儿对"幼儿实操版"思玩微课具有良好的体验感

幼儿在成功时表现出满足感，失败时愿意再次尝试。一是因为微课形式的趣味性吸引幼儿；二是因为软件中的提示音能及时地反馈幼儿学习情况；三是幼儿在没有老师观察的情况下更容易放松，即使没有成功也不会过度紧张，可以再仔细想想玩法。所以相对而言，"幼儿实操版"与传统个别化活动相比其体验感更好。

（3）幼儿在实操过程中出现反复操作

观察后得知67%的幼儿出现多次重复操作的情况，其中包括两类：一类是喜欢玩、会玩、重复游戏；另一类是答错了重新点击。共8名幼儿，前者占6名，后者占2名。说明大多数幼儿会操作并且喜欢玩，而少数幼儿在没成功的情况下也愿意再次尝试。游戏具有挑战性的同时，幼儿愿意多次尝试，幼儿的学习态度转变使得更愿意多次参与游戏中。

六、实践效果与启示

本次对思玩微课中"一课三版"操作模式应用于不同对象（幼儿、家长、教师）的适应性和有效性进行分析，实践证明在思玩微课中"一课三版"教学模式能够更有针对性地发挥其学习优势，不仅增加了家庭中的亲子互动，又促进了教师间的专业交流，还提高了幼儿的自主学习能力。

对于不同版本实践过程的设计与制作也做了相应的分析与研究，从制订方案、设计脚本、制作微课、内容汇总都体现出制作微课的不易。其中"一课三版"的操作模式需要根据受众群体不同有许多不同之处，巧设计、巧制作对于信息技术运用与专业能力也是一大考验。

　　本次实践是一次成功的实践，通过构建基于思玩微课的"一课三版"操作模式，对其实践效果进行反馈研究，了解到思玩微课的认可度较高，验证了"一课三版"操作模式的有效性。但"一课三版"操作模式的"教师指导版"需要更强的专业性，这是需要更进一步完善的内容，也是下阶段研究的方向。

"疫"路守护，云上相聚
——谈疫情下的教师班级管理

上海市浦东新区听潮艺术幼儿园　郑丽芳

幼儿园班级管理，是指幼儿园班级中的保教人员通过计划、组织、实施、调整等环节，充分利用人、财、物、时间、空间、信息等资源，采用适当的方法以达到高效率实现教育和保育目的，使幼儿获得全面健康发展的管理活动。一旦离开了有目的、有计划的管理，班级的日常运行将是随意、无序、低效的，甚至是不利于孩子成长的。因此，班级管理在幼儿园工作中占据着举足轻重的作用。

2022年3月以来，疫情反扑，来势汹汹，孩子们停课在家，老师们也开始居家办公。居家办公后，我们教师的班级管理场地有所转移，从幼儿园的班级集体转向分散的各个家庭，形式也从线下转为线上……这些让我们教师平时得心应手的班级管理面临了新的挑战。

然而，作为一名一线幼儿园教师，无论教学阵地在哪里，都应该坚持教书育人的专业标准不变，开展有效的班级管理。

于是，我们思考：

- 如何运用线上平台进行班级管理？
- 如何让各自居家的幼儿和家长通过班级管理重新凝结，安抚幼儿和家长焦虑的心？
- 如何在这段"特殊时期"营造宽松和谐的班级氛围，让幼儿积极主动参与各项活动，让家长积极地支持配合我们的工作，有序地开展各项班级工作？

……

基于以上问题，梳理出近阶段我们在班级管理中的一些小妙招，从解决线上班级管理工作的难点出发，让班级管理真正发挥重要作用。

一、线上班级管理工作存在的问题

我们通过访谈、问卷等不同方式，了解幼儿园教师在线上班级管理工作方面存在的主要问题，大多聚焦在以下四点：

（一）班级计划落实受阻碍

毛泽东同志曾引用《礼记·中庸》中的话说："凡事预则立，不预则废。"古人也曾云："人无远虑，必有近忧。"这两句格言中的"预"和"远虑"，高度概括了计划的重要作用。如果没有计划，一切行动只能任其随意发展。凡事都应该是计划在先、准备在前、行动在实。只有按计划行事，才能使班级工作有条不紊。学期初各班老师会根据本班幼儿情况、年龄特点等，制订一份详细的班级计划。有情况分析、幼儿发展目标、家长工作、特殊儿童教育及每月工作安排。我们将计划运用到一学期的班级管理工作中，并依托一日活动中的开展，逐步推进班级工作，促进幼儿的发展。

但是，疫情后孩子开始居家，制订的班级计划在落实上受到了阻碍。一方面计划制订更多的是适合线下活动，不太适合停课居家生活的现状；另一方面没办法通过我们预先计划的各项活动来开展班级工作。这就使得疫情下的居家班级管理工作变得无计划可依靠、无目标可参考，造成班级管理工作中盲目、随意的情况发生。

（二）班级氛围营造有困难

班级是幼儿园实施保教任务的基本单位，它是由幼儿、老师、保育员及家长组成的共同体。一个温馨和谐的班级，幼儿大方得体，家长配合积极，保教人员负责认真，一定是大家所向往的。幼儿园班级管理对象是3～6岁的幼儿，他们活泼好动，情绪不稳定，易受环境的影响。进入幼儿园的集体生活，如果形成良好的生活习惯和有序的活动常规，班级管理可谓水到渠成。在幼儿园，老师可以通过各种方法营造温馨、和谐、积极向上的环境，情感上给予孩子慰藉。但是疫情居家后，孩子从原来的班级集体，回归各个家庭，隔绝在自己独立的家中。老师和孩子之间、孩子和孩子之间都不能直接面对面地沟通，这就使得教师在营造温馨和谐的班级氛围、激发幼儿集体意识、满足幼儿归属感、使幼儿获得最佳发展方面遇到了困难。这对老师来说是个很大的挑战。

（三）班级互动沟通受局限

在幼儿园，互动沟通是幼儿交往的基础，是增进幼儿与同伴、幼儿与老师情感的重要途径，有效的家园互动沟通也是与家长建立良好关系的重要途径。然而线上班级工作，老师不能直面幼儿、家长进行，和幼儿、家长的沟通需要借助各种媒介（如电话、微信、各种App平台）。老师对孩子的观察受时间、空间的限制，无法第一时间了解孩子的状况、需求。班级管理工作的内容，也经常需要借助家长去落实，需要依靠家长的帮助，从而达成我们想要的目标。互动沟通的方式、内容等都受到局限，让班级管理工作开展受到了限制。

（四）个性问题指导有难度

《幼儿园教育指导纲要（试行）》总则第五条明确指出："幼儿园教师应更加尊重幼儿的人格和权利，尊重幼儿身心发展和学习特点……关注个别差异，促进每个幼儿有个性的发展。"以往幼儿在园，当孩子出现个性问题时，教师可以随时跟进指导。但是现在孩子因疫情居家，分散在各个家庭的幼儿，由于家庭情况的不同，会存在这样或那样的个性问题，可能会比线下的问题更多。比如，有的孩子父母双方都是一线抗疫工作者，平常都由爷爷奶奶带着，宠溺现象更为严重；居家后孩子生活作息混乱，日夜颠倒；还有的孩子由于长时间居家，心理会产生逆反。线上班级管理，想要对不同幼儿开展有针对性的指导，难度有点大。

二、线上班级管理工作小妙招

（一）妙招一：制订居家"云"管理计划

班级管理，计划先行。考虑到原先制订的班级计划已不适合当前居家幼儿需求，我们需要重新制订一份适宜的《居家"云"管理计划》，以保证线上班级管理工作的有序开展。在制订计划时我们可以这么做——

1. 摸底分析，了解居家情况

我们可以通过电话、微信、问卷等媒介了解停课居家情况，包括了解幼儿的情况和家长的情况。

面对幼儿：我们需要知道他们居家心理上的问题和生活上的问题，比如，居家期间是否有人照看？是否得到较好的陪伴？长时间待在家里想干什么？……

面对家长：我们需要了解他们居家的问题和需求，比如，居家期间亲子关系如何？家长有无焦虑和担心？需要老师提供什么指导帮助？……为制订"云"管理计划做好一手资料的收集准备。

2. 明确目标，制订管理计划

疫情下的班级管理同样需要目标，有了班级管理目标，才能更好地发挥教育功效。我们结合当前幼儿所处年龄段特点，班级工作当前实际，居家生活的幼儿、家长需求，以及前期收集的第一手资料，制定符合当前疫情下的班级管理目标。根据目标确定活动主题，围绕主题制定每周安排。从目标—主题—内容，三方面入手，制订适合的"云"管理工作计划。要求做到"一班一方案"。计划制订要考虑到疫情的特殊性，工作内容需更加具体。

这是我们制订的疫情第一、第二周的计划：

中三班第一周班级管理计划	
班级情况	本班34名幼儿居家，其中两位幼儿的父母在抗疫一线，由乡下爷爷奶奶照顾，其他均为父母自己照顾。突发疫情，父母和孩子都显得有些无措和焦虑，对居家生活如何合理安排还没有方向。
本周目标	1. 了解幼儿居家情况，做好各项数据上报，鼓励幼儿、家长安心居家。 2. 做好线上防疫相关知识宣传，引导家长鼓励幼儿积极配合防疫工作。 3. 推送第一周亲子居家活动课程，逐步培养幼儿良好的居家生活习惯。
本周主题	"安心宅家我能行"
具体内容	1. 家园电话连线：了解孩子居家生活情况，汇总信息上报。 2. 公众号推送："疫"而不慌，"疫"起成长之"新冠防疫知识我知道"。 3. 公众号推送：《携手抗疫情 宅家快乐多》亲子居家生活课程（第一期）：亲子阅读快乐多。

中三班第二周班级管理计划	
班级情况	又有两名幼儿家长参与一线抗疫，家长反映由于疫情封控要求"居家足不出户"，孩子们开始心理上有点不适应，开始说想念老师，想念小朋友，想去幼儿园上学。
本周目标	1. 了解家长在居家隔离期育儿方面的需求与困难，家园携手做好孩子的居家活动计划。 2. 组织开展"你好，朋友"云上见面会，满足幼儿的情感需求。 3. 推送第二周亲子居家生活课程，丰富幼儿足不出户的活动需求。
本周主题	"丰富的宅家生活"
具体内容	1. 家长问卷：了解居家情况、家长需求。 2. 公众号推送：《携手抗疫情 宅家快乐多》亲子居家生活课程（第二期）：亲子运动乐翻天。 3. 家园线上见面会：主题——"你好，我的朋友"（互相问候，聊聊一日居家生活"趣"安排）为亲子共同制定"宅家一日生活作息表"做准备。

可以看到两份计划目标明确，针对性强，内容具体可操作。两周的计划能根据实际情况有推进和调整，对教师开展线上班级管理工作，有很好的指导作用，避免了教师盲目工作，无从下手。

3. 动态调整，优化管理计划

线上班级计划的制订要根据实际情况进行动态调整，因为疫情本身就是一个动态的过程，不知道它的发展变化，也不知道它什么时候结束，所以在制订计划时，时间上不宜订得过长，建议最长期限不超过两周。然后能根据当前情况，对计划进行动态的调整，让计划更具操作性和针对性。如有一周班级管理计划在"宅家生活课程"制定的时候，结合春天的节日和即将到来的劳动节，我们制定了一期"春日宅家齐动手，亲子种植乐无边"的活动。活动还没开始，疫情防控开始升级，要求全体居民"足不出户"。我们的家长开始为每天的吃菜发愁，更谈不上拿这些有限的"资源"——土豆、洋葱、大蒜，来开展种植活动。面对当前形势，我们马上将活动内容进行了调整，改成了"潮娃在线，劳动小能手"活动。

还有，2022年的疫情尤其特殊，孩子、家长封控期间足不出户的时间长，孩子活动的范围受到了很大的限制，因此，无论是家长还是孩子都会产生焦虑的心理和不稳定的情绪。通过实践我们认为，在实施班级计划的时候更要体现温度和暖度，发挥教师的作用，给予孩子和家长更多的人文关怀。如在制订线上班级管理计划时，考虑到大部分家长虽然居家，但在工作日他们需要居家办公，因此我们将"线上见面会"安排在每周的周六召开。如有一次见面会原定的时间是5月8日周六，而5月9日周日正好是母亲节。为了通过活动更好地引导孩子感受妈妈的不容易，并能送上自己的节日祝福，我们对"见面会"内容和时间进行了调整，将见面会挪到了9日母亲节当天，并把内容更换成了"妈妈，我爱你"，让计划更暖心、更有温度。

（二）妙招二：营造居家"云"班级氛围

1. 云上见面会，连接幼儿之间的情感

疫情从3月开始，孩子居家已经两月有余，无法自由地外出活动，不能随性地和小伙伴游玩嬉戏。在最初居家时，孩子们会想念同伴、想念老师，但是长时间居家，和同伴、老师不能见面，会造成班级幼儿情感之间的疏离。针对幼儿长期居家、情感疏离的问题，我们老师可以通过"云上见面会"创造机会让班级幼儿和同伴、老师之间"见面"，连接班级成员之间的情感，满足他们的情感需求。

如每周一次"相约星期六"的云上见面会，就是孩子们最好的沟通交流途径。老师可以利用腾讯会议平台，组织全体孩子的见面会。孩子们通过屏幕可以看到想念的伙伴、老师，能跟对方进行互动交流，缓解孩子们的思念。我们老师还可以根据孩子的需求，组织一些小组的不定期的云上见面会，让孩子感受到老师、小伙伴就在身边。简单的云端相遇，成为孩子们美好的回忆；稚嫩的问候，让彼此相互牵挂；甜甜的微笑，让心灵贴得更近。

2. 云上活动会，凸显幼儿班级归属感

一个班级除了有良好的班级氛围以外，还必须具有一股向心力，能够让班级成员团结一心，拥有"家"的感觉，这就是班级的凝聚力。打造凝聚力的关键就是让孩子有班级归属感。在线下的班级工作中，我们会利用各种活动，增加班级幼儿的凝聚力，让孩子获得归属感。比如，每月一次给当月所有孩子举办一场"生日会"，让孩子体验班级集体大家庭式的温暖；开展"班级值日生"活动，通过为班级服务，感受到自己是班级中的一员；参加幼儿园举办的"啦啦操"活动，通过活动激发幼儿的集体荣誉感……虽说是线上的班级管理，但是对班级凝聚力、向心力的培养可不容懈怠。我们可以将线下的活动搬到线上，利用云上活动会，增加孩子的班级归属感。

以往孩子生日这天是最开心、最值得期待的一天。在幼儿园大家可以相聚在一起，给同一个月过生日的孩子唱生日快乐歌，送上彼此之间的祝福。然而，现在疫情居家，暂时不能相聚，不能相拥，也不能当面送上生日祝福。但是我们老师没有忘记孩子的生日，我们召开了云上生日会，利用见面会的时间，组织全体幼儿给过生日的孩子送上生日歌。我们还联系家长，请家长帮助孩子拍摄生日祝福视频，发送到班级微信群，送上自己的祝福。有的孩子还给过生日的孩子制作了礼物，拍好照片事先通过"云"，送上了自己的"礼物"。当月生日的孩子，收到群里满屏的"祝福"和"礼物"惊喜满满。甚至有的家长看到了群里对自己孩子满满的生日祝福，还禁不住发了一个朋友圈，感谢老师的用心。

（三）妙招三：探寻居家"云"沟通方式

1. 甄别选取沟通平台

线上的各种信息平台都是很好的沟通途径，它们功能强大，但是侧重不同。在开展班级工作中，我们老师要对这些"平台"进行甄选和有针对性地使用，保证班级管理工作的有效。

如钉钉平台有强大的数据整理功能，我们可以借助钉钉平台收集各种疫情期间需要上报的数据。腾讯会议互动功能强大，会议模式、功能也非常多，可以利用腾讯会议召开线上见面会，满足互动体验。微信群是家长用得最多的平台，我们可以利用微信群开展"云分享"活动。每周组织一次不同主题的"云分享"活动，孩子们以视频、照片的方式展现自己的宅家生活花絮，分享亲子游戏攻略。

2. 按需分类有效沟通

疫情期间孩子居家，我们和孩子、家长的沟通时间是有限的。和孩子、家长的沟通，我们不能采用一刀切的模式，而要按需分类地进行沟通。首先我们要了解家庭情况、家长的沟通需求。根据家庭情况，使用适合的沟通工具，采用适时适切的频次进行沟通交流。

如每周我们要电话联系家长，了解孩子居家情况。但是有的孩子父母亲都在一线，他们非常忙碌，不能时刻接老师的电话，反馈孩子的信息。在第一周电话了解情况后，针对这一类家长，我们就将后面一周的电话时间改成了预约电话，先给家长发一条微信，请家长有空的时候再联系我们。再如，班内有一位孩子得新冠了，按照保健室的要求，老师每天都要打电话询问孩子的各种情况。但是每天定时的电话，从家长的语气中我们发现他们并不是很接受老师的这种"关心"（因为确诊、密接、次密接的人员都需要频繁接听来自居委、流调、疾控等各层面的电话，再加上老师每天不间断的电话询问，只会打扰到他们，影响他们的康复）。于是我们就将每天的电话，改成了家长有事上报，老师一段时间电话沟通一次的频率。

3. 巧用卡通助推沟通成效

疫情期间，为了减轻孩子的焦虑和对很多问题不理解而造成的心理困扰，教师会定期向家长和孩子推送温馨提示，如请孩子积极配合大白做核酸，居家期间要听爸爸妈妈的话，为什么我的爸爸妈妈不在家……

以往我们的老师可能会把各种通知、温馨提示以文字的方式直接发给家长或请家长转达给孩子，最多也是老师电话或微信中与孩子沟通。往往这种提示孩子听过就忘了，沟通成效不明显。鉴于此种情况，根据幼儿的年龄特点，我们可以利用剪映软件，将温馨提示做成了一个个卡通短视频推送给孩子。里面的卡通人物可以用上孩子喜欢的、崇拜的卡通形象。当孩子看到这样的卡通视频，就像看动画片一样津津有味。而且，他们会认为这是我的偶像说的话，我一定要听，也一定要做到。这样的沟通巧妙也有效。

（四）妙招四：给予居家"云"个性指导

1. 针对家庭之间的差异，给予"云"支持

疫情期间每个家庭的实际情况不一样，他们的需求也不一样。比如有的家长居家办公，可以边工作，边陪伴孩子；有的家长却在一线抗疫，孩子缺少父母的陪伴和指导。针对家庭之间的差异，我们要根据他们的不同需要，采取个性化的指导，满足他们的需求。

疫情期间为了满足情感上"爱"的体验，培养幼儿良好的阅读习惯，结合"世界读书日"我们开展了"'云'阅读，爱相伴"亲子阅读活动。老师在

线上给家长推荐了一些关于"爱"的绘本，如《大熊抱抱》《咕叽咕叽》《猜猜我有多爱你》等，让家长带着孩子去阅读。我们还在绘本推荐的后面列出了亲子互动贴士，比如读了《大熊抱抱》后，请家长和孩子一起讨论在知道男人砍树后大熊会怎么做？让孩子试着像大熊一样去拥抱一下自己身边的亲人或物，让家长带着孩子去做做。这对于居家办公的幼儿父母，这样的推送没有什么问题，但是针对一些父母在一线由爷爷奶奶带的孩子就有困难了，陪伴他们的家长不能将文字变成有趣的故事讲给孩子听，无法引导孩子参与到阅读中来。于是我们对推送方法进行了调整，一方面将推荐的绘本故事录成一个个视频和音频故事，在每个故事结尾还插入了听完故事后的小提问、小提示，可以直接放给孩子听，让孩子跟着做。另一方面，对一些有特殊困难的家庭（比如老人不会操作电子设备），老师就通过"电话"给孩子讲故事，满足了"特殊家庭"孩子的需要。

2. 根据家长需求的差异，提供"云"指导

对长时间居家的孩子，家长是焦虑的。比如，针对小班孩子来说，家长会担心孩子们疫情结束后会不会不适应幼儿园生活了？针对中班孩子来说，长时间居家，入园后他们的各种习惯能达到要求吗？特别是对9月即将进入小学的大班孩子来说更为担心。缺失了这么长时间的幼儿园生活，孩子没有进行过幼小衔接，9月能适应小学生活吗？种种的问题都需要我们在这个阶段去思考，想办法解决。作为老师一定要考虑到家长、孩子的需求，有针对性地开展一些指导。

如针对大班孩子幼小衔接的担心，我们老师可以给家长推送一些幼小衔接方面的文章，还可以邀请小学里的老师进行线上的家长讲座，指导家长如何做入学前准备。我们还可以组织一场"云上游小学"的见面会。通过屏幕，用视频介绍的方式让孩子了解小学，激起他们向往小学生活的愿望，解除家长的困扰，满足孩子的需要。

三、线上班级管理工作小贴士

线上的班级管理工作很难，非常考验老师的预见、应变和全盘调控能力。

为了让老师们线上班级管理工作做得更好，我们给大家提出以下小贴士：

（一）小贴士一：先扬后抑的沟通交流

线下的班级管理面对的是孩子，线上的班级管理工作对象除了孩子还有家长。很多活动和措施都需要借助家长去实施和完成。我们在开展班级管理工作时，和家长的沟通交流中一定要注重沟通技巧。如对孩子在活动中的不足提出要求和建议时，我们应该采用先扬后抑（也就是先表扬后建议）的方式提出，这样家长比较容易接受。每次家长或孩子完成一件事后，我们都应该有小结和感谢，这样才能让家长全身心地配合做好孩子的各项管理工作。

（二）小贴士二：适时适切的贴心问候

2022年的疫情让每个家长都不轻松。有的家长要一边居家办公，还要被各种抢菜、买物资而弄得心力交瘁；有的父母双方全部投入一线工作长期不在家，孩子也由爷爷奶奶或朋友代为照看。这时候，作为老师针对不同的家长就要给予不同的贴心问候，不定时地选用最贴切的方式（电话或微信留言的方式）进行沟通，了解孩子的情况，给予适切的指导。特别是针对父母都在一线的孩子，更应在情感上多给予慰藉。如面对由祖辈照顾的孩子，由于许多祖辈对电子产品不熟悉，操作会遇到困难，多采用电话与祖辈沟通更方便。同时，将电子产品的操作方法告知祖辈或引导其寻找志愿者的帮助，让幼儿也能够参与到"云分享会"中。

（三）小贴士三：充分利用好家长资源

要想疫情期间线上班级管理工作做得好，离不开家长的支持和帮助。我们还要学会充分利用家长资源，对孩子做好正面教育，树立积极的榜样。如班级中有的家长是医护人员、抗疫一线的工作人员或是心理咨询师等，我们老师可以搭建一个平台，邀请这些家长开展家长助教活动。比如通过腾讯会议、钉钉直播等线上方式，面向全体幼儿或家长讲讲防疫知识，讲讲自己的抗疫故事，或者做些心理培训，让家长用积极正面的情绪去引导孩子，让孩子能正确地面对新冠病毒，感恩防疫人员的付出，让每个孩子都能在家长正确的引领下度过这段特殊的日子。

"思想决定行动，细节决定成败。"我们始终相信：用心去做实，用爱去做好。待孩子们重返校园的那一刻，他们的成长会让我们欣慰一笑。

基于专业情意发展的教师
进阶式园本支持策略的实践研究

上海市浦东新区云台幼儿园　刘弘楠　阮晓树　柏春青

教师的专业水平是教育水平、教育质量提升的前提与根本。从现有研究成果来看，教师专业发展一直是研究者关注的重点，也针对教师专业发展的各个方面进行了比较全面的研究。但从教师本身来说，不同的教师，特别是不同发展阶段的老师，专业发展的需求、途径也应各不相同。而专业情意是教师必备的专业素养，专业情意的塑造、沉淀到升华，是一个长期的、内在思想从矛盾到统一、从排斥到认同的过程，是教师专业发展过程中最关键也是最难实现的要素。专业情意作为教师自觉学习专业知识和提升专业能力的内驱力，与专业知识、专业能力组成了三个相辅相成、不可分割的要素，影响到幼儿教师队伍的专业化和稳定性。

为了促进我园教师的专业发展，特别是支持教师个体在专业情意上的进阶发展，我们通过问卷调查、访谈等形式，聚焦不同教师专业情意发展的需求和特点，帮助教师寻找"最近发展区"，并为教师提供有针对性的菜单式的园本支持机制，多维锤炼教师，激活教师的"发展关键点"，使每一个教师的专业情意在原有的基础上进阶提升。我们以《幼儿教师专业发展与园本支持现状调查问卷》结果为参考，按照教师的自我定位和同伴定位将教师分为了1～5级教师，即对应我园进阶式教师发展的分层定位，在相互支持中互相学习、共同发展，促进专业情意进阶发展。

经过多方面的分析研究，我们认为，提高教师的专业情意，一方面要立足于教师职后职业情感培育，促进幼儿教师专业情意素养的不断完善；另一方面还要营造和谐的校园文化，为幼儿教师提供一种健康、良好的大环境；

同时构建科学的评价追踪机制，形成良性循环。

一、相关概念界定

（一）进阶式

通常指从低级到高级的过程，或是在原来的基础上有较大程度的提高。本课题中是指教师在专业水平上有逐步提升的过程。

（二）专业情意

幼儿教师的专业情意，是指幼儿教师对其所从事的幼儿教育这一职业的情感态度，包括热爱幼教事业；具有崇高的职业理想；关爱儿童，富有爱心、责任心、耐心和细心；能够认真履行教师职业道德规范；具有高尚的道德品质和人格；自尊自律自省；能真正启蒙和指引儿童的健康成长。

（三）园本支持（园本支持机制）

机制原意为事物或现象各部分之间的一种相互关系及其运行方式。本研究的幼儿园支持机制界定为：构成幼儿园教师发展支持手段之间的相互关系及其运行方式。

所谓进阶式教师专业发展园本支持机制，是指立足园本实际，聚焦教师发展目标，根据不同水平教师的不同发展需求和特点，提供有针对性的支持，并形成有效运作方式，帮助教师在专业水平上有所提升。

二、我园促进教师专业情意进阶式发展的园本支持策略运用的实践

（一）以职后职业情感培育促进教师专业情意进阶

开展职后职业情感培育对于不同阶层教师而言都具有重要影响。我园根据教师的实际情况进行了分层培养，把职业情感培育融入教师职后培训的全过程，引领教师坚定专业理想、增强专业情操、丰富专业性向、提升专业自我，从而全系统地帮助教师实现专业情意的进阶发展。

1. 以提升职业认同感为起点进行职后职业情感培育

教师对自身的认同是职业认同的基础，是教师专业自我的体现，也是教

师专业情意培养的起点，它影响了教师的行为和思想，是教师对自身价值和工作价值认识的体现，也是专业情意培养的基础。因此，以提升教师职业认同感为起点对教师进行职后职业情感培育，是实现专业情意进阶发展的首要任务。

（1）全园培训

师德素养是全体教师应有的道德和行为规范，是全社会道德体系的组成部分，而师德素养的提升是教师进行专业情意发展的一个基础条件和重要环节。因此，师德培训是我园长久以来开展的一项重要培训，主要以提高教师师德素养和育人能力为核心，内容涵盖理想信念教育、教育政策法规、教书育人方法、文化素养等多个方面，旨在引导教师明确新时代教师工作的总体要求，坚守教育初心、勇担育人使命，在实践中不断提升自身的师德素养和教书育人本领，增强教师职业认同感，自觉承担起教书育人的重任。

（2）园本分层职业情感培育

我园根据教师的教龄对教师进行初级定位，分为新手型（第1年）教师、成长型（2～10年）教师、经验型（11～15年）教师、成熟型（16年以上）教师，有针对性地构建教师职业情感培育的内容和模式。

① 新手型教师培育

我们所说的新手型教师即初入职教师，他们大部分都是怀揣着对这份职业的热爱进入幼儿园，这种对于职业的热爱能够维持相当长一段时间，这也反映在他们专业情意的得分上，普遍得分较高。但对于新手教师而言，理想与现实、理论与实践是存在差距的，随着工作的进行会遇到困难或者在实际从业过程中发现职业理念与自身的观念有差异，从而对教师职业产生消极的心理反应。为了将新手型教师良好的专业情意保持下去，对他们进行职后情感培育是十分必要的，培训目的是通过职业情感培育帮助新手教师顺利度过职业适应阶段，树立爱岗敬业、品德高尚的良好职业形象，形成稳定的教育信念，实现专业情意的进阶。

② 成长型教师培育

该阶段教师正处于事业上升期，在度过了第一年的迷茫期后，对教师角色的认知逐渐深刻，明确了自己作为教师的身份，对教师职业的认同感也越来越高。随着对幼儿园环境和人际关系的进一步熟悉，已经能够找到自己的角色定位，职业归属感也随着教龄的增加而提升，因此在专业情意各维度的得分上也呈现了较稳定的趋势。对于这部分教师，我园重点关注如何进一步激发教师的工作热情，激发教师的个性潜能，通过定期的师德培训和研修，让成长型教师不断更新自己的教育理念，提升专业情意，最后通过长期的教学实践和专业发展，获得稳定、持久的职业情感体验，在稳定的专业情意发展上进行进阶。

③ 经验型教师培育

在调查问卷中我们观察到，11～15年教师明显在专业情意的得分上比其他教龄的教师低。通过对这类人群的个别交流来看，大部分出现了职业倦怠现象，工作进取心明显减退，而职业倦怠也导致了该部分教师在专业情意得分上出现转折。主要有以下两点原因：一是职业处在瓶颈期，认为自身上升空间不大，作为已经有10年以上教龄的老师，对于教学内容的把握已经比较熟悉，工作也步入正轨，对于他们而言日复一日的工作缺少了挑战性和新鲜感，不免就产生了职业倦怠感；二是家庭原因，既要面对生活和工作上的困难，也需要处理教书和育人的各种问题，要兼顾工作和家庭对于他们来说有心无力，因此感到疲惫不堪，影响了工作状态。也有部分教师认为随着时代的进步，自己的专业素养还没有及时跟进，因此对是否能胜任教师职业产生了疑惑，缺乏开展教育教学的信心。

为了帮助教师度过职业倦怠期，我园在针对经验型教师的职业情感培育上也建立了较为完善的培训方案。例如，教师提到的认为自身上升空间不大，在教育教学上"停滞不前"因而产生职业懈怠时，我园积极为中青年教师发展拓宽平台，提供各类进修、学习和展示的平台，建立教学的信心，从而加强自我认同感，通过自我价值的实现度过职业倦怠期；推荐教师参加优秀人才培养计划、浦东新区新秀教师培训，通过各方面学习和实践提升个人修养；同时会定期和教师进行面对面交流，了解他们在兼顾工作与家庭中遇到的困难，真心实意地关爱每位教师，帮助教师积极化解生活和工作中的各种困难和问题，让教师发自内心地投身工作，以最大的热情为教育教学事业而奋斗，从而提高专业情意的发展。

④ 成熟型教师培育

成熟型教师在长期的从教工作中积累了丰富的专业情意调整的技巧和方法，能够及时调整、自我反思，良好地控制自己的情绪，再加上家庭因素稳定，不会由于子女教育等问题过于操心，因此对于这部分教师的专业情意培养，我园鼓励他们更多的是作为一种榜样身份为其他教师传递思想，发挥自身的感召力，推广自身的教育理念，为年轻教师提供指导，为整体教师队伍的专业情意进阶提供保证。

2. 以构建学习共同体为支持进行职后职业情感培育

教师的专业发展并不是一个独立的过程，专业情意的发展更离不开各教师间的相互作用，教师专业情意的培养需要以"学习共同体"为桥梁。所谓的学习共同体，指的是以知识建构与意义协商为内涵的学习的平台，强调人际心理相容与沟通，在学习中发挥群体动力作用。世界各国的教育实践表明：学习共同体是教师专业发展的有效路径。近几年，学习共同体的理念也延伸到了幼教领域，越来越多的幼儿教师学习共同体开始出现。正如引文所说的五级教师，由于每一级中的教师分布多元化，通过指导与被指导方式，在"互惠共赢"与"和谐共存"的原则上，以学习共同体为支持促进专业情意进阶发展。

（1）形成各阶层积极互动，有序帮扶进阶

幼儿园要长期和谐发展，必须发挥各级教师的优势，五级教师既有独立性又具有相关性，要以共享、合作为核心，形成专业情意发展的共同体，同时为教师提供稳定的支持环境，才能形成专业情意发展的内驱力。当教师处于一个团结互助的集体中，不但会增加教师对职业的认同，这种和谐、温暖的互助氛围也能够让教师建立职业信心，进而促使教师主动提升专业情意水平。我园在注重各层级教师专业横向均衡发展的同时，也注重每一位教师纵向的连续发展。例如，我园起用了一部分青年教师担当幼儿园的教研组长，13名教研组长中有青年教师4名，一方面我们给予他们教研任务促使其快速成长起来，另一方面我们也考虑其在新任组长时将要面对的困难，为他们配备了一位带教师父，指导其开展教研活动。这样的研修模式不仅仅给予青年教研组长以信心和方法，消除了青年教师的工作顾虑，帮助他们建立工作信心，也保障了幼儿园教研的整体质量。

当然，每个教师都有自己对职业的独到见解，我们也需要"求同存异"，支持和鼓励教师的创新思维，通过"敞开心扉"向他人表达自己独到的情绪情感，以包容的姿态增加彼此信任感，追求共同进步。这样的情感碰撞更加能够实现教师专业情意中的专业性向进阶，培养有见识、有预见、有个性的幼儿教师。

（2）沿袭走班式教研模式，整合资源进阶

"走班式"教研作为我园教研的特色模式，能够整合校内外的研修资源，为教师的专业发展构建学习"金字塔"。这一模式打破了部门限制、执教年龄段限制，是按照教师的兴趣和发展意愿集合起来的组织。我们所提出的"进阶式"也是在此基础上延伸出的理念，因此是一脉相承的。这样的"阶"让老师们可以根据自身情况取长补短，根据自己的素质基础、经验水平和兴趣爱好，自主选择关于专业情意的知识内容来进行学习，整合我们可利用的资源。在充分基于教师自由性、兴趣性、灵活性的前提下组织的职后职业情感培育内容，能够更大程度地激发教师们参与的积极性，从而促进教师专业情意的进阶，也为幼儿园的可持续发展奠定了坚实的基础。

（二）以和谐的校园文化促进教师专业情意进阶

我园以和谐的校园文化为基石，坚持先进文化的正确方向，坚持以社会主义核心价值体系为指导，引导全园教师树立正确的世界观、人生观、价值观和荣辱观，以和谐校园促进教师专业情意的发展，以文化的推动力影响教师专业化程度的提高。

1. 人文、独特的校园物质文化以陶冶教师的专业情操

物质文化是校园文化建设的基础。校园内的一切硬件设施，既是校园文化的物质载体，也是校园文化的重要表现形式。幼儿园物质文化主要包括教学场所、教学设施、游戏场所、游戏设施、人文景观和办公场所等，是学校教育理念、人文环境的一种物化表现，蕴含着一所学校的办学精神、文化传统和历史底蕴，反映着一所学校的精神风貌、审美倾向和价值取向。

我园合理使用各项经费，在近几年中完成了建设消防烟雾报警系统、改扩建保育操作室、增设隔离消毒室、改建幼儿餐厅和卧室等工程。2020 年 7

月，在上级部门的大力支持下，我园三处园舍均进行了整新，校园面貌焕然一新。园内校园音响系统、多媒体系统、有线无线网络、监控全覆盖，明厨亮灶工程完成，校舍内外墙进行整修，运动场地得到改建，全方位地保障了校园的安全防病和教师教学工作。

2021年9月至今，我园保证经费投入，保障安全制度，不断改善办园条件，为师生创设良好的学习和生活环境。在现有条件基础上因地制宜地进行环境创设，积极发挥环境的隐性课程作用，主要对消防、报警等安全设施设备进行修整，保障校园安全；形成富有"大爱"特色的课程环境，促进幼儿身心健康的发展。

在此过程中，我园充分发挥广大教师的智慧，一方面加强对学校硬件的功能开发，做到物尽其用；另一方面努力做到校园的物质环境与学校的精神风貌、办学理念相吻合，绿化布局、环境布置等总体构思都要体现办学思想和学校精神，在净化、绿化、美化的基础上做到功能化、艺术化、教育化。这种融合于云幼大爱理念的校园文化建设，突出了幼儿园的特色，增强了学校对教师的感召力，使更多的教师明白了和谐校园文化对于个人发展的重要性，对于幼儿园的情感也日趋加深，更爱自己的学校，更爱自己的教育事业。

2. 培育先进、大爱的和谐校园文化以升华教师的专业情意

云幼是一个充满着向上力量的团队，多年来一直秉承"大爱育人"的办园理念，踏实努力地开展各项工作。自1998年7月建园以来，云幼人始终坚持心中向优质前行的目标，不断自我挑战，在提升办园质量的路上不懈追求，2003年被评为上海市一级幼儿园，2006年被评为首批浦东新区示范幼儿园。2021年被评为上海市市级示范幼儿园。

新时代学前教育发展的要求，激发了云幼人对教育事业的强烈使命感和对园所发展强烈的责任感，"做更优秀的自己，办更优质的幼儿园"成为云幼人的共同追求。在"大爱育人，无声践约"的办园理念引领下，园方以教师发展为本，尊重教师专业发展的愿望与需求，搭建专业化、多元化的发展平台，提供有适切性的专业支持，培育积极进取、自主发展、合作互助的专业发展精神，培养一支"爱学习、善思考、乐奉献、勇创新"的优质师资队伍，在"大爱"与"专业"的融合中，促进每一位教师专业情意的进阶发展和办园

质量的不断提升，并积极进行示范辐射，带动区域内姐妹园的师资队伍共同发展。

云幼强化教师专业工作中的"爱与专业"意识，培育具有大爱情怀的专业情意，鼓励教师们在工作细节中体现专业情意；创设多种机会让处于不同发展水平的教师获得相适应的支持，帮助教师对专业知识系统化地掌握，促进专业能力的不断提升；积极推进因地制宜、因人而异的培养措施，帮助教师走出具有个性特点的发展路径，激发教师自主发展的积极性，焕发师资队伍的整体活力。

我园着力加强职业道德的学习和培训，以"大爱育人，无声践约"的办园理念感召人、激励人，鼓励教师以自身的言行体现职业道德，树立教师的良好职业形象。创建云幼大爱文化档案，建立突显情感、个性的记录文本，强化教师的人文情怀，培育健康的心理。以"大爱育人"的办园理念优化幼儿园的管理机制，完善适合一园多址的有效管理模式；以校园和谐文化建设为抓手，进一步激发教师的自主发展意识、自主管理能力和团队共建精神，激励教师发展专业情意，促进幼儿园在大爱孕育中进步。

3. 公正、合理的制度化校园管理促教师的专业情意成长

制度建设是校园文化中直接关乎教师切身利益的重要部分，教师的晋升评级、福利待遇都与之有关系，满足所有教师的需求是校园文化建设中十分关键的一环。从这个意义上说，建立什么样的制度直接地表现在校园文化的偏重感上，透明的制度和有力的监督措施是完成制度建设的根本。公正、合理的制度建设是和谐校园文化的保障，它不仅能对学校教师的行为加以规范和制约，维护学校正常的教育教学秩序，而且能给学校和教师带来先进的管理思想和教育理念的熏陶，强化积极向上的群体价值观，促进师生良好品行和严谨求实的工作、学习精神的形成，提高学校工作效能。制度文化包括相关的法律法规、学校管理体制、规章制度、组织机构及其运行机制、特定的行为规范等。

构建和谐的校园文化就是要构建公正、合理的制度文化。我园通过群策群力，构建广大教师认同的备课、听课、说课、评课、课堂教学、班主任工作、教师评价、校本培训、校本研修、外出学习与进修、师徒结对、教育科

研等系列规章制度，确保教师各项教育教学、学习交流等活动的落实，提升教师的专业技能，从而推动教师对自身教学的认可和自信，增强对于教师这份职业的专业情感。

我园坚持依法办园，通过广泛征求意见和讨论，认真制订了办园章程和四年发展规划，并在每一年的工作实践中不断加以落实。在园四年发展规划的发展愿景引领下，我们鼓励教师结合幼儿园的发展来思考和规划自己的发展方向，注重对教师个人发展的激励。我们加强精细化管理，以规范为基础，强化制度建设，筑牢安全防线，坚持民主管理，鼓励全体教工为云幼发展建言，人人参与，人人建议，广泛收集意见。结合幼儿园的发展目标，我们加强师德建设，紧抓廉政教育，注重对价值观的认识、理解和深化，在云幼"大爱教育"的基础上进一步深化和细化教育观、儿童观和课程观，逐步构建"云爱教育"的价值观体系，建设基于共同价值取向的"云爱"文化。云幼的校园文化从此登上了新的征程，广大教师的专业情意得到了新的依托和升华。

4. 以人为本的和谐校园管理文化促进教师情意成长

管理产生效益。现代学校管理十分重视管理在促进教师专业化成长中的重要作用。学校首先加强班子建设，建立健全的、专业化的管理机构，以和谐的理念和方法激励教师专业情意的主动发展。园长任人唯贤，淡化权力意识，实施集中领导、分层管理，做到权责到人。坚持刚性制度约束与人性化的人文管理和谐统一。减轻教师的无效案头，提倡无纸化办公，使教学工作系统化、制度化。完善教师行为，加强教师工作业绩考核，促使教师加强自身的行为反思与矫正，以公平的原则创造各尽其能、各得其所的激励和分配机制。

我园围绕教师关注的热点问题，如评优、职称晋升、财务收支等，建立公正、公开、透明的管理机制，健全和落实教代会、园务公开制度，实现教师的知情权、参与权和监督权，坚持民主决策、民主管理和民主监督，全力营造融洽、和谐的人际关系和民主平等、团结尊重的校园环境，从而调动广大教师的积极性，促进教师专业情意的成长。在教代会上，教师们提出了一项项合理化建议，包括如何改善教学条件、美化校园环境等。学校逐一采纳，如争取各方资源修缮了操场，创设了教师办公室，教学设备的翻新和添置，增加了大厅多媒体和班级门口投屏设施等。校园环境的绿化、美化，为师生创设了一个整洁舒适、竞争合作、文明向上、创新进取、愉快学习、健康成长的工作学习环境，营造了一个"祥和、快乐、健康、幸福"的工作学习生活氛围，师生其乐融融。

（三）以评价追踪策略促进教师专业情意进阶

在支持教师专业情意进阶发展的过程中，我们充分地运用了评价追踪策略，将其充分运用于不同类别的对象——幼儿园教师整体、幼儿园同质教师群体、幼儿园教师个体中。保障我园在支持教师专业情意的发展中能时刻围绕教师的专业发展的核心目标，凸显幼儿园教师专业特质，以评促建，寻求评价模式的不断优化，促进教师进阶发展的良性循环，并趋于成功。

1. 教师专业情意发展中幼儿教师整体的评价追踪策略的运用

幼儿园共有教师64名。其中有在编的教师，也有外聘的教师；有新手教师，也有骨干教师。教师的情况各不相同，这样的一支教师队伍，如何运用评价追踪策略了解其整体的专业情意发展现状？如何了解专业情意发展中的弱势和优势并支持教师队伍整体往前发展呢？

为了高效、快速地了解教师的整体情况，我们首先采取向全园教师发放问卷的形式，让教师对自己的专业情意发展进行自我评价。根据问卷情况，我园教师专业情意评价整体情况如下：

表1　教师专业情意各项目平均数的比较

专业情意内容＼项目	N	均值	标准差
专业性向	64	4.305	0.44
专业自我	64	4.375	0.448
专业理想	64	4.395	0.502
专业情操	64	4.563	0.478

由表1可见，我园教师在专业情意中得分由低到高排序分别是专业性向、专业自我、专业理想，专业情操，即教师自评中对自己具有成功从事幼儿教

育工作所应具有的人格特征和基本能力的评分相对较低。通过之后的追踪访谈，我们得知我园教师专业性向基本处于具有"能面向每一位幼儿，平和并平等对待每一位幼儿"这一阶的能力，但自认对于教育的敏感性还不够，能关注幼儿的个体差异和需求并及时给予支持的能力还储备不足。

为了更多元与科学地了解我园教师在专业情意上的具体现状，我园将家长作为评价者进行了针对教师整体的再次评价与追踪。通过向全园所有家长发放问卷和随机抽取部分家长进行追踪访谈。我们获悉，家长对我园教师的认可度达99.8%，其中针对教师专业情意的分值高达99.9%，主要的问题集中在个别家长认为，班级教师对其幼儿的了解程度和关心程度还不够，与教师问卷的低分项高度重合。

通过两次调查问卷以及追踪访谈，我们将教师的专业性向的提升作为教师专业情意发展的突破点和重难点。通过设计相关的教研活动，组织专家讲座，搭建分享平台等方式，支持全体教师以"读懂并支持幼儿"为切入点进行园本研修活动，从而提升整体教师专业性向的发展。

在开展相关园本研修的过程中，我们不断追踪教师的即时现状，根据教师的自评与互评、家长的参与性评价，不断完善幼儿园园本研修的内容与方式，真正让评价体现改进的价值。通过最新的一次调查问卷显示，目前，我园教师整体专业情意的发展有所提升，且专业性向的提高速率最大。

由以上事例可见，我园以追踪评价策略对教师专业情意发展的共性进行多方评价、多元评估、弱点分析、园本支持、追踪循环的方式，形成园本评价的螺旋式模式，支持教师在专业情意上的共性发展。

2. 教师专业情意发展中幼儿教师群体的评价追踪策略的运用

由于教师专业情意的发展具有复杂性、系统性、长期性、差异性等特征，对于幼儿教师整体的评价追踪仅能解决整体教师的共性问题，而对于不同类型的教师的差异性问题无法有效剖析并给予支持。因此，我园通过运用评价追踪的方式进行同质教师重组，更有效地支持幼儿教师专业情意的发展。

针对不同教龄教师在专业情意上的不同得分，以20年以上教龄教师为例，我们通过追踪问卷和访谈获悉，20年以上教龄的教师专业情意的较高得分源于在教育教学生涯中，这部分教师对于自身的评价和感受都趋于平和，他们有着相对丰富的教学经验，在平时的生活工作中，相对稳定的收入、和谐的家庭、同伴的尊重、家长的信任和领导的认可，让其对幼儿教师的这份职业充满成就感并感受到满意与愉快。面对这样的现状，为进一步支持该群体专业情意的进阶发展，调动其工作的热情与积极性，我们提出从家庭、园所、同伴三方面的支持措施。在家庭方面，我园工会通过电话、登门家访等方式关心教师家庭生活，让教师倍感温暖；在园所方面，我园教师发展条线邀请这部分教师为青年教师进行教育教学的经验分享，并通过自主报名、集体遴选的方式让部分教师承担带教任务，成为教师之师，增强其职业的成就感；在同伴方面，我们以工会活动组的方式让有共同兴趣的教师集中起来共同进行各类文艺活动，以此让老师感受亲切和谐的幼儿园园所文化。

当然，在同质教师群体中运用评价追踪策略的过程中要注意的是，这里的"质"指的是有相同共性的教师，这些共性可以是多元的，而并非仅仅是案例中的"教龄"。"骨干类型""教学擅长""性格特征"等均能成为可评价追踪的"质"。值得一提的是，教师的专业情意的发展是一个连续的过程，因此，对于每个"质"组中的教师需要不断进行评价追踪，以保障支持能更有效地适用。

3. 教师专业情意发展中幼儿教师个体的评价追踪策略的运用

每一位教师都是独立的个体，其家庭背景、个性特点、教育背景都不相同，这也就意味着教师之间的专业情意发展有着不同的差异性。教师的专业情意的发展也是连续的、整体的，也受教师教学知识、教学能力发展的影响。因此，在运用评价追踪策略支持每一位幼儿教师个体专业情意发展时，必须考虑到教师个体的多元因素，尽可能全方位地科学评价和及时追踪，支持幼儿教师的专业情意的发展。

以A老师为例。当A老师刚刚入职时，幼儿园对其进行了半日活动的观察，发现A老师在与幼儿交流的过程中比较茫然，语言较为成人化，整个带班的过程中，A老师即使喊破喉咙，孩子们依然我行我素。与此同时，由于A老师性格较为外向且在毕业学校中有担任校干部的经历，因此，幼儿园将参与上海市亲子运动会的项目交给了A老师。在项目实施的过程中发现A老师认真负责，整个项目的实施方案详尽，能考虑到许多的细节。除此之外，在园领导巡视的过程中，看见Ａ老师会积极主动修补幼儿园内破损的公共环境，对于幼儿园的幼儿们都能蹲下身子平视交流。在和Ａ老师班级幼儿的交流中，幼儿们普遍反映很喜欢Ａ老师，Ａ老师很温柔。在和Ａ老师沟通中，Ａ老师对自己入园来的工作经历感到很难过，特别是提到了自己带班时常规的混乱以及家长所表现出来的不信任。然而，与Ａ老师搭伴的同事却表示Ａ老师在工作之余，非常勤奋，经常阅读专业书籍并和同事探讨教育教学案例。

综合以上Ａ老师的情况，幼儿园认为当时的Ａ老师具有有爱心、有责任心的专业性向，但是由于缺乏教育经验，专业自我方面自评较弱，但是其具有较高的专业理想，对自身的专业发展有一定的追求和向往。对此，幼儿园对其班级常规安排了一名优秀的教师专门带教，支持她在专业能力上的进步，从而积极影响其专业情意的发展。与此同时，对于Ａ老师所负责的项目，幼儿园给予积极评价，并以精神和物质的双重激励，让其在幼儿园工作中获得成就感和满足感，提升其对于幼儿园工作的幸福感，从而影响其专业情意朝积极方向发展。之后三年，在幼儿园不断的评价追踪以及Ａ老师的个人努力下，Ａ老师的教育教学进步明显，三年后，Ａ老师被聘任为幼儿园最年轻的教研组长，也被选派参与了数领域专家研修组的学习。与此共同进步的是，Ａ老师专业情意的发展。目前，Ａ老师对现在的工作充满热情，对未来充满信心和期待。

在Ａ老师的案例中，我们可以看出，评价追踪策略在用于个体身上，其内容更加丰富，对象更加立体，形式也非常丰富，既包含了幼儿园定期的常规性评价，如每学期一次的半日活动评价、教师每学期一次的自我发展计划与评价表、每月一次的重点项目考核等，也应该涵盖随机的追踪式评价，如工作中的巡视观察、特别项目的执行评价、同伴的随机评价等。只有在追踪中不断让评价区域多元和立体，才能对幼儿教师个体的评价过程更科学，幼儿园所提供的支持措施才更有实效。

三、后记

教师专业情意的发展是一个持续不断的过程，不仅需要教师的自我发展，同时还需要良好的外部力量作为保障。为实现教师专业情意的进阶发展，我园根据教师的不同定位制订了丰富、详尽的指导方案，为提升教师专业情意做出切实可行的对策，充分通过内因、外因的决定作用和促进作用，让教师们在自己的原有"阶"上获得进步和提升，使提升幼儿教师专业情意的进阶策略落到实处。聚爱成云，筑台立人，云幼人将不懈努力，坚定地、踏实地在追求优质的路上不断前行！

幼儿快乐足球游戏活动的实践与思考

上海市浦东新区汇贤幼儿园　张　叶

幼儿快乐足球游戏活动是以足球为载体，以生动有趣的游戏为基本手段，以体能发展为目的，在自由、开放、富有创意的游戏氛围中，充分发挥幼儿的主体性，激发幼儿对足球的兴趣，促进幼儿各种能力的提升和良好品质的形成。通过营造足球环境，激发幼儿兴趣；搭建足球游戏平台，促进幼儿健康成长；挖掘足球家庭资源，推动全民健身意识。实现在幼儿园一日活动中推广足球游戏活动，倡导以球健体、以球益智、以球陶情，让幼儿健康快乐成长。

一、快乐足球游戏的研究价值

游戏是学龄前儿童的生活重心。肢体运动游戏更是幼儿完整发展身心健康的主要内容。在运动游戏中融入足球的教学，将更有助于幼儿身心发展。快乐足球教学是幼儿探索及培养生活能力的方式，其发展从两岁的单独游戏行为，至四五岁达到团体游戏行为，幼儿足球教学从简单逐渐开始复杂，从个人单独游戏逐渐发展到团体游戏，当幼儿开始群体游戏时，上述的行为培养将有助于建立良好的人际关系。

幼儿快乐足球是融合身体运动于游戏中，以游戏介入幼儿课程学习以达到教育的目标。幼儿日常生活学习源自快乐和游戏，而快乐的游戏活动可以提高幼儿的认知能力，如身体动作、情绪、想象、辨识、判断、思考等行为的发展，正向及乐趣的教学能引发幼儿主动及自主学习，并能提供幼儿心理层面的喜悦、满足、自信及成就感的获得，亦能激发身体潜藏能力，发挥身体动作的效率。因此，在愉悦的情境中游戏，能增加学习效果。用幼儿感兴趣的方式发展基本动作，能提高动作协调性、灵活性。学前儿童是中枢神经和末梢神经机能发展的重要时期，应发展他们的运动技能。足球游戏可以让幼儿们通过游戏的方式进一步提高对足球的兴趣，收获更多的快乐。

二、快乐足球游戏活动的开展原则

教师作为幼儿一日活动中的支持者、合作者、引导者，足球活动指导应遵循"安全第一、幼儿为本、兴趣为主、立德树人"的原则，避免出现因过度重视动作练习和竞技性训练而损害幼儿身心的情况。

（一）安全首位原则

在幼儿园的一日活动中，安全渗透到幼儿一日生活的各环节之中。"确保幼儿安全、保护幼儿的生命"，理所当然成为幼儿园的首要任务。在足球活动中，教师应时刻关注幼儿，排除隐患，加强安全意识，确保幼儿在足球活动中材料提供的安全性、活动场地的安全性以及活动形式的安全性。老师可以通过开展"怎样玩球才安全、怎样避让玩球的危险、玩球规则大家定"等安全教育活动，通过看、听、讲、讨论、制作等形式，引导幼儿了解足球运动的安全常识，懂得自我防护的办法，主动确立安全玩球的规则意识，达到玩球讲安全、游戏学安全的目的。

（二）幼儿为本原则

设计足球活动时要考虑到幼儿发展。因为足球活动是大运动量、高强度活动，幼儿发育尚未成熟，教师组织应遵循以下几点：一是渐进原则，考虑幼儿学习与成熟的程度以及当时的身体状况设计学习量，然后逐步加强；二是阶段式指导，由简而繁、由易而难、由单一到复杂、由缓和到激烈，从个人到团体，从练习到踢球应用；三是动静搭配得宜，通过静态活动让幼儿得以休息喘息；四是活动要有趣多样化，努力使幼儿有新经验，教学保持弹性，随机应变、用心创造；五是少负荷、短时间、多花样为原则，一遍又一遍练习，慢慢增加运动量，但随时注意幼儿的体能状况及个别差异，关注幼儿活动后的身体、情绪反应状况，避免造成疲劳，对体弱多病的幼儿要多加注意及照顾；六是注意时间掌控及活动气氛带动；七是良好的示范、对错误的动作有正确的反应，交替应用增进学习效果，满足幼儿成绩表现欲、成就感，了解幼儿个别差异与团体需求，尽量以鼓励代替批评；八是开展足球活动过程中为幼儿提供自主活动的空间，比如大班幼儿能合作、好竞争等特点，教师可多采用分组竞赛的形式，让幼儿逐步学习自己分组，自定玩法和规则，自己指定队员和裁判，自己评定比赛结果，以此实现幼儿自我管理和约束，提高大班幼儿参与足球游戏的积极性；九是注意游戏效果与安全，随时注意可能发生的危险。

（三）兴趣为主原则

为了培养幼儿对足球游戏的兴趣，教师需针对不同年龄段幼儿选择不同的指导策略。组织小班幼儿游戏，教师要将足球比拟为幼儿喜爱、熟悉的角色来开展，以情境性为主。而创设特定情境，是增加中班幼儿游戏趣味性的常用方法。针对大班幼儿好竞争的特点，可以通过组织幼儿观看足球比赛，或者请足球教练来园示范一些技能动作，潜移默化地影响着幼儿，幼儿看到后会更加向往，激发幼儿对足球的兴趣。鼓励不同年龄段的幼儿创新足球的多种玩法，或是将足球与其他运动器械结合使用，也是提高趣味性的好办法。

（四）立德树人原则

在幼儿园组织足球活动时，有些幼儿能力较强，能够独立完成足球活动，而当出现不小心碰撞行为时，有些幼儿会有退缩或者害怕的情况，这个时候我们老师就要及时捕捉机会，进行介入指导，帮助幼儿树立信心。因此，在教育中要从小培养幼儿的坚强意志力和良好的心理素质，设计不同难度层次的足球活动来锻炼幼儿的心理耐压力，能够提高幼儿的锻炼效果，引导幼儿心理素质的健康发展。

教师除了关注幼儿运球、传球、射门等基本动作的完成情况外，还需关注幼儿安全意识、遵守规则、交流沟通、勇于挑战等优良品质的培养。足球活动中的品德包括运动精神、运动道德和运动品格三个方面。运动精神包括自尊自信、意志顽强、超越自我、勇于进取；运动道德包括遵守规则、诚信自律、公平正义等；运动品格包括文明礼貌、相互尊重、社会责任感、正确的胜负观等。幼儿运动品德培养的重点是勇于进取、遵守规则，这需要教师及时敏锐捕捉教育契机，充分挖掘足球活动促进幼儿和谐全面发展的教育价值。

三、快乐足球游戏的开展形式和指导策略

（一）校园足球游戏

校园足球游戏是指在幼儿园里进行的有组织、有成员、有规则的足球活动。将足球运动与游戏有机融合，开发出与幼儿身心发展规律和学习方式特点相适宜的游戏化足球特色课程。将足球技能化难为易、化抽象为具象，提供符合幼儿学习特点，融趣味性、自主性与发展性为一体的多元足球游戏活动组织形式，加上一些丰富多彩的活动情境、充满乐趣的动作，不仅符合幼儿的年龄特点，也培养幼儿的兴趣，激发幼儿的好奇心，更满足幼儿身心发展的要求。

1. 营造游戏情境，让足球游戏"活"起来

要根据幼儿特点组织生动有趣、形式多样的游戏活动，吸引幼儿主动参与。可见，幼儿园足球游戏的组织要以幼儿为本，遵循幼儿身心发展规律和学习特点。为此，我们从幼儿的日常生活中捕捉活动素材，通过改编、整合和优化，营造幼儿喜爱的足球游戏情境，让幼儿在特定的游戏情境中玩足球，逐步提高身体运动能力，让足球活动真正"活"起来。

对于运动能力较弱的小班幼儿而言，足球动作"脚底踩球"的学习对其控球能力和身体协调性的发展有着良好的促进作用。而且，幼儿熟悉的经典游戏"木头人"有着走走停停的运动特点。为此，我们将二者进行有机结合，设计相应的游戏情境。活动中，幼儿和扮演"狼"的教师一起玩带球游戏，当听到"木头人"时，幼儿必须立刻踩球并保持静止来躲避"狼"的巡视。在活动过程中，教师通过游戏化的语言"还有一个不许动"表达节奏的变化，并对踩球方法、速度以及反应能力等给予指导，发展幼儿的控球能力和身体协调性。

对于大肌肉群发展迅速、肌肉力量和肺活量有一定提高的中班幼儿而言，

足球动作"定向传球"，能有效地促进他们动作灵活协调发展。我们结合幼儿喜欢的"贪吃蛇"游戏，将二者进行有机整合。一名幼儿当"贪吃蛇"，其他幼儿当反方两两互传"果实"（足球），当"贪吃蛇"拦截住反方"果实"时，被捕捉的反方须即刻跑到其身后充当"贪吃蛇"的身体。有趣的"追捕"游戏模式极大地激发了幼儿的游戏热情。通过这样的活动，幼儿的带球和拦球能力获得了较好的发展。

这些从幼儿日常生活中演化而来的游戏情境，将足球技能与游戏玩法、规则进行有机整合，幼儿为玩而踢球，边玩边踢球，获得了"玩"球的快乐体验，萌发了参与足球活动的兴趣。

2. 调控游戏难度，让足球游戏"动"起来

应合理利用足球这一媒介，通过调控游戏难度，使足球游戏满足幼儿的运动需求，达到增强幼儿体质的目标。为此，我们以足球为载体，以游戏为主线，根据幼儿的身心发展特点，通过多个游戏或者同个游戏多个环节推进，让足球活动达到锻炼幼儿身体的目标。

例如，在大班足球游戏"闯关射门"中，我们通过三个游戏环节逐步提升游戏难度，使幼儿的运动量呈螺旋上升，达到足球活动锻炼幼儿身体的目标。

游戏一：鼓励幼儿个体自由探索如何快速运球的玩法。刚开始幼儿探索的玩法大多比较初级，起到热身效果，符合渐进原则。

游戏二：鼓励幼儿小组探索足球与材料的玩法。给予幼儿更多的探索时间，幼儿间产生更多思维碰撞，探索出多种富有挑战性的足球玩法，有双手抱球双脚连续跳过间隔短绳的，有边运球边翻盘的，有带球绕标志桶走S形游戏，还有勾球过障碍物游戏等。掌握由简而繁、由易而难、由单一到复杂、由缓和到激烈；从个人到团体，幼儿逐步养成会协商、会解决、会介绍的足球意识；从练习到踢球的应用，设计有益、有趣、有量、有变化、有挑战的游戏活动。同时，在对足球游戏场地进行设置时，要做到合理取材。在组织幼儿开展足球游戏活动时，要充分考虑幼儿的年龄特点和生理情况，要适合幼儿身形，对足球游戏场地进行合理布置，促进幼儿在足球游戏活动中获得最大化的运动乐趣和游戏体验。

游戏三：鼓励幼儿开展小组赛。在游戏二的基础上，教师加入新的要求提升游戏难度，如抱球向前跑出，先并脚跳过设置障碍，后翻盘，再带球绕障碍通行，再将球放在球垫上，至球门前定点射门，并快速从两侧跑回起点继续参赛。比赛分三局，每局一分半钟，进球总数多的为胜方。相比之下，游戏三难度更高，项目内容的扩充以及赛制和时长的规定，都对幼儿的奔跑速度、空间方位感、心肺功能和肌肉耐力等提出了挑战，幼儿的运动量和运动强度也悄然变大，幼儿在游戏中较好地锻炼了身体。

3. 采取竞争方式，让足球游戏"火"起来

游戏化足球活动的组织，除了要营造游戏的氛围，还应充分保留竞技的特点，努力提供多样的竞争方式，吸引、鼓励和支持幼儿主动参与足球游戏，让幼儿体验紧张、刺激、快乐的足球游戏氛围，激发幼儿持续的踢球热情，让足球游戏真正在幼儿园"火"起来。

在足球对抗赛中，通过竞赛的形式刺激、鼓励、增强幼儿不怕输、拼搏进取的良好品质，感受足球的魅力，体验足球活动的乐趣。其间的中场休息符合动静搭配得宜，通过静态活动让幼儿得以休息喘息。在这样的对抗赛活动影响下，让幼儿更好地掌握足球的基础技能，从不了解足球到开始学习足球基础动作。足球游戏有利于培养幼儿的自制能力和坚强的意志，从而让幼儿体会出竞争意识和集体荣誉感，加强了幼儿们的情感沟通和团队合作力。

此外，户外的足球游戏可以让幼儿有更多的机会参加日光浴，即接受阳光的照射，阳光中的紫外线可以有效杀灭细菌，防止各类疾病发生。还可以让幼儿与空气亲密接触，利用气温和人体表面的温差进行反复的刺激，从而增强身体的调节功能和适应性。

（二）亲子足球游戏

亲子足球游戏是父母与幼儿之间，以亲子情感为基础而进行的一种足球游戏活动，是亲子之间交往的重要形式。

1. 亲子足球游戏有利于家长与幼儿之间的情感交流

亲子活动不只是幼儿的活动，更是一种培养幼儿与家长沟通交流能力的活动。既有利于增进家长和幼儿之间的情感交流，又有利于幼儿身心的健康成长，更有利于激发幼儿的内在潜能。如在亲子足球游戏中，通过家长与幼

儿的多对话、多提问、多交流，使游戏气氛变得和谐活泼一些，幼儿就不会与其父母保持"距离"，而是在情感和认知等诸多方面获得大丰收。

2. 亲子足球游戏有利于促进幼儿各方面的发展

通过亲子足球游戏活动，运用在游戏活动中接触到的一切事物和材料，对幼儿进行因势利导的教育，就能促进幼儿在身体、生理和心理诸方面的有效发展。

如亲子足球游戏"你抱我夹"中，巧妙有效地将足球训练融入足球游戏中，优化足球游戏的技能技术练习，提升足球训练的趣味性。幼儿用脚夹住球，父母抱着幼儿往前跑直至到达终点，将球顺利传给下一组家庭，最后哪组以最快的速度完成就获胜。在这个足球游戏中，幼儿有了一定的荣誉感，还有不怕摔跤的勇气，即使摔跤也无所谓，拍掉身上的泥土继续游戏。不仅体能上、技能上会有提高，幼儿的意志品质也得到了锻炼和提升。

好的亲子关系是"陪"出来的。虽然很多家长知道足球不仅可以锻炼幼儿的协调性和柔韧性，还可以培养团队意识、协作能力，让幼儿懂得怎样靠集体的力量去争取胜利，怎样去看待胜负，但苦于平时工作忙没时间陪伴，于是幼儿园为家长与幼儿之间搭建了亲子沟通桥梁，如开展足球开放日活动、亲子足球嘉年华活动等，邀请家长一起参与到幼儿的足球游戏中来，让家长对足球这项运动有了更深的认识、更多的了解。

（三）融入式的足球游戏

由于幼儿平时对足球的耳濡目染，很多幼儿对于足球产生了浓厚的兴趣，于是依托课程资源，将足球融入了幼儿一日活动中，并将其作为幼儿一日生活的常规活动来开展，充分考虑幼儿的心理特点和认知接受能力，强化足球文化对幼儿的熏陶。

1. 科学类足球游戏

遵循"随处可见、随手可触"的原则，支持幼儿利用大厅、走廊、教室等空间自主创设足球环境。如幼儿园两楼的走廊外面为幼儿创设了各种各样的足球棋，有关于足球规则的，有关于足球起源的，有关于足球技能动作的，幼儿对于这些足球棋都非常感兴趣，经过的家长也都非常感兴趣。于是，在老师和幼儿的齐心协力下，游戏玩法的二维码终于生成了，经过幼儿的介绍，家长通过扫一扫旁边的二维码就可以知道足球棋的玩法。在实践的过程中发现了问题，经过研讨，结合现代信息技术，将游戏玩法制成二维码，为家长提供了便利，增加了亲子陪伴的效率和成果，而且也推广了我们的足球活动，让家长跟着幼儿一起了解足球、喜欢足球、参与到足球游戏中。同时，幼儿园的微信公众号定时推送幼儿足球活动开展的内容和进程。

区域活动因足球而独具特色，在班级中开设足球区角，也是幼儿学习和兴趣的需要。小班幼儿在益智区里玩起了"穿足球串珠""大小足球排排队"等游戏，巧用足球游戏促进幼儿个性化发展。

2. 艺术类足球游戏

美工区里，为足球队员设计球服、制作加油手幅、绘制不同球队的队旗、球场创意绘画等也深受幼儿们的喜爱。

3. 语言类足球游戏

幼儿们可以在语言区翻看有关足球的各种画报、图片资料，认识许多响当当的世界足球明星。

4. 建构类足球游戏

建构区里，幼儿用积塑、渔网、绒布等材料搭建起别具一格的小型足球场。

5. 音乐类足球游戏

大班的幼儿可以自主创编足球啦啦操的动作或队形并进行记录，幼儿多人一组组成啦啦队，最终编排成足球啦啦操。

足球区角活动在创设环境和提供材料的过程中，老师在投放材料后，应注重后续观察，根据幼儿和材料的互动情况，不断对材料进行调整，使材料能够满足幼儿发展的需要，充分体现足球游戏材料的趣味性、层次性和挑战性。

四、对快乐足球游戏的一些思考

（一）促进幼儿全面发展

在幼儿阶段开展足球游戏活动，既培养幼儿运动兴趣和综合运动能力，又提高幼儿动作协调性和灵活性，增强幼儿体质。另外，足球游戏活动是一项需要相互交流、相互合作的运动，幼儿在游戏中敢于大胆地表达自己的想法以及尝试各种玩法，促使其个性心理品质也得到了良好的发展，从而促进幼儿身心全面和谐发展。

（二）提升教师专业素养

幼儿足球课程开发与实践，对于促进幼儿全面健康成长具有重要的现实意义。作为新时代的幼儿教师，要准确把握幼儿足球课程开发的安全性和趣味性原则，采取丰富多彩的形式开展幼儿足球游戏化活动，充分发挥足球游戏活动在幼儿成长与发展过程中的积极作用，为幼儿的身心健康成长创造良好的条件。所以，要实现对幼儿足球游戏活动的驾驭，还需组织教师不断地培训与交流学习，结合实践不断完善幼儿足球启蒙教育园本课程，让幼儿们成为足球教育的主体。中国梦！足球梦！培养幼儿坚持不懈、宽容谦让、团队协作等能力，让幼儿感受到自由自在地奔跑在蓝天之下的滋味。

（三）增强师幼良好互动

当然，教学并非单一的传授，而是一种师生的互动行为，教师除了具备高尚品德及专业知识、技术外，亦须亲身共同参与，因为幼儿的动作学习部分起源于模仿，教师的共同参与除了提供幼儿学习对象外，亦会直接影响课程的情境，提高幼儿参与学习的意愿，并能提升教师自我的教学乐趣。为了落实幼儿快乐足球教学，以达到教育目标，因此，教师必须重视幼儿运动乐趣及共同参与的特质。足球游戏以它轻松、开放的组织形式深受幼儿的喜欢，也给予了幼儿广阔的发展空间，但要在这看似松散的活动中充分挖掘其教育价值，实现足球游戏的教育功能，却给每位幼儿园老师提出了很大的挑战。每个幼儿都是一本书，一本需要成人不断用心去理解的书。让我们抓住教育的契机，促进幼儿在原有基础上得到主动和谐的发展，不断地向理想化教育境界迈进。

幼儿快乐足球不应该仅仅是一个足球队，更重要的是足球游戏活动、足球精神的普及。幼儿快乐足球游戏活动，全面提高了幼儿的体质和体能，培养了幼儿拼搏进取、团结协作的体育精神。我们在慢慢中成长，我们在满满中收获，让幼儿通过足球游戏体验活动，感悟足球的魅力，享受足球的快乐，足球为每一个幼儿的健康成长润色。

基于高宽课程理念的幼儿园
大班角色游戏的实践研究

上海市浦东新区下沙幼儿园　瞿　欢

　　幼儿园角色游戏是幼儿园重要的游戏活动之一。角色游戏是幼儿自主自发、通过模仿和扮演来反映社会现象的一种表现形式。正因为角色游戏的开放性，让大班幼儿在游戏中更自由更自主，并在开展游戏行为中，满足自己的欲望和想象，建立社会性情感，从而有助于培养大班幼儿良好的行为习惯、社会交往能力、集体荣誉感以及自信心，积极促进大班幼儿多方面的发展。有效开展大班角色游戏需要许多的条件，比如幼儿的游戏行为、教师的指导策略和教育理念等，但是就目前而言，幼儿园所开展的大班角色游戏还存在着诸多的问题，比如，在开展角色游戏之前，大班幼儿缺乏对角色游戏的计划性；在游戏中幼儿依赖于教师的"指定"或"安排"，自主性不足；同样的幼儿在反映社会现象的过程中，面向性窄，造成了大班角色游戏的内容不够丰富；还有教师角色游戏指导策略薄弱，在游戏中的角色不清晰等。

　　高宽课程是以帮助儿童学会主动学习为基本价值取向，以系列关键经验为主要学习内容，以计划、行动和反思的活动教学为基本组织形式，旨在让孩子们对周围的自然与社会具有高度热情和广泛兴趣的一种幼儿园课程模式，其基本操作模式是：计划—实施—回顾反思。"计划"是给儿童一个机会表达他们的想法和意图，培养儿童的主动性和进取心。"计划"还包括决定做什么、预测互动、找出问题、提出解决措施、理解行为与结果关系。"实施"是儿童实施自己的计划，成人不必刻意去引导他们，而要观察如何收集信息，如何与同伴互动，如何解决问题。"回顾"则包含一个整理和收拾的环节。幼儿园角色游戏的目的和高宽课程的教育理念相辅相成，充分尊重幼儿的自主性，培养幼儿的自主意识，强调幼儿的主体性，同时正确引导教师对大班角色游戏的指导策略，能根据幼儿的前书写计划，有目的、有针对性地对游戏进行点评、分享，并且通过游戏过程中的观察，有重点地进行反思，有效解决了幼儿园传统角色游戏上的不足，所以，高宽课程的教育理念对大班有效开展角色游戏有着非常重要的实践意义。

鉴于高宽课程教育理念有利于大班角色游戏的开展，所以我们进行了途径多样、内容丰富的实践研究。通过实践，积累了一些有效的经验和方法。

一、基于高宽课程理念的大班幼儿角色游戏材料投放

（一）低结构材料的投放

高宽课程下角色游戏的材料标准，是能使儿童可以通过直接操作物体，在与成人、同伴以及物体互动中，建构新的理解。强调儿童对材料的直接操作是其主动学习的方法之一，所以我们给大班幼儿提供了充足性、适宜性、开放性、多样性的低结构材料，主要分为纸质类、布类、黏土类、塑料类、自然材料五大类。

1. 纸质类

报纸、硬纸板、卡纸、皱纹纸、纸巾、卷筒纸芯、纸杯、手工纸、各类纸盒等。

2. 布类

无纺布、手帕、废旧布料等。

3. 黏土类

超轻黏土、树脂黏土、软陶、橡皮泥等。

4. 塑料类

饮料瓶、吸管、瓶盖、塑料袋、密封袋、泡沫板、垫板等。

5. 自然材料

竹片、竹筒、小石子、木棍、木片、树枝、干花等。

教师在罗列材料时，应便于幼儿拿取和使用，有特定的材料区域，提供间隔较多、空间宽敞的收纳架，并让幼儿自己布置分类标识，张贴在各个收

纳框架里，便于整理和归类。

同时，我们发现低结构材料能催生幼儿的创造能力及想象能力，幼儿根据自己的兴趣对材料进行感知、经验和探索，从而在自己已有的基础知识经验之上建构新的知识，形成对世界新的经验和认识。大班幼儿能长时间专注地探索物体的多种操作可能，喜欢摆弄来满足自己的想象和创造欲望，能将材料多元化地使用，形成各种多变的游戏材料。如大班教室里会投放的纸杯材料，在"警车"上它是警灯，在"景区"它可以构建成金字塔、雕塑等，在"消防局"它是警报器……诸如此类的替代行为，都激发了大班幼儿在游戏中的创想能力。而且在研究中，我们发现，低结构材料种类越多，幼儿的创造行为就越明显，想象能力越丰富，最大限度地实现幼儿游戏的前期计划，使计划更有操作性和发展的空间。

（二）基于幼儿计划的材料投放

高宽课程强调活动的计划性，并且对计划的要求相对比较高。在角色游戏中，该年龄段的幼儿能综合自己所经历过的各种生活内容，有计划和创造性地再现一般的生活情境。幼儿计划中的材料是随机的、可替换的，他们并不会根据材料库里有什么材料来制订自己的计划，往往在幼儿的计划册里，更多的是对真实情境的直观表现。而在材料库中没有适合的材料来使用时，教师应支持和鼓励幼儿继续游戏计划，不因材料的缺失而改变自己的计划。教师应根据幼儿的想法和意愿来给幼儿提供适宜的材料。

案例

在"游泳馆"的游戏中，大班幼儿对该生活情境有一定的生活经验，从而知道在游戏中需要出现"更衣柜"，柜子的材料需要起到间隔和储物的作用。但是在材料库中，很多的材料都没有支撑的作用，一搭就倒，一放就塌，几乎没有符合的材料供幼儿使用和操作。眼看游戏不能根据计划来实施，教师在得知情况后，和幼儿开展谈话，通过"这个可以用什么东西来替代它呀？"激发幼儿想象，了解幼儿的需求和对材料的想法，及时在材料库里投放了垫子和KT板，从而满足幼儿的游戏意愿和行为。

二、基于高宽课程理念的大班角色游戏的组织实施策略

（一）大班幼儿角色游戏的计划制订策略

高宽课程的内容第一关键步骤就是计划，刚刚从中班升入大班的幼儿缺乏一定的计划意识，开展活动相对被动。而角色游戏是自主性游戏，它是幼儿在自由、自发、不受约束的情况下组织开展的，那么通过游戏中的计划性培养，可以提高孩子的主动、自主能力，以及增强自我计划意识。

1. 提供游戏计划册，激发幼儿前书写兴趣

为培养大班幼儿的计划能力，教师在大班班级里，提供了每人一本游戏计划册。该游戏计划册相比传统的书写本有所区别，传统的书写本，纸张顺序固定，不能增加页面和内容，且因为纸质的材料容易在翻阅和使用的过程中产生破损，计划册的使用不够持久。于是，教师通过对比，决定使用插页式文件夹来作为幼儿的游戏计划册。插页式的书册，首先，牢固度高，不易破损和脱页；其次，方便取拿，可随意增加内容，插取方便易操作；最后，可双面使用，清晰直观，便于幼儿翻阅和交流介绍。

将计划册摆放在图书区的书架上，既美观又整齐，而且便于幼儿取拿，同时在图书区里的计划册，也可作为阅读时的书本，幼儿可以在阅读时和大家分享自己的计划内容，提高幼儿的阅读表达能力。有了游戏计划册，幼儿的计划兴趣更高，通过自编游戏情节，为自己的游戏情境配上图文，并向同伴对自己的游戏计划图进行介绍和解释，选择自己喜欢的玩伴，也能与多个小朋友一起开展角色游戏。他们通过在计划册中涂鸦、绘画、书写等，来制定游戏需要服从的集体约定，也能在一定作品中展现游戏情境和需求。

2. 开展有效谈话

在开展大班角色游戏前，教师要根据幼儿的游戏计划内容，开展集中的谈话，了解"计划者"对将要开展的游戏做了哪些设想和准备，并从谈话内容中，为其他幼儿提供参考信息，有效帮助幼儿及时调整游戏中的相关内容，减少不必要的冲突。

3. 给予幼儿充分计划及开展游戏的时间

高宽课程有一个相对较为固定的时间量，比如计划时间10～15分钟，工作时间45～60分钟，回顾时间10～15分钟。但往往因为幼儿园一日作息时间相对紧凑，绘画和书写的时间如果比较短暂，会影响幼儿的计划，所以为了让幼儿更自主地计划自己的游戏，在作息上将开展角色游戏之前的环节设定为自由活动，有15～20分钟的时间提供给孩子进行游戏前的计划，符合高宽课程中计划时间的时间量。这个环节里，孩子们可以为后续的游戏提供充足的准备，如提前选择好材料和空间，将自己计划要使用的材料摆放在该区域的位置，减少后面游戏准备和摆弄的时间；同时可以选择玩伴，通过邀请、交流，选择适合的伙伴共同参与游戏。根据幼儿园作息时间，基本每日的游戏过程时间持续在50分钟左右，并保证回顾和分享游戏的时间量在10分钟左右。充分的时间分配，体现幼儿真正主动的参与，是幼儿主动学习的一个组织保障。

（二）大班幼儿角色游戏的实施策略

1. 不限制空间，自由布局

在游戏开展的区域里，整个教室区域都允许幼儿自由划分，同时教师提供了低矮的分界物，幼儿创设自由开放又能相互走动的空间，允许和鼓励幼儿在各区间相互联系、相互走动以满足自己更为复杂的游戏要求。能随意使用教室内的桌椅来创造游戏环境，体现幼儿对游戏的自主性和创造力。

2. 以大带小，混龄游戏

开展"以大带小"的混龄角色游戏，促进不同年龄段幼儿的交往能力。中小班幼儿由于年龄小，生活经验相对较少，自主性较差，在区域游戏中，大班幼儿在帮助和合作的过程中，能提升自己在游戏中的自信心和掌控感，有利于他们在实施计划时的可控性和自主性；同时也能丰富中小班幼儿的游戏经验，提升游戏行为，增强低龄幼儿游戏自主意识。

3. 共同实施，促进交往

高宽课程社会性情感领域的关键发展性指标，是关照自身要求，用语言表达情感，与其他儿童和成人建立人际关系，创造和参与合作游戏，处理社会性冲突。高宽课程认为，儿童早期社会性的发展能够帮助其长大后很好地适应社会。角色游戏可以帮助幼儿多角度地审视周围环境，从其他儿童那里了解到事物的差异性，幼儿会因为出现了某些困难和问题，主动向同伴"求助"，有一定合作意识的促进作用。

（三）大班幼儿角色游戏的回顾

对儿童来说，"回顾"既是暂时的终点，又是一个崭新的起点，他们需要对刚才所进行的游戏进行回忆、反思、总结并延伸，对刚才做了什么、是怎样做的等进行具体思考，并对后续活动的开展提出建议。

1. 根据计划，回顾游戏

高宽课程的基本环节是计划—工作—回顾。当大班角色游戏结束后，教师组织幼儿进行回顾和分享。回顾游戏中的事件，包括人物、材料、情境等，分享游戏中的新内容、新趣事、新经验等，这是对幼儿游戏经验的提升和积累，同时通过分享游戏，获得满足感和成就感。

案例

在角色游戏回顾分享过程中，"发电厂"的"工程师"，拿出了自己的计划册，计划里有两个同伴，分别承担了"维修检查"和"外出巡逻"的任务，书面内容上有一个形似"发电塔"的物体。"工程师"也就是游戏的计划者，拿着自己的计划册，指着计划册中的"发电塔"，介绍道："这是今天我首先要在发电厂里搭建的发电塔，有了发电塔，才能给周边的商店传送电源。我计划用餐厅的桌子和椅子来搭建发电塔。"当计划者简单地对计划进行解释之后，大家开始回顾游戏，计划者回顾了搭建过程，遇到了"发电塔"不牢固易倒塌的问题，并反思自己在构建上的失误；其他同伴回顾了"发电厂"在运行过程中，通过和区域的互动，知道了如何操作"发电塔"的"机关"和运作手法，直呼有趣和新颖。通过聆听幼儿计划，再去回顾游戏内容，加强了幼儿自我反思能力，也帮助幼儿获得了更直接的经验和方法。

2. 依据回顾，开展计划

高宽课程理念中的回顾，是幼儿在自主计划和实施过程中，进行思考、表达和自我反思的过程，在回顾中，同伴、成人的提示都能给幼儿带来新的启发和想象。再次开展相同游戏内容的角色游戏计划时，幼儿可回顾上一次的游戏情境和调整策略，增强了幼儿对游戏的计划性，提升幼儿的游戏行为和创造、想象能力，同时对当下计划更有目的性。

三、基于高宽课程理念的大班幼儿角色游戏的多形式探索

（一）亲自然角色游戏

《纲要》指出：幼儿园教育应充分尊重幼儿作为学习主体的经验和体验，尊重他们身心发展的规律和学习特点，以游戏为基本活动，引导他们在与环境的积极相互作用中得到发展。高宽课程理念就是秉承着为儿童创设支持性的能够让儿童主动学习的环境，促进幼儿的全面发展。通过实践和研究，我们将大班角色游戏环境开放到室外，幼儿在自然环境下，按照自己意愿确定游戏内容，融入更广阔的环境中，自由选择自然材料，设定游戏规则，以模仿和想象扮演角色，从而创造性地反映周围生活。

如"娃娃家"中常见的床、餐具、食物、桌椅等，孩子的参与度也比较高，但实际上这样的"材料提供"束缚了孩子的创造力、想象力，孩子的自主意识得不到有效的提升和发展。但当角色游戏搬出教室，在自然环境下组织开展，各种自然材料更加贴近幼儿的实际生活，随处可见的"枯树枝"、随风飘落的"树叶"、零零碎碎的"小石子"以及满地肥沃的"泥土"等自然界赋予的游戏材料，通过孩子的创造和想象，都可能成为孩子们角色情境中的食材、工具、道具甚至是角色对象等。土坑、沙堆成为孩子们的领地，自主划分游戏区域，设定游戏情境，充分发挥幼儿的自主意识。

（二）专用活动室角色游戏

角色游戏是幼儿期最典型、最有特色的一种游戏，是幼儿园一日活动的重要组成部分，幼儿可按照自己的意愿确定游戏的内容、角色和规则，无拘无束，自由自在，充分模仿和扮演各种角色，从而能得到极大的心理满足。

利用幼儿园资源，教师提供专用活动室——表演室，安排大班幼儿除了在自由情境下进行角色游戏外，还可在表演室内开展装扮性较高的角色游戏。表演室相比教室，有更丰富的装扮性道具，如头饰和服装，能更好地满足幼儿装扮欲望。同时我们在表演室内也设置了"百宝箱"，提供了丰富的低结构材料，让幼儿在游戏计划时更好地创设游戏情境。

四、基于高宽课程理念的教师观察指导

高宽课程认为，教师的角色是幼儿学习的支持者和合作者，这里的支持者包含讲话者、倾听者和参与者的角色，和幼儿建立真诚、平等的关系，在游戏的指导过程中，更多的是鼓励而不是赞扬。

（一）有效提问，激发想象力

当教室里的一些游戏内容终止不前，幼儿停留在重复的简单的游戏行为中，教师可以通过问题来激发孩子的想象力，比如，"这可以做什么？还需要什么吗？还可以怎么做？"来调动幼儿熟悉的生活经验，拓展其想象力。

（二）充分观察，适时指导

每一个儿童都是独立发展的个体，高宽课程是通过在儿童的独立行为和帮助行为之间推动儿童现有水平的提高，使其进入更高发展阶段，所以教师要有所准备，对幼儿游戏要有充分的观察时间，不随意打断幼儿的游戏，站稳10分钟，等等。对幼儿的游戏行为给予支持，激发幼儿的潜能，当幼儿计划、实施游戏时，要肯定、要支持、要激励，促进幼儿独立思考和主动解决问题的能力。当幼儿在迷茫或不知下一步怎么进行的时候，教师就是幼儿的精神支柱，适当的鼓励，有助于推动游戏的进行，提升幼儿的游戏行为，积累相关的游戏经验。

（三）轶事记录，形成观察量表

高宽课程强调的是真实性的评估。教师在实践研究中是通过幼儿的行为进行评估，对幼儿的计划行为、游戏行为、语言进行记录，帮助教师学会观察。高宽课程对活动的记录方法最直观有效的就是轶事记录，对幼儿的行为分析也更为准确和客观（见表1）。

表1　角色游戏轶事记录表

观察者：	观察对象：
观察时间：	观察区域：
观察描述：	行为分析：

轶事记录表，是针对某一游戏主题或者某一幼儿的观察记录。对于某一幼儿的观察记录，要求教师能站定10分钟的观察时间，充分观察幼儿的游戏行为并实施记录。对于某一个主题里的幼儿游戏观察，可采用跟踪式的观察方式，连续记录3天及以上该区域中游戏开展和发生。

每周班上教师通过对班级角色游戏观察和记录，以计划—工作—回顾三个标准来进行分析和记录，形成相对完善的角色游戏观察量表。一周一统计，一周一分析，有利于教师对游戏条件、环境创设和材料提供进行及时反馈和调整，最大限度地满足幼儿的游戏愿望和情感体验（见表2）。

表2　角色游戏观察量表

班级：
日期：×月×日—×月×日

环节	内容 ＼ 时间	周一	周二	周三	周四	周五
计划	自主计划					
	参与计划					
工作	独自搭建					
	交流协商					
	合作实施					

环节	内容＼时间	周一	周二	周三	周四	周五
工作	使用替代物					
	物品改造					
	解决问题					
	引发冲突					
回顾	计划相符					
	引发话题					
	获得经验					

（四）根据观察制定个性化的指导策略

教师通过对幼儿在游戏过程中的行为观察，参考依据观察量表数据，有针对性地进行指导。高宽课程理念下的大班角色游戏是高度自主的活动，需要充分体现大班幼儿的独立性和自主性，且不受成人的控制。对大班幼儿来说，和生活密切相关的游戏内容，更能激发他们的游戏热情。

1. 启发和诱导

当幼儿在制订游戏计划、确定游戏主题的过程中，出现想法止步不前、毫无头绪的情况下，教师可以启发和诱导计划发展，如"超市"是一个比较常见的游戏内容，因为幼儿喜欢经营式的游戏，所以"超市"几乎会出现在所有角色游戏主题中。正是因为平平无奇，幼儿间参与兴趣也不高，"顾客"也不多。计划者在计划时发现和之前的计划并没有太大的变化，开始犹豫，这时候教师通过谈话启发幼儿过几天就是中秋节，诱导幼儿尝试从这个方面来计划超市。大班幼儿对传统节日的认知相对比较成熟，教师对游戏内容的启发，激发了幼儿的生活经验，开始有目的地计划本次超市的游戏内容。这样的师生合作使幼儿游戏更加细节化、生活化，游戏源于生活又体现了生活。

同样地，在开展"超市"游戏的过程中，"顾客"并不多，虽然实施计划很顺利，但是进行中的游戏还是出现了空店的现象，"老板"似乎并不满意自己这样的经营方式。教师再次进入，以游戏者的身份参与到超市中，向"老板"提出，超市宣传力度不大，自己并不知道超市有中秋节活动。"老板"在教师的提醒中，逐步开始下一步的计划，使用了宣传海报，并且进行张贴海报、分发优惠券等，果然吸引了很多的"顾客"，"超市"马上热闹了起来。教师的启发和诱导，并不打扰幼儿的自主性和独立处理问题的能力，相反，这样的启发有利于孩子去主动学习和思考，秉承着高宽课程中激发幼儿主动进行活动和任务的理念。

2. 游戏中的固定身份

高宽课程理念下的大班角色游戏，是完全依托幼儿组织开展的活动，所以在游戏中有不断变化的因素，影响着游戏的进行，比如幼儿的角色、幼儿的表现以及需求等。这时候作为教师，应全程参与到角色游戏中去，让自己扮演一个固定的角色，以一个固定的身份调解游戏中可能出现的冲突。比如，在原来计划的角色不能满足某个幼儿的选择和表现需求时，他可能会根据自己的兴趣、需求、经验创造出新的角色，只要新角色能正确反映游戏现状，展现游戏认识和内容，那么教师要以自己固定的游戏者身份鼓励和认可幼儿新角色的生成，并产生交往或者合作，推动幼儿自我思考，扮演好自己的新角色。教师的全程参与，不仅为游戏规则奠定基础，也能够持续地对游戏进行优化和调整，达到更好的游戏效果。

3. 尊重个体差异，随机变换指导策略

高宽课程理念下的角色游戏，对教师的指导能力有很高的要求，尤其是教师在游戏中的随机应变能力，不只是处理冲突、解决问题的应变能力，还有对幼儿开展计划、实施发展的指导要求。在实际开展游戏过程中，教师必须抓好时机，尊重幼儿个体差异，把注意力放在观察幼儿变化上，了解幼儿的特长，将显性指导和隐性指导相互结合，充分激发幼儿的潜能。

五、基于高宽课程理念的大班角色游戏后续支持

从国外相关研究中，我们也看到了高宽课程的早期教育模式不仅能帮助幼儿在语言上和认知学习上成效显著，而且还能促进幼儿的独立性、好奇心、

决策力、合作力、创造力、意志力以及自我解决问题的能力的发展。融合高宽课程理念的角色游戏，需要教师、家长乃至社会的大力支持和帮助。

（一）材料的支持

高宽课程中活动材料的使用和操作，也是实现幼儿主动学习的形式之一。每一次游戏结束后，教师鼓励幼儿针对游戏材料的使用和创造进行交流分享，对游戏中的替代物和再创造道具进行肯定和表扬，同时游戏中提供的材料不应该是一成不变的，应该随着游戏的发生、发展，教师有意识地增加、替换材料的数量和种类。在日常生活中，教师积极鼓动幼儿和家长共同收集生活中的材料，丰富材料的种类，进一步在游戏材料上给予幼儿最大的支持。

（二）空间的支持

游戏空间不应仅局限在教室，我们要根据幼儿的需求和意愿，支持他们利用各种空间和环境，提供开放性的游戏空间。尽可能地开发幼儿园空间资源，利用走廊、操场、阳台、活动室、养殖区、小菜园等，满足幼儿的游戏需要，促进幼儿在游戏区域之间的有效互动。

（三）教师的支持

高宽课程关键是要促进幼儿的自主性和主动性。大班幼儿的创造力和想象力相对比较强，所以大班的游戏内容如天马行空般丰富多彩，主题内容也日渐增多，教师要以幼儿的视角看待游戏，在游戏结束后应组织幼儿集体分享、回顾游戏、交流心得、探索发现，通过师生互动，积累经验，推动幼儿的游戏情节创设，促进幼儿多元能力的发展。鼓励幼儿大胆表述自己的游戏想法，乐意分享自己的游戏经验。

（四）家庭、社会的支持

家庭是幼儿生活的主要场所，家长能利用家庭资源、社会资源，使幼儿获得社会信息，帮助幼儿积累丰富的生活经验。如"地铁站"，幼儿可利用桌椅搭建"地铁"，但在进行游戏的过程中，"地铁"显然变成了"公交车"，随招即停。在游戏回顾后，幼儿获得了相关的经验，在幼儿的要求下，家长利用双休日，带着幼儿去乘坐地铁，并详细讲解了进入地铁站的流程。在下一次的游戏中，幼儿计划了安检台、公交卡以及站台名称，使游戏内容更加丰富，幼儿也在游戏中得到了最大的满足。所以，游戏主题的生成同样需要成人的帮助和支持，为幼儿的创想提供丰富的素材和经验。

六、基于高宽课程理念的大班角色游戏研究成效

本研究是通过大班幼儿主动参与游戏的开展和实施，促进了幼儿游戏能力的提升，进一步增强了幼儿自主能力、计划能力以及语言表达能力的发展。同时让大班幼儿在游戏中获得了自由感、安全感以及成就感，在这种体验中获得愉悦、乐观和自信。高宽课程模式要求教师创建支持性环境，让幼儿在其经验兴趣上进行活动，通过讨论，支持幼儿制订出详细的活动计划，在行动中，观察幼儿活动发展并记录幼儿活动，并以同伴的关系加入幼儿活动，及时地、积极地与幼儿进行互动，促进幼儿的发展。通过大班角色游戏的开展和研究，我们发现教师和幼儿之间是存在一定的视角差的，在一次次开展游戏过程中，教师去贴近幼儿的视角，来看待游戏，分析、解读幼儿的游戏行为，突破传统游戏带来的局限性，拓宽教师指导思路和创新意识，以幼儿的视角反思、评价。

幼儿园角色游戏是幼儿对周围物体和事件进行的直接反映，高宽课程理念最重要的教育目标就是促进儿童自我意识、社会责任感、独立意识的发展。通过高宽课程理念下开展的大班角色游戏，引导幼儿对角色游戏进行前书写计划、实施游戏过程、回顾交流，真正做到以幼儿本身为游戏主体。高宽课程模式是以帮助儿童学会主动学习为基本价值取向的，所以高宽课程的教育理念对幼儿园有效开展角色游戏有着非常重要的实践意义。

幼儿园小班角色游戏中的
师幼互动观察研究

上海市浦东新区东方德尚幼儿园　上官秀

一、绪论

近年来，幼儿园师幼互动的质量受到了广大学者的关注。现今在幼儿园小班角色游戏中的师幼互动主要存在两大问题：一是忽视幼儿主体性，二是师幼互动缺乏有效性。因而，选择合适的角度切入对上述相关问题进行研究，对于改进教育实践具有重要价值。

虽然国内外学者对于幼儿园的师幼互动做了许多研究，但大多针对集体教学活动，对有关角色游戏中师幼互动的研究相对较少；同时，这些研究大多以中、大班幼儿为对象，对有关小班幼儿的研究相对较少。因而，本研究以小班幼儿为对象，从师幼互动的主体、内容、性质及结果等方面探讨角色游戏中的师幼互动现状。

二、研究设计

（一）研究问题

1. 小班角色游戏中师幼互动的主体性如何？
2. 小班角色游戏中师幼互动的内容有哪些？
3. 小班角色游戏中师幼互动的性质如何？
4. 小班角色游戏中师幼互动的结果如何？

（二）研究对象

本研究以上海市某幼儿园为例，笔者从该幼儿园所有的小班中随机选取一个班级，以32名幼儿和两名教师为对象，观察其在角色游戏中师幼互动的情况并做记录。另外，以这两位教师为访谈对象，分别进行访谈。

（三）研究方法

1. 观察法

本研究自拟观察表，采用非参与式观察法以保证观察的客观性。为了保证观察记录的真实自然，笔者前期不做观察记录，待笔者与观察对象相互熟悉之后，再做正式的观察记录。参与本研究的幼儿园对幼儿角色游戏的发展较为重视，一般一周会开展三次角色游戏，其中周二、周四、周五教师组织幼儿开展角色游戏的频率较高，所以本研究多选择这三天作为主要的观察时间。

当幼儿开始进行角色游戏时，笔者坐在教室后方，不干预不打扰角色游戏中的师幼互动环节，观察时间主要在8：15～8：45，从开始到结束用扫描观察法与定点观察法持续观察半小时。根据自己制作的角色游戏中的师幼互动观察记录表（见附录1），对师幼互动的主体、主题、性质及结果进行观察记录。同时，对于个别典型事件或者特殊事件，采取事件取样法详细记录整个事件。每周观察三天，每天观察30分钟，连续观察三个月。

2. 访谈法

采用非正式访谈，在观察到师幼互动行为后，根据访谈提纲（见附录2）分别对两名教师进行访谈，主要了解其互动的目的、策略和感受等。

三、观察结果

（一）小班角色游戏中师幼互动的主体性

如表1所示，本次研究收集到的有效的师幼互动事件总共有285次。其中以教师为主体开启的互动有163次，占比为57.19%；以幼儿为主体开启的互动有122次，占42.81%。通过分析发现，教师开启的互动比幼儿开启的互动高出了14.38%，可见，在小班的角色游戏中，师幼互动多数教师占主体地位，但是两者数据相差并不很大，在角色游戏中幼儿发起的师幼互动比例略低。

表1 角色游戏中师幼互动主体统计表

	次数	比例（%）
教师开启的互动	163	57.19
幼儿开启的互动	122	42.81
合计	285	100

在实际观察中发现，幼儿在进行游戏时，大多会全身心地投入进游戏，但是当教师走过其身边或是教师望向那边时，幼儿就会有很大概率发起互动。教师开启的互动数量比幼儿多的原因，很可能是由于小班幼儿的基本水平有限，规则意识、合作意识还未形成，所以教师通过观察，而后开启的互动较多。

（二）小班角色游戏中师幼互动的内容

本研究中的师幼互动内容情况如表2。

表2 角色游戏中师幼互动内容统计表

教师开启的互动	次数	比例（%）	幼儿开启的互动	次数	比例（%）
约束纪律	56	34.36	请求帮助	32	26.22
培养习惯	27	16.56	寻求关注与表达情感	26	21.31
指导活动	24	14.72	寻求指导	23	18.85
安慰与关心或表达情感	20	12.27	提问	14	11.48
询问	14	8.59	与教师共同进行游戏	12	9.84
让幼儿演示或展示	11	6.75	约束纪律	11	9.02
与幼儿共同进行游戏	11	6.75	演示或展示	4	3.28
合计	163	100	合计	122	100

由表2可以看出，在角色游戏中不同主体开启的互动内容与其发生的次数均有所不同。在以教师开启的互动中，约束纪律这一互动类型的发生次数最高，培养习惯与指导活动次之，让幼儿演示或展示以及与幼儿共同进行游戏最少。由此可以看出，在角色活动中，教师开启的互动主要是为了约束幼儿角色游戏环节时的纪律以及提高幼儿的游戏水平。在以幼儿开启的互动中，请求帮助这一互动类型的发生次数最多，寻求关注与表达情感其次，可以看出幼儿十分需要教师的帮助并且渴望得到教师的关注。

在观察中发现教师开启最多的互动内容就是约束纪律，如当幼儿在进行角色游戏时，在教室中奔跑或是幼儿因为过于兴奋而大喊大叫时，教师一般都会直接点名提醒该幼儿而发起了互动。而对于培养习惯的师幼互动，在小班的角色游戏中，教师多数培养的是坚持以及整理、及时物归原位的习惯。在角色游戏途中，教师会多次因为幼儿无法坚持一个"工作"而发起互动。可见教师在角色游戏中的师幼互动出发点，大多是为了促进幼儿游戏水平的发展，而忽视了游戏本身对于幼儿的价值。

在幼儿发起的互动中，向教师请求帮助出现的频率最高。最常见的是因为抢夺玩具或是"工作岗位"而引起争吵，于是向教师请求帮助。这和小班的年龄特点有很大的关系，由于小班幼儿的共情能力低、自我倾向性明显，所以容易发生争吵。对此，教师在平时学习活动时，应该尽量开设相关活动引导幼儿学会分享。其次是寻求关注与表达情感。幼儿经常会在游戏途中寻找老师展示自己做的食物、给娃娃开的药或是邀请教师来做客，以此吸引教师的注意力，希望得到教师的夸赞。

（三）小班角色游戏中师幼互动的性质

师幼互动的性质关系着师幼互动的结果以及质量，其数据可以帮助我们直观地发现当前角色游戏开展中存在什么问题。根据师幼互动时教师与幼儿不同的情感表现，将师幼互动性质分为积极、中性以及消极三类。

1. 以教师为主体的师幼互动性质

（1）以教师为主体的师幼互动性质整体情况

表3　角色游戏中以教师为主体的师幼互动性质分布表

	积极（%）	中性（%）	消极（%）
教师开启的互动行为性质	47.85	38.65	13.5
幼儿反馈的互动行为性质	44.79	50.92	4.29

　　由表3可以看出，在角色游戏中当教师作为开启者的互动中，其自身的行为性质以积极为主，幼儿反馈的性质以中性为主。但是在教师作为开启者的互动中，教师自身的消极行为比幼儿要高，幼儿大多是以中性或是积极的情绪反馈教师，而消极的反馈很少。

　　（2）以教师为主体，不同内容师幼互动的性质

表4　角色游戏中以教师为主体，不同内容师幼互动的性质分布表

互动内容	教师发起行为性质（%）			幼儿反馈行为性质（%）		
	积极	中性	消极	积极	中性	消极
指导活动	54.17	37.5	8.33	45.83	45.83	8.34
约束纪律	10.71	55.36	33.93	21.43	8.93	69.64
让幼儿演示或展示	81.82	9.09	9.09	90.91	9.09	0
安慰与关心或表达情感	75	15	10	90	10	0
与幼儿共同进行游戏	81.82	9.09	9.09	100	0	0
培养习惯	29.63	62.96	7.41	55.56	29.63	14.81
询问	71.43	21.43	7.14	35.71	50	14.29

　　由表4可知，在角色游戏中以教师为主的互动内容，教师的情绪以积极为主。其中当教师是以约束纪律与培养习惯为目的展开的师幼互动中，教师情绪以中性为主。在所有行为中，约束纪律所展开的师幼互动中，教师的消极情绪最高为33.93%，比其他行为引起的消极情绪要高出许多。对比发现，对于教师发起的一系列互动中，幼儿情绪大多是积极的或是中性的，在与幼儿共同进行游戏这一互动中，幼儿的积极情绪占比高达100%。但是对于教师

以约束纪律为目的开启的师幼互动中，幼儿的消极情绪高达69.64%。除此之外，幼儿对于教师培养习惯以及询问性质互动的消极反馈比其他行为数据要高，这与幼儿的年龄特征有一定的关系。

其中一个教师以约束纪律而开启互动的典型案例发生在小餐厅里面，皓皓把饭锅拿在手里敲敲打打，发出十分嘈杂的声音。教师听到后大声地说道："皓皓，你在干什么？小餐厅的厨师是这样烧菜的吗？看来你不会烧菜，请你出来坐在旁边休息一会。"皓皓不愿意放下手中的玩具，教师走上前去将他直接带了出来，皓皓坐在小板凳上开始哭。从这个案例中发现教师在约束纪律时的情绪都不太好，幼儿给出的反馈情绪也十分消极。此案例中教师的指导策略就不太好，对于小班幼儿，规则意识本就薄弱，教师虽然制止了幼儿这样的行为，但是还是没有教育幼儿到底要如何保持良好的纪律，同时剥夺了幼儿自由玩耍的权利。

2. 以幼儿为主体的师幼互动性质

表5　角色游戏中以幼儿为主体的师幼互动性质分布表

互动内容	幼儿发起行为性质（%）			教师反馈行为性质（%）		
	积极	中性	消极	积极	中性	消极
寻求指导	47.83	39.13	13.04	21.74	73.91	4.35
约束纪律	0	18.18	81.82	0	41.09	58.91
演示或展示	50	50	0	75	25	0
寻求关注或表达情感	80.77	15.38	3.85	19.23	76.92	3.85
与教师共同进行游戏	91.67	8.33	0	8.34	83.33	8.33
请求帮助	50	46.88	3.12	40	56.25	3.75
提问	7.14	92.86	0	21.43	78.57	0

由表5可以看出，在幼儿发起的互动中，幼儿的情绪是以积极与中性为主的，消极情绪较少。教师的反馈行为性质也是以积极与中性为主。当幼儿与教师一起进行游戏以及寻求关注或者表达情感时，幼儿表现得较为积极，而

教师的反馈行为以中性为主。由此可知，幼儿在角色游戏中十分喜欢与教师一起游戏，并且十分乐于展示自己以引起教师的注意。当幼儿希望教师去约束纪律时的消极情绪占比在所有消极行为中最高，而教师的反馈行为也是消极居多。当幼儿寻求教师的指导以及请求帮助时，教师的反馈行为一般以中性为主。这有很大程度是由于小班幼儿的年龄偏小，对于角色游戏本身存在许多的问题，教师面对整个班级的幼儿时，难免顾此失彼，对于幼儿多次的提问请求，教师只能以中性的情绪来应对。

某天角色游戏结束时，教师着重表扬了坚守一个工作岗位的幼儿，在隔天角色游戏时，俊俊选择了做小医生，过了10分钟一直没有人光顾小医院，这时教师往小医院看了一眼，俊俊马上喊道："老师，老师，我一直在医院。"老师答道："太棒了，你一直在坚守自己的岗位是吗？"俊俊笑着点头。可见在这个案例中，幼儿最主要的目的就是引起教师的注意，得到教师的夸奖，很大原因是教师前天表扬了这样的行为，形成了替代性强化的作用。

（四）角色游戏中师幼互动的结果

表6　角色游戏中师幼互动的结果分布表

结果	教师为主		幼儿为主	
	接受	拒绝	接受	拒绝
次数	132	31	111	11
百分比（%）	80.98	19.02	90.98	9.02

由表6可以看出来，在角色游戏中不同发起者发起的互动结果大多数是接受。教师对于幼儿发起的互动的拒绝数量明显少于幼儿的拒绝数量，这说明了教师在角色游戏的师幼互动中努力地回应幼儿，有积极回应幼儿的意识在，不管回应的过程是好是坏。幼儿更是如此，对于教师在角色游戏中的互动，幼儿都乐于接受，如以下案例：

一次角色游戏中果果与鹏鹏今天的工作是小司机。鹏鹏在教室里面开心地开来开去，突然，果果飞快地冲过来将鹏鹏撞倒了，鹏鹏哭了起来。教师问鹏鹏："发生什么了？"鹏鹏说："果果把我撞倒了。"教师："什么？是出车祸了呀，你一定受伤了，我们快去小医院看看！"老师与果果一起将鹏鹏扶到小医院，教师开始给鹏鹏看病。果果在旁边看着，说道："我下次开车一定不开这么快了。"这个案例中，教师介入的时机、方法都十分恰当，幼儿给出的回应也十分好。可见教师在角色游戏中有积极进行良好互动的意识在，才能做出这样有效正确的互动。

四、结论与思考

通过对小班角色游戏中师幼互动主体、内容、性质和结果的分析，得出以下三条结论：① 小班角色游戏中师幼互动主体不对称；② 小班角色游戏中师幼互动重事务轻情感；③ 小班角色游戏中教师指导策略不当，消极无效互动较多。对此经过思考，为了更好地做到"温暖而有效的教学"，我对自己提出以下三点改进：① 尊重幼儿游戏的自主性；② 关注幼儿的情绪情感发展；③ 提升游戏指导策略。

（一）尊重幼儿游戏的自主性

角色游戏需要遵循幼儿的游戏意愿。不管是什么游戏，都应该以幼儿为主。虽然幼儿需要指导，但依旧不能让幼儿失去自主游戏的权利。要想做到这一点，教师应该时常提醒自己，教师是幼儿的游戏伙伴而不是幼儿角色游戏的管理者，确保幼儿在游戏中的主体地位。在幼儿角色游戏时，教师应该理性地对待幼儿的小错误，耐心回应幼儿的问题，以一种积极的态度对待幼儿。对于幼儿在游戏中的探索给予充分的肯定与鼓励。

（二）关注幼儿的情绪情感发展

在角色游戏中，幼儿对情感互动的接受性更容易，幼儿都希望得到教师的关注，当教师关注到幼儿的情绪情感，并做出相应的反馈时，教师与幼儿都处于一种十分积极的状态下，此时发生的师幼互动的质量将会大大提升。所以在角色游戏中，教师需要多多关注幼儿，对幼儿希望表达自己、希望教师关注自己、表扬自己的行为做出相应的正向回应。即使幼儿出现不好的行为，也要根据情节轻重做出适当的回应，没有到需要直接批评时，还是应以细心指导为主。让幼儿感受到教师的耐心与关注，这样幼儿也更愿意与教师交流互动。

（三）提升游戏指导策略

在前文分析中，我们得出教师指导策略不当，且消极无效互动较多的原因，很大程度上是因为教师无法关注到这么多幼儿，所以无法及时对个别幼儿做出相应的反馈。针对这样的问题，可以从以下三点做出改进。

1. 先观察后指导

观察幼儿的游戏是指导的基础。只有通过观察，教师才能了解幼儿在游戏中需要什么样的指导。观察时，不仅仅是观察游戏环境、幼儿游戏的总体情况，也同样要关注每一位幼儿每一次角色游戏的情况。这样才能有针对性地对每一个幼儿做出相应的指导。

2. 在顾全大局的前提下，增加个别化指导

在仔细的观察之后，教师对每一位幼儿的性格、在游戏中可能出现的情况都有了一定的了解。这时候，教师可以在顾全大局的前提下，适当地有意识地增加个别化指导，且在幼儿主动寻求帮助时积极地回应。

3. 反思每一次指导

可以尝试着将自己每次角色游戏中的指导互动简略地记录下来，总结自己做得好的地方，找出自己做得不足的地方，下次继续改进，从而不断地积累经验，提升自己的专业素质。师幼之间的互动对于幼儿是一次成长的机会，对于教师也是一次了解幼儿同时发展自己的机会。

附录1：

角色游戏中的师幼互动观察记录表

日期：　　　　　　　　　　　　带班老师：

互动主题（教师开启的互动）	指导活动								
	约束纪律								
	让幼儿演示或展示								
	安慰与关心或表达情感								
	与幼儿共同进行游戏								
	培养习惯								
	询问								
	其他								

续　表

互动性质	教师	积极												
		中性												
		消极												
	幼儿	积极												
		中性												
		消极												
互动结果	幼儿	接受												
		拒绝												
备注														
互动主题（幼儿开启的互动）		寻求指导												
		约束纪律												
		演示或展示												
		寻求关注与表达情感												
		与教师共同进行游戏												
		请求帮助												
		提问												
		其他												
互动性质	教师	积极												
		中性												
		消极												
	幼儿	积极												
		中性												
		消极												
互动结果	教师	接受												
		拒绝												
备注														

附录 2：

访谈提纲

1. 您为什么要介入本次角色游戏？
2. 您认为本次介入的时机与方式恰当吗？
3. 您对这次的互动结果满意吗？

基于绘本教学的大班幼儿
社会情绪管理支持策略研究

上海市浦东新区东园幼儿园　戴捷青

幼儿期是个体社会情感发展的基础时期，培养幼儿具有符合社会发展需要的情感，对幼儿的身心发展具有不可估量的作用。大班幼儿的社会情感具体表现为关注自我情绪、共情、自我情绪的表达等。

绘本非常符合儿童的认知规律，它图文并茂，可以帮助孩子更轻松地认识世界。绘本可以分为科常类、情感类、故事类等，绘本中有很多与学习社会情绪管理有关的内容，此类绘本通过呈现有关某种情绪状态和社会交往的故事，能够培养幼儿的情绪识别能力、情绪表达和调节能力。有研究者指出，通过直观形象的情境事件呈现，幼儿可以学习绘本人物处理情绪的策略方式，通过阅读绘本、理解绘本，幼儿可以逐渐迁移并内化为自身的技能，主动地去获取和积累积极情绪。因此，适宜的绘本教学策略既能提高师幼互动质量，也能有效帮助大班的幼儿管理社会情绪。

一、挖掘绘本中的情感元素，引导幼儿积极管理自我情绪

大班的幼儿能理解自己的情感，开始学会掩饰自己的一些情感。比如，当自己今天收到礼物的时候，他们会开心得手舞足蹈；当自己画的作品不太成功的时候，自己会非常沮丧，觉得很羞愧。于是，通过挖掘绘本中的情感元素，引导幼儿能够积极管理自我情绪。

在开展"我自己"的主题活动中，孩子们不仅认识了身体各部位，还对它们的作用非常了解。在一次画自画像的活动中，有的孩子能够清晰地抓到

自己的长相特征，如长长的辫子、戴眼镜、脸上有颗痣、嘴巴里掉了一颗门牙等。在作品交流过程中，孩子们对自我的评价非常主观，觉得自己身上有许多的缺点，但是往往这些缺点是可以想办法克服的，比如自己很爱哭、很害羞等，于是《我喜欢自己》绘本就此进入我和孩子的视野中。绘本中的小猪非常打动人，小猪虽然长得一般，但是它的乐观向上的精神很让人莫名感动。在教学活动的现场，幼儿的发言次数变多了，当小猪遇到这样或者那样的困境时，它总能积极地鼓励着自己，孩子们渐渐也开始鼓励小猪了："没关系，下次心细一点就不会打翻了！""没事儿的，你穿裙子的模样真好看。""不要灰心，下次你会成功的，这次就当积累经验了。"孩子们鼓励的话语非常暖心。绘本可以给孩子们带来正能量，从绘本的视角认识自己，相信自己，重拾自信！

二、运用多元绘本教学策略，培养幼儿的共情能力

幼儿的共情能力主要指幼儿能够学会站在他人的角度上思考问题，去理解他人情感表现的原因，并与之产生共鸣。培养大班幼儿共情能力的主要目的，是让他们能设身处地去理解他人的感受，特别对于即将迈入小学的大班幼儿来说，共情能力的培养能够让他们更好地适应小学生活。

（一）走进绘本情境——在情境互动中理解情绪

大班幼儿在面对"友谊"时，会陷入无所适从又无比渴望的情感矛盾。和好朋友一起分享的时候，他们往往会关注自己，而忽略周围人的情绪与感受；当同伴的行为损害到自身的利益时，他们会无所顾忌地说出"我不要跟你做朋友了"。经常有孩子会难过地找我说："×××不愿意和我一起玩，昨天她是我的好朋友，今天她又不和我玩了。"如何识别他人的情绪，从而能够更好地与同伴交往？通过与绘本情境的互动，让幼儿能够在情境中感受故事人物如何对待他人，如何感知他人情感，从而能够将这些经验内化，能够在与同伴的交往中识别他人的情绪，以便与他人更好地相处。

绘本《雪地里开了朵太阳花》中，大熊和卢娜之间的友谊非常动人，大熊为了让卢娜再次拥有太阳花而四海漂泊，虽然找寻不到太阳花，但是他为

朋友而努力的行为打动了孩子们。绘本的情境启发幼儿回忆已有的经验，并将这些经验与现时的活动情境结合起来。幼儿通过对绘本情境的解读，从而理解大熊和卢娜之间的友谊。跟随绘本情节的深入，幼儿为大熊作为卢娜的朋友为其外出找寻太阳花，经历了许多磨难而感动，渐渐对友爱这个词有了自己的理解。在故事最后一页，一幅美丽的画面：两个好朋友一起躺在开满太阳花的花丛中，手牵手幸福地笑着。一些孩子开心地说："太好了，希望他们一直在一起。"通过绘本，幼儿们也发现了在自己身边的"大熊"，萱萱说："自己的好朋友安安就是这样的，当我找不到玩具的时候，安安会把自己的玩具先给我玩，然后还会帮助我一起找玩具。"多多说自己很喜欢大熊，也希望能够像大熊一样，当朋友有困难的时候给予帮助。是呀，也许每个人的身边都有这样一位温暖的"大熊"，每对好朋友都是彼此的"大熊"。

在绘本教学活动中，借助情境支架，帮助幼儿在已有的生活经验的基础上去理解情绪，让幼儿能够自我觉察情绪，意识到自己的情绪变化，如开心、难过、生气、沮丧等，在觉察自己情绪的变化后能够理解自己的情绪，从而能够有意识去关注他人，理解他人。

（二）走进绘本角色——在观察、分析绘本角色中识别他人情绪

情绪识别是一个包含观察、分析、判断和推断的过程，对于大班的幼儿来说可以在一定的情境中，通过观察他人的动作、表情，觉察和猜测他人的情绪，从而体会他人的感受。

在绘本中角色情绪的夸张、表情的形象、动作的细致等，都能极大地帮助大班幼儿迁移情绪认识，对情绪的识别有很大的帮助。通过绘本教学中设计的提问，鼓励幼儿关注绘本中角色的动作与表情，引发幼儿的积极思考。

在大班绘本阅读《雪地里开了朵太阳花》中，我展开了层层递进的提问，引导幼儿通过观察人物的动作和表情从而能够真实地体验他人的感受。

1. 卢娜与大熊（感受卢娜与大熊之间暖暖的友谊）

——卢娜和大熊是好朋友吗？他们一起做了哪些事情？（连续图片的观察，从他们的表情和动作中推测人物之间的关系）

2. 发现太阳花——太阳花的消失（关注人物的表情变化，从而理解他人的情感）

——如果你是大熊，你会怎么做？（从幼儿自身角度出发，思考当朋友难过的时候该怎么办，用卡片进行汇总）

3. 大熊与卢娜分离（感受卢娜与大熊对彼此的思念之情）

——大熊离开了卢娜。此时卢娜在做什么？她的心里会想什么呢？（情感带入，如果你是卢娜，你会怎么想？）

在教学活动中，教师通过问题创设的方式，不仅能激发幼儿的阅读兴趣，而且有利于培养幼儿的积极探索精神以及求知欲望，从而能够更好、更深入地了解绘本的内容，理解绘本中蕴含的情感。我发现孩子们在老师问题的引导下，阅读画面的能力变强了，而且能够从画面中解读到人物的心理和情感，从而识别他人的情感。

（三）走进绘本表演——在情境表演中表达情绪

幼儿的情绪表达往往是在与人交往的过程中，对于大班幼儿来说，可以更多地通过语言和动作来表达自己的情绪情感。绘本的名字或者绘本故事中情绪的词汇、表达情绪的语句以及合理的语言都渗透着情绪情感的表达，为幼儿模仿提供了形象。通过情境表演，可以使自我的情绪有助于幼儿的情绪表达。

例如，对于《我的幸运一天》教学而言，饥饿的狐狸和聪明的小猪两个角色在绘本中随着剧情的开展，两个人物的情绪情感产生了变化。幼儿在初读绘本理解故事——再读绘本分析理解角色的情感——细读绘本用表演来表达自我情绪。在情境表演中，幼儿用动作、语言、表情等表示"狐狸意外得到了一顿大餐"的喜出望外之情。而在情境表演中，幼儿用低头、拍脑袋、跺脚的动作来表现"小猪"走错了房门，被狐狸逮住的沮丧之情。随着故事的进行，聪明的小猪总能想出很多办法"对付"饥饿的狐狸，使得狐狸没有办法马上吃掉小猪。在情境表演中，我加入了一些音乐，饥饿的狐狸虽然肚子很饿了，还是忙着给小猪洗澡，忙着给小猪按摩，忙着给小猪准备一些吃的东西，好让它变得肥肥的。在情境表演中，扮演小狐狸的幼儿随着音乐，完全沉浸在角色中，在每次忙完后会用手擦擦汗、敲敲背，表示自己非常辛苦但是也非常开心。此外，由于熟读绘本，幼儿还能富有情感地进行人物间的对话，在此过程中幼儿能够将角色的情感带入对话中，或得意扬扬，或胆战心惊，或充满期待等，幼儿的情感体验、情感表达都能在绘本故事情境中得到升华。

幼儿通过情境表演，能够更真实地体验人物情感。在熟读绘本后，幼儿从人物角色的对话、表情、动作等方面更深地理解人物的情感，并通过情境表演表现出来。当然，在情境表演中不仅能锻炼幼儿自身的逻辑思维能力和语言表达能力，而且幼儿在这过程中，会主动商量、尝试、探索及解决问题，并获得积极的情感。

三、聚焦阅读方式，促进幼儿积极调节自我情绪

大班幼儿已经意识到消极情绪需要控制，然而却不会调节，往往采取赌气、愤怒、哭泣等消极的方式。社会情感学习视角下的教学旨在培养儿童的社会情感素养和能力，以促进儿童的认知与非认知能力协调发展。通过自主阅读关注幼儿的社会情感，在师幼共读共享的过程中汲取经验，从而能够积极调节自我情绪。

（一）自主阅读——在独立阅读中主动建构面对消极情绪的多种方式

幼儿的自主阅读是一个主动建构的过程，在自主阅读的过程中，给幼儿充分理解绘本内容、感受绘本情感、内化情感的过程。我通过观察幼儿自主阅读时的情感表现，倾听幼儿的讲述，从而了解幼儿当前的情绪情感调节水平，通过师幼互动的方式，促进幼儿积极主动地面对消极的情绪。

在大班绘本阅读《怎样才能不吃掉我的朋友》中，最后一个环节当小老鼠莫罗的手臂受伤了，不能为小恐龙制作蛋糕，小恐龙会不会把莫罗吃掉呢？寻找画面的线索，幼儿进行自主阅读。显然，大班幼儿对绘本有自己的理解与思考。在读完绘本后，有的孩子觉得小恐龙以后会有更多的朋友，因为它学会了忍耐，这样它就再也不会把朋友吃掉了；有的孩子说小恐龙会有更多的朋友也许是因为它学会了做蛋糕；有的孩子觉得莫罗为啥选择了小恐龙做朋友，那是因为它觉得小恐龙很孤单，它想要帮一帮小恐龙等。

通过师幼互动，我了解了幼儿对绘本内容的理解。此外，幼儿还从小恐龙和小老鼠莫罗的故事中，读到了如何面对自己的消极情绪。一些幼儿说："我会做一些我喜欢的事情。""我不开心的时候会去骑车，骑车让我开心！""我会把不开心的事情告诉妈妈，这样我就好受一些！""我会找我的好朋友一起玩，忘记不开心的事情。""我会找一些好吃的东西，这样我也会忘记不开心。"

对于大班幼儿来说，自主阅读的方式不仅锻炼幼儿的阅读能力，而且能够更好地理解绘本情感，从而积极主动地汲取自我调节情绪的方式。

（二）同伴共读——在互动讨论中共建面对困难的乐观精神

大班幼儿已有一定的阅读经验，他们喜欢和同伴分享所见所闻，也乐于参与讨论并发表不同于他人的见解。因此在同伴共读中可以就共同话题进行交流、讨论，阐述自己的见解，使彼此的思维力、想象力得到碰撞与升华，从而共建面对困难的乐观精神。

在大班绘本阅读《怎样才能不吃掉我的朋友》中，幼儿自由选择同伴进行共读。在互动讨论过程中，幼儿们围绕着"小恐龙到底能否交到朋友？如果你是小恐龙，你会怎么做？"开展了热烈的讨论，部分幼儿学着用换位思考的方式，纷纷说出了自己的想法。安安说："我可以做蛋糕呀，有了蛋糕就能够交到很多朋友了。"虫虫说："我觉得可以找喜欢自己的朋友，就是小老鼠莫罗。"萨沙说："我觉得如果改掉这个坏习惯，就可以交到很多朋友了，还有要学着忍耐，一定不能吃掉自己的朋友！"

同伴共读的形式让幼儿之间的情感产生共鸣，在互动讨论的过程中，幼儿之间有了更多对于绘本情感内容的交流，从而共建积极的社会情感。大班的幼儿往往能够将自己的情感体验与绘本产生共鸣，从绘本中觉察自我情绪、理解他人情绪、调节自我情绪等。基于大班幼儿社会情感的发展，通过绘本教学活动促使大班幼儿能够从绘本的情感元素中积极管理自我的情绪，从绘本教学的多元支持策略中发展幼儿的共情能力，在不同的阅读方式中积极调节自我情绪。鼓励大班幼儿能够更自信地表达自我情绪、更豁达地面对困难、更积极地面对消极情绪，为幼小衔接做好心理方面的准备。

通过研究绘本教学中大班幼儿社会情绪管理的支持策略，让我能够站在幼儿的角度去听孩子们对绘本中情感元素的理解和感悟，去看教学现场中师幼的思维碰撞，去想如何回应幼儿提出的问题，如何通过绘本帮助幼儿更好地管理他们的社会情感情绪，去更全面地读懂孩子，读懂他们的社会情感。在教学活动中，幼儿对绘本中情感的理解和思考给予我很多的启发，让我以积极、乐观向上的心态看待周围的事物。与此同时，我希望能继续不断走近幼儿、观察幼儿、理解幼儿，用自己的专业能力给予大班幼儿社会情绪管理更多的支持与帮助。

浅析中班幼儿在角色游戏中的
冲突行为及教师支持策略

上海市浦东新区开心幼儿园　徐淑娴

角色游戏是幼儿最喜爱的活动，也是幼儿进行社会交往的主要渠道。幼儿可以在角色游戏中扮演自己熟悉的角色，与周围的同伴产生互动，幼儿之间不仅有分享、协商、合作等亲社会行为，还有频繁发生的冲突行为。

本文采用文献法、观察法、案例分析法等研究方法，分析中班幼儿在角色游戏中的冲突行为，并发现：① 中班幼儿的冲突行为集中发生在角色游戏的进行阶段；② 中班幼儿角色游戏中因物品材料引起冲突行为事件是最多的；③ 为了培养幼儿独立处理冲突行为的能力，促进幼儿社会性发展，教师要注重对冲突进行介入和引导，了解幼儿在冲突中遇到的问题以及需求，从而给予幼儿适时适宜的支持并提出相应的策略。

一、在角色游戏各时间段冲突行为的发生

一个完整的角色游戏可以分为三个部分：开始阶段、进行阶段和结束阶段。开始阶段：幼儿自主选择游戏的区域和想要扮演的游戏角色，然后准备角色游戏材料的时间段；进行阶段：幼儿准备好角色游戏所需要使用的材料之后，开始扮演游戏中的角色，到幼儿接收教师发出结束信号的时间段；结束阶段：幼儿整理游戏材料与将游戏材料归位之间的时间段。

（一）中班幼儿的冲突行为集中发生在角色游戏的进行阶段

从表1可以明显地看出：中班幼儿在角色游戏的各时间段中，冲突行为集中发生在游戏的进行阶段，而在角色游戏的开始阶段和结束阶段冲突行

表1　中班幼儿在角色游戏的各时间段冲突行为发生的频率

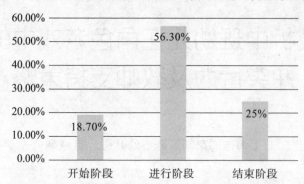

■ 中班幼儿在角色游戏的各时间段冲突行为发生的频率

为相对较少。这与游戏进行阶段时间长、幼儿互动较多有关。在角色游戏的开始阶段幼儿冲突行为最少，个人认为这与教师在游戏前强调规则意识有关，教师在角色游戏的开始阶段和结束阶段的控制程度较高，幼儿的互动较少，而游戏的进行阶段幼儿的互动行为较多，所以同伴冲突会比较多一些。

（二）各时间段中班幼儿的冲突行为分析

1. 开始阶段的冲突行为

在角色游戏的开始阶段，幼儿主要是选择游戏区域、扮演游戏角色，然后准备游戏材料，这一时间段内由物品材料和游戏角色引发的冲突居多。

2. 进行阶段的冲突行为

案例1（中班）：佩奇家的爸爸乐乐说："宝宝，爸爸带你去甜品店吃蛋糕吧，蛋糕可好吃了！"而这时候妈妈小雨立即打断爸爸道："宝宝饿了，我要给他做饭吃。"小雨和乐乐都抱着宝宝不放手，争来抢去。

从两个幼儿之间的对话可以看出，幼儿已经开始扮演佩奇家的妈妈和爸爸了，在这个时候幼儿发生的冲突行为属于进行阶段的冲突行为。

3. 结束阶段的冲突行为

幼儿在角色游戏结束阶段的主要任务是收拾游戏材料。因此，这一阶段发生的冲突主要围绕物品材料的收拾。

二、角色游戏中冲突行为的基本类型

通过对所观察到的案例进行编码分析，将游戏活动中最易引起幼儿同伴冲突行为的因素进行了归纳，得出引起幼儿冲突的原因有角色扮演、物品材料、游戏情节、规则意识四类。

表2　中班幼儿角色游戏中四种类型的冲突发生的次数表

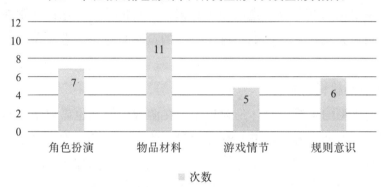

表3　中班幼儿角色游戏中四种类型的冲突发生的频次与频率表

冲突起因	角色扮演	物品材料	游戏情节	规则意识
频次	7	11	5	6
频率	24.1	37.9	17.2	20.6

由表2和表3可以看出，中班幼儿角色游戏中四种类型的冲突中由物品材料引起的冲突行为事件是最多的。

（一）角色扮演的冲突

角色扮演的冲突就是指幼儿在自己分配角色时所产生的矛盾和分歧。在角色游戏中，总有一些角色是深受幼儿欢迎和喜爱的，如娃娃家的爸爸、娃娃家的妈妈、警察局的警察等，这些充满正义的、在幼儿眼中是好人的角色，一般情况下都是幼儿想要争抢的角色，那些所谓坏人又不是主角的角色，是幼儿不愿意去扮演的角色。

案例2（中班）：马上就要过年了，班级里在角色游戏时新开了一个火车站，幼儿都知道只能有一个火车司机。这天琪琪和程程都想做火车司机，游戏一开始琪琪最先来到了火车站这儿，随后程程也跑来，他立刻坐在了火车司机的位置上。这时候琪琪说："我先来到火车站的！我是火车司机，你快起来。"程程说："我才是火车司机，我先坐下来的。"琪琪又说道："可是是我先到火车站的，我才是火车司机。"后来两人一直争吵着。

面对角色游戏中的新角色、"好"的角色、受欢迎的角色，幼儿总会为此而争抢，中班的幼儿已有一定的角色意识，在角色游戏里他们非常在意自己所扮演的角色，总会从自己的角度、自己的意愿与想法出发来争取自己想要的角色。

（二）物品材料的冲突

幼儿的典型的思维是具体形象思维，在游戏中幼儿也需要依靠材料来辅助、支撑，幼儿的游戏离不开材料的提供。物品材料的冲突，是指幼儿在游戏中因材料数量的不足、材料的缺失等情况导致幼儿之间产生冲突。

案例3（中班）：彤彤是美发店里的美发师，美发店一开业果果就到美发店里美发了。果果对彤彤说："我马上要结婚了，帮我弄一个好看的发型。"于是，彤彤用了美发店里最好看的夹子和头绳给果果装扮，最后果果满意地离开了。馨馨看见果果从美发店里漂亮地出来之后，她也走进美发店，对彤彤说："我要弄一个和果果一样好看的发型。"但是，因为美发店里没有更多好看的发夹和头绳了，彤彤说："好看的夹子都在果果头上了，我给你戴一顶假发吧，也很好看。"馨馨说："不要！我就想要果果那样好看的夹子。"最后，馨馨因为没有做到满意的发型不太高兴地离开了美发店。后来，因为美发材料越来越少，美发店的客人也越来越少，美发店的生意也不如一开始那么好了。

材料的不足、缺失等现象，会导致幼儿在角色游戏中产生矛盾或者不愉快的情绪。所以，在游戏前教师应与幼儿一同准备好所需要的材料，对于游戏材料的种类与数量也要符合各年龄班游戏的特点。若在游戏中碰到材料不足，教师要引导幼儿想办法解决这个问题，例如可以采用以物代物的方法。

（三）游戏情节的冲突

游戏情节的冲突，是指幼儿对于游戏情节的发展上不能有统一的想法，他们都有自己的独立想法，并且不能很好地协商而导致的矛盾冲突。

案例4（中班）：几个幼儿在玩娃娃家的角色游戏，琳琳扮演的是娃娃家里的妈妈，琳琳对娃娃家里躺在床上的布娃娃（娃娃家里的宝宝）说："宝宝不哭，妈妈知道你发烧了很难受，一会儿妈妈就带你去医院里看一下。"然后琳琳就去一旁拿包、手推车准备送宝宝去医院。这时候，正巧娃娃家里的爸爸天天回家了，他一把抱起宝宝说："宝宝，爸爸带你去甜品店吃蛋糕！甜品店里新出来了好多新蛋糕。"这时琳琳对天天说："你干吗啊？宝宝生病了，我要带她去医院看病。"天天又说："宝宝哪里生病了？她没生病，我要带她去甜品店里吃蛋糕。"于是，琳琳与天天开始争抢起了布娃娃。

中班幼儿在角色游戏中，他们会设置一定的情节，但是游戏的情节不稳定，并且幼儿之间相互配合、合作的能力较弱，所以他们对于游戏的情节总会有自己的独特的想法，并且不能很好地考虑别人的想法，所以他们容易因为游戏的情节而产生冲突。

（四）规则意识的冲突

规则意识的冲突，是指幼儿由于对规则产生争议而导致的冲突。有些是因为不能理解清楚规则而产生冲突，有些是因为故意破坏或者违反规则而产生冲突。对于规则意识的冲突绝大多数会出现在中、大班，而小班则很少因为规则而产生冲突。

案例5（中班）：在超市做营业员的铭铭因为超市没有什么人来，他就去隔壁的星巴克店点了一杯咖啡和一块蛋糕吃了起来。几分钟后，扮演娃娃家里的妈妈的妙妙来超市采购一些食物，当她要结账的时候发现超市的营业员不在了，于是妙妙大叫道："营业员呢？我要结账啦！"这时铭铭立马从星巴克跑回超市，对妙妙说："来了来了。"妙妙问："你为什么跑出去了？营业员就应该一直待在超市里，你是不可以跑出去的。"铭铭说："刚刚没人，我就去了一下星巴克。"妙妙说："没人你也不可以跑出去啊，你跑出去了超市里的东西就会被小偷偷走的。"

中班的幼儿已经能够知道游戏是有规则的，要按照游戏的规则来做游戏，若有幼儿不遵守游戏的规则，别的幼儿也会对此表现出不满。

三、对于中班幼儿在角色游戏中的冲突行为的教师支持策略

（一）观察等待

在幼儿进行角色游戏时，幼儿是游戏的主体。在幼儿园中，幼儿间大多数的同伴冲突都可以在没有教师的介入下自行解决。当冲突发生时，教师不必急于介入，应该抓住冲突的教育契机，适当留给幼儿解决冲突的空间。如果幼儿向教师求助，教师根据已有经验判断，有必要时再介入。

（二）用积极的态度正确对待

面对幼儿相互之间争吵或是争抢的时候，教师不应该对幼儿的冲突行为进行过分的指责或是责备，慎用控制与惩罚的方式，凭借教师自身权威结束幼儿的冲突行为；而是需要用积极的态度正确对待。有时，对于幼儿本身来说冲突也许并不是一件坏事，教师应该不怕冲突，正确认识同伴冲突对幼儿发展的独特价值，利用这一教育契机，促进幼儿的社会性发展。

（三）减少冲突源

角色游戏中有一部分冲突行为是由于物品材料投放不到位造成的。角色游戏的时间相对较短，过多的冲突会影响幼儿的游戏活动。教师要根据中班幼儿的认知水平和游戏水平投放材料，减少物品材料的种类和增加物品材料的数量，同时降低物品材料的形象性和结构性，满足幼儿想象性游戏发展的需要；还可以提供半成品或废旧物品，鼓励幼儿一物多用，满足幼儿以物代物的需要，尽量减少因物品材料投放不到位引发的冲突。

（四）交叉式介入

教师除了用教育者的身份进行介入，还应多思考怎样用游戏者的身份对幼儿游戏进行介入。根据不同的情况、不同的幼儿、不同的游戏情境，灵活选用教师的身份交叉式介入。教师应在角色游戏的过程中仔细观察，当幼儿陷入冲突中，教师可以以角色的身份介入引导幼儿解决冲突。如两个孩子都是厨师，他们都想烧菜，在灶台前相互用身体挤对方，谁也不让谁时，教师可以以顾客的身份介入，对其中一个幼儿说："我想吃你制作的鲜榨果汁，你能帮我榨一杯葡萄汁吗？"幼儿听到教师想喝他榨的果汁非常高兴，烧菜的事

情自然留给另一个幼儿。教师以角色的身份进行介入，解决了冲突，又可以推动游戏情节的发展。教师选择游戏者的身份对幼儿游戏进行介入时，能够减少教师权威对幼儿的影响，且更容易被幼儿接受。

（五）榜样示范法

中班幼儿的角色意识逐渐增强，能够有意识地选择角色，很关心自己所扮演的角色，但往往只考虑个人的意愿，而不与同伴协商分配角色。当幼儿因为争夺某一角色而产生冲突，幼儿还不能很好地去独立解决冲突时，教师应该适当地提供建议与帮助。为了让幼儿以友好的方式解决冲突，可以借助自身、故事中的人物形象和幼儿同伴的力量来进行示范教育，引导幼儿使用代替、"石头剪刀布"、轮流、谦让、分享等方式解决冲突。如讲故事《玩具一起玩》，有一个懂得分享的冬冬和一个不愿意与别人分享的明明，讲完故事之后教师可以问："你们喜欢冬冬还是明明？""如果你是冬冬你会怎么做？如果你是明明你会怎么做？""如果有一个小朋友把东西和你分享你高兴吗？"等，通过故事中的人物形象，引导幼儿思考自己的行为，向冬冬学习，充分发挥了榜样示范的作用。

（六）游戏分享法

在角色游戏结束后的分享环节中，教师可以引导幼儿对游戏过程中发生的典型冲突行为进行讨论。如让不同的幼儿来分享自己在游戏中遇到了什么冲突，请"当事人"告诉其他幼儿是如何解决的；也可用录像的方式将冲突记录下来，播放给幼儿看，情境再现，随后组织幼儿讨论"还有什么好方法可以解决冲突"，让幼儿动脑筋思考问题。幼儿分享自己的经验时既锻炼了语言表达能力，又可以让其他幼儿积累别人的经验，通过整合自身的零散经验，在相互学习的过程中建构新的知识和经验。这样对于幼儿以后处理冲突可以提供很大的帮助，也不会再让他们在遇到冲突之后手足无措。幼儿相互之间提供帮助，用幼儿教幼儿的方法有时候更能促进幼儿的发展，也易于幼儿接受，教师也可以帮助幼儿找寻更多解决冲突的方法。

（七）延伸法

对于中班幼儿来说，他们需要逐渐学会如何解决冲突，从最开始教师或同伴提供建议与帮助来解决问题，继而逐渐演变到能自己独立地解决问题，这中间除了教师、同伴的帮助，也需要家长的帮助。幼儿多一次遇到冲突，对于幼儿来说就是多了一次锻炼的机会，建议家长与教师应一同培养幼儿独立解决问题的能力，而不是在幼儿遇到冲突时帮幼儿包办。先让幼儿尝试独立解决，若是实在无法解决，家长可以再给幼儿适当地提供一些方法与帮助，让幼儿逐渐学会如何独立解决冲突。在平日里，建议家长培养幼儿如何与别人商量问题、学会宽容等，良好的家庭教育能够更好地促使幼儿提高解决冲突的能力。

当幼儿遇到冲突的时候，教师与家长首先要"放手"，让幼儿尝试学会如何独立解决。在适当的时候可以给幼儿提供帮助、建议、方法，而不是一味地帮助幼儿将冲突全部解决，这样处理就会导致幼儿永远学不会如何解决冲突。

综上所述，幼儿之间产生冲突行为的原因是多种多样的，冲突行为对于幼儿的发展来说并不是一种消极的行为，家长与教师应该正确看待幼儿的冲突行为。角色游戏是幼儿时期最典型的游戏，应给幼儿提供充足的时间、良好的环境让幼儿能够自发、自主、自由地游戏。教师应尊重幼儿的游戏，在遇到冲突时不要一味地替幼儿解决，应观察等待学会"放手"，用正确的态度积极对待，培养幼儿解决冲突的能力。我们要根据幼儿的身心特点，尊重其发展规律，正确引导幼儿该如何独立处理冲突行为，更好地促进幼儿社会性发展。

参考文献：

［1］徐淀芳.行者有其路：2013年度上海市青年教师教育教学研究课题评选成果集［M］.上海：上海科技教育出版社，2014.

［2］赵美凤.让幼儿间的冲突成为资源［J］.山东教育，2005（3）：61.

［3］黄伟达，王霞玉.幼儿冲突与幼儿社会化［J］.学前教育研究，2007（1）：57-58.

［4］赵艳.角色游戏中幼儿冲突行为的研究［D］.南京：南京师范大学，2012.

［5］彭国艳.中班幼儿同伴冲突的特点及策略研究［D］.哈尔滨：哈尔滨

师范大学，2016.

[6] 刘晓静.幼儿同伴冲突行为的研究［D］.南京：南京师范大学，2002.

[7] 范玲.幼儿同伴冲突解决策略研究［D］.开封：河南大学，2007.

大班前书写活动的实施策略

上海市浦东新区浦南幼儿园　徐晶晶

前书写是儿童早期习得书面语言的重要组成部分，作为幼儿入学准备的重要内容，前书写越来越受到人们的重视。进入大班，随着孩子经验的不断积累，许多歪歪扭扭的大字也开始悄然出现在孩子们的书本、玩具上，幼儿表达自己想法的方式已经从以往的口头语言、符号、图示等形式慢慢过渡到了文字的形式，对于他们来说会写字是无上的光荣。可见，幼儿书写的愿望越来越强烈。如何满足大班幼儿的书写愿望呢？在开展大班前书写活动方面，我们形成了以下经验：

一、提供大量的前书写机会，培养幼儿前书写习惯

一日生活中存在大量的前书写机会，教师可以从生活、集体教学活动和个别化学习活动等方面去开展前书写活动，帮助幼儿积累纸笔互动的经验，培养前书写的习惯。

（一）在生活活动中开展大班前书写活动

在生活活动中渗透时，应以非正式的前书写活动为主，让前书写活动更具灵活性，自然地融入幼儿的一日活动中。

1. 巧用过渡环节，渗透前书写活动

生活活动中存在大量的过渡环节，过渡环节一般比较短暂，难以组织集体性的活动。因此，非常适合在这一环节中渗透前书写活动。幼儿可在过渡环节中自主进行前书写活动，有效利用一日生活中的零碎时间，提升幼儿园

生活的质量。在过渡环节中，可以开展的前书写活动有做计划、随心记、写日记等。

例如，在"我的小计划"活动中，幼儿利用来园这段时间，安排自己的一日活动。教师为每一位幼儿提供一本计划本，第一页幼儿写上幼儿园的一日作息安排，后面幼儿针对自己当天想玩的游戏、想要完成的个别化学习活动、对自己某一方面的要求等进行自我计划。通过计划能涵盖幼儿生活的各个方面，同时也有助于教师观察解读孩子真实的学习兴趣和想法。

2. 借助生成问题，开展前书写活动

在幼儿园集体生活中，幼儿每天都会产生新问题。我们要对这些问题具有敏感性，判断问题对幼儿发展的价值，借助幼儿园集体生活中的生成问题，开展前书写活动，比如制定班级公约、创设生活环境等。

例如，根据幼儿日常发现的问题，教师组织幼儿开展了"制作标语大行动"，为幼儿提供制作标语的机会和材料，满足他们为集体服务的愿望，引导他们用实际行动维护教室环境。在班级环境中，通过呈现幼儿自己设计、制作出的标语，幼儿对班级环境更加爱护，也更加愿意遵守班级中的各项规则。

（二）在学习活动中开展前书写活动

1. 改编主题课程中已有的集体教学活动

主题课程是幼儿园课程的主体。在实施主题活动的过程中，我们发现，涉及前书写的课例非常少。因此，我们选取了主题活动中的部分课例，进行改编，增加前书写环节。

例如，在大班主题"我自己"中有一节经典活动"我的健康卡"，我们从培养幼儿前书写能力的角度进行了调整。在有了测量经验的基础上，教师增加前书写环节："我的健康卡"。健康卡结合了结构化记录与开放性记录，

幼儿不仅可以记录测量表中已有的内容，也可以记录表中没有的内容，如手掌的长度、手指的长度等。幼儿的记录符号丰富多样，有的用圈表示，有的用箭头表示，有的用图画表示。

2. 设计并组织专门的前书写集体教学活动

（1）以主题核心经验为指引

从主题的核心经验出发，将前书写活动与主题的内容要求、幼儿的生活经验相结合，让幼儿通过前书写的方式，加深对主题核心经验的理解，建立对书面语言的关注。

例如，在大班主题"我是中国人"的子主题"了不起的中国人"中，我

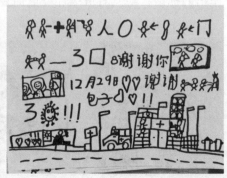

结合当下时事，和幼儿一起了解了抗击新冠病毒过程中的英雄人物和事迹，因为有了认知的预热和情感的唤起，幼儿对抗疫英雄产生了共情，教师顺势发起了"给抗疫英雄的一封信"活动，鼓励幼儿将心里话通过前书写的方式"告诉"抗疫英雄们。幼儿纷纷用汉字、拼音、自创符号、图画等，表达了对抗疫英雄们的感谢。

（2）以图画书为载体

图画书是幼儿园语言教育的重要载体，图画书中有丰富的图画和与之匹配的文字，有丰富有趣的情节，十分适合用于开展前书写活动。以图画书为载体，开展前书写活动，是以图画书为起点，通过前书写的方式帮助幼儿更好地理解图画书的内核意义。

例如，图画书《小老鼠的大计划》，这本绘本讲述了一群老鼠根据线索，制订计划帮助主人找到猫咪的有趣幽默的故事。教师从书名中的"计划"一词引入，让幼儿理解计划是什么意思，小老鼠为什么要制订计划，要怎么制订计划。之后，阅读图画书中的有趣情节，了解猫咪的细节特征。接着，融入讨论活动：这么多信息，怎么记得住？有什么办法能够不遗漏每一个特征？通过讨论，幼儿产生了记录的需要和愿望。于是，幼儿将图画书中提到的有关猫咪的特征——用自己的方式记录下来，制作成"寻猫计划书"，最终帮助小老鼠完成了"大计划"。

（3）以节日活动为依托

到了大班，幼儿的生活半径扩大，逐渐从自我走向集体，延展到周围的社会。因此，我们将前书写结合到各大节日的教育活动中，让幼儿的前书写与生活建立联系。

例如，劳动节到了，我们结合劳动节的特点，指导幼儿制定了《劳动计划书》，倡导幼儿在劳动周中，完成自己制订的计划书中的劳动项目。活动结束后，我们再一起分享劳动计划书的完成情况，交流劳动与记录的经验。

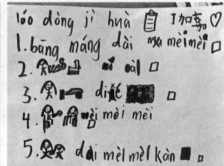

3. 在个别化学习活动中渗透前书写活动

个别化学习是幼儿学习的主要途径之一。通过提供不同主题、不同形式的前书写活动，为幼儿提供了更多的选择性，满足幼儿个性化的前书写需求。在个别化学习活动中渗透前书写，可不局限于语言区，在其他区域，如艺术区、科学区、表演区等，都有大量的前书写机会，将前书写与个别化活动有机结合，有助于培养幼儿的反思意识、问题意识和表征能力。

（1）创设新闻编辑部

新闻题材涉及面广，儿童会接触到日常生活中较少使用的语言，这些题材的出现，对儿童来说既是新的挑战，也是儿童获得新的前书写策略、获得核心经验不可缺少的部分。在编辑初期，幼儿可能会无从下手，教师可以有意识地引导幼儿以前书写的方式"记"新闻，通过对新闻题材的关注，引起儿童使用新的前书写策略书写不熟悉的内容的愿望。同时，幼儿编辑新闻离不开丰富的素材，教师可以根据幼儿的需要和兴趣，定期向家长征集不同类型的素材，如报纸、杂志、书籍、图片、实物等，丰富幼儿的信息资源库。

（2）记录读书笔记

进入大班，我们在阅读区增加了"我的读书笔记"，鼓励幼儿记录自己在阅读中的发现和收获。在记录阅读笔记的过程中，幼儿可以记录图书的名称，关注并书写书中的页码，反思自己在阅读中的收获，内容不多，但是却包含了诸多要素。记录书名，需要临摹图画书封面上的文字，增强幼儿对文字的敏感性；记录页码帮助幼儿理解页码的意义和对数字的理解；记录有趣的画面有利于激发幼儿的创意书写；记录自己的名字督促幼儿学习书写自己的姓名。

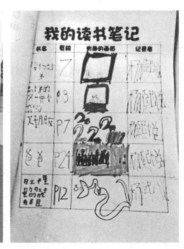

（3）创设问题墙

问题墙的产生源于与孩子们的对话。在个别化学习活动中孩子们总会冒出一些问题，比如，"食物直接进入气管会怎么样？""空气净化器的净化效果好还是树木的效果好？"幼儿可以用纸笔和直观的方式将自己抽象的问题具象化。同时，问题墙中前书写的要求不等同于记录本和调查表，有着更强的叙事性与直观性。你看得懂同伴提出的问题吗？你提出的问题好朋友能看得明白吗？这些对孩子前书写的表达表现能力都有更高的要求。为了能让同伴看得懂，孩子们的前书写出现了更多更具体的内容，如场景的添加、一些动作符号等。

除了生活和学习板块，游戏环节中也可以融入前书写活动，如请幼儿分组制订游戏计划、记录游戏故事，引导并鼓励幼儿在游戏过程中自主自发地进行前书写等，将前书写与幼儿的游戏兴趣和需要相结合，进一步提高幼儿前书写的意愿。

二、创设丰富的前书写环境，激发幼儿前书写行为

（一）创设纸笔体验区，提供丰富的前书写材料

唾手可得的纸笔有助于幼儿随时随地开展书写活动。在教室中，我提供了两个专门的小推车，分别提供笔类和纸类材料。推车放置的位置根据幼儿的使用情况几经调整，最终两个推车从集中摆放，调整到分别放置在教室中两个不同的地方，做到分流不拥挤；同时，根据幼儿的使用习惯和频率，推

车中放置的物品也在不断调整。目前，我们的做法是在笔类推车中，提供马克笔、水彩笔、铅笔、橡皮、卷笔刀、固体胶、剪刀等常用文具；纸类推车中，提供不同大小的铅画纸、手工纸，另外还有专门为幼儿提供的涂鸦本、读书笔记本、日记本、备忘录。物品分类清晰，取放方便，提高了幼儿记录的主动性和效率。

（二）设置作品暂存区，摆放幼儿未完成的作品

随着课程的开展，幼儿的书写作品越来越丰富，有的是尚未完成的作品，有的是还未展示、装订的作品。因此，有必要设置作品暂存区。我们在教室中又提供了一个推车，专门用于存放幼儿已经完成的前书写作品。除此之外，为了更好地整理收纳，我们还在每个区角都提供了一个收纳篮，用于放置幼儿未完成的作品。通过设置作品暂存区，让幼儿的前书写活动更加有序，有利于幼儿养成良好的整理习惯。

（三）建立作品展示区，展示幼儿的前书写作品

展示幼儿的作品不仅能够增加幼儿记录的兴趣，同时还能促进同伴之间的学习模仿，从而提升幼儿前书写的兴趣与能力。班级中的作品展示可分布

在不同的区域，比如，读书笔记、自制图书主要展示在阅读区，游戏记录展示在公共空间，个别化学习前书写记录主要展示在科学角等。根据教室的空间布局和幼儿的活动轨迹综合考量展示区的位置。

（四）创设前识字环境，增强幼儿对汉字的敏感性

我们在环境创设中，并不排斥对文字的运用，而是结合具体的实物、课程，自然地展示文字，营造前识字的环境。

例如，在开展"我是中国人"主题时，很多幼儿都会来问我："老师，中国两个字怎么写？"我会请他们在教室里找一找，他们几乎都能在主题墙上找到这两个字，并在书写中进行模仿。又如，在自制图书中，我们引导幼儿关注图书封面的要素，并鼓励他们为自己的书做封面。封面中有很多文字信息，幼儿自然就对文字有了关注。在他们制作的图书封面中，幼儿书写的符号越来越多地出现了"一字一音"的特点。同样，在记录读书笔记中，幼儿会记录绘本的书名，可以一边看着书的标题一边临摹，增强了幼儿对文字结构的认识。

三、注重前书写活动的组织方法，提升幼儿前书写能力

（一）组织前期讨论，梳理表达内容

在书写初期，不少幼儿往往无从下笔，需要在有一定的经验基础之上，才能够做到书面符号输出，因此，前期就书写内容的讨论非常重要。首先，教师要通过适宜的提问，充分调动幼儿的相关已有经验；其次，教师应预设

幼儿在书写中可能存在的问题，组织幼儿进行讨论分享，解决共性的问题，为幼儿顺利书写做好铺垫。

例如，在讨论"我的秋游计划"时，幼儿起初说的都是要带食物。教师通过问题"除了食物我们还可以带些什么？""吃完的食物产生的垃圾怎么处理？""做小调查需要带些什么？"……启发幼儿打开讨论的思路。经过充分的交流，教师又提出问题："这么多东西，怎么才能记得更清楚？"从而引出了思维导图和表格记录的方式。通过讨论分享、交流方法，幼儿的前书写内容更加丰富，思维更加开阔和清晰，记录中不仅有食物，还有其他类型的物品，如药物、衣服、雨伞等。

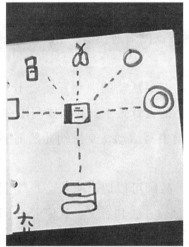

（二）鼓励自主书写，激发创意表达

在书写过程中，幼儿会感到挫败，很多内容他们不知道如何去表达，这时，教师的鼓励和引导十分重要。教师可以通过提示、鼓励等手段，激发幼儿前书写的信心，让幼儿大胆自信地书写表达。

比如，在个别化活动"制作我的旅游小报"中，包包遇到了一个难题："我去的是日本，可是我不知道怎么写日本……"教师回应道："包包，你还没有上小学，现在有些字不会写是很正常的，我们可以用绘画的方式画出来。"包包听了灵机一动，兴奋地说道："我知道了，我可以画一个圈圈表示日，画一本本子表示本！"老师立即肯定了他的想法。

（三）分享集体智慧，借鉴有益经验

幼儿的前书写水平具有个体差异，教师应敏锐地观察幼儿的前书写表达，捕捉前书写中的亮点，并及时地在集体中进行分享，帮助幼儿互相借鉴，共同进步，推动集体前书写能力的发展。

比如，在一次记录"今天我学到的本领"的活动中，乐乐笑眯眯地指着自己的本子对老师说："老师，这是两个小孩在打架，他们很皮。"原来，乐乐是在用两个小孩打架的画面表示"皮影戏"的"皮"。教师立即抓住了这一契机，向全班幼儿介绍他的方法。由于他的表达方式新颖有趣，引发了很多孩子的共鸣，越来越多的幼儿模仿这一方法，在创意书写方面前进了一步。

四、加强家园沟通合作，扭转家庭书写观念

幼儿前书写活动的顺利开展离不开家庭教育的支持。在家长普遍重视幼儿书写能力的大背景下，教师要利用多种途径，引导家长学习前书写的理念，参与班级前书写活动，支持幼儿的前书写，运用科学的方式发展幼儿的书写能力。

例如，教师可以通过家长会、线上课堂、日常活动分享等方式，介绍前书写的概念、方法和意义，让家长认同前书写的理念。组织开展形式多样的前书写活动，引导家长鼓励幼儿自主的前书写活动。同时，指导家长在家中开展适宜的前书写活动，并鼓励家长反馈，营造良好的前书写氛围。比如，

在学习古诗的过程中，幼儿对"诗仙"李白和他喝醉酒作诗的事迹兴趣十分浓厚，教师鼓励他们将自己的疑问记录下来，带回家和爸爸妈妈一起找答案。同时，教师也对家长进行了相应的指导，引导他们在家中放手让孩子自己记录答案。经过不断的沟通引导，家长逐渐转变了观念，亲子小报上家长的痕迹越来越少，幼儿自主表达的内容越来越多。

幼儿前书写能力发展是有别于正规汉字书写的一种发展过程，幼儿需要运用非常有限的汉字，创造性地使用不同的图画、符号等表达自己的意思，这个阶段对于幼儿是非常具有挑战性的。如何让幼儿感受到创意书写的价值与意义，提升幼儿的前书写能力，更好地为进入小学做准备，需要我们不断地实践、思考和总结。

基于CLASS系统的大班集体语言活动中师幼互动质量研究

上海市浦东新区小螺号幼儿园　徐　娴

一、问题的提出

师幼互动是教学活动中发生的师幼之间语言与非语言上的互动行为，是教师内在观念、专业能力和外显行为相结合的综合表现。语言是师幼互动的主要媒介和载体，幼儿的语言学习应渗透在一日活动的方方面面。幼儿园集体语言活动指教师有目的、有计划地引导全班幼儿在同一时间所进行的语言发展与学习探索的过程，蕴含着巨大的教育价值，高质量的师幼互动直接关系到幼儿语言能力的提升，更能促进幼儿认知、情感、社会性的发展。

幼儿园教师应把握集体语言活动的本体功能价值，关注幼儿的情感需求，给幼儿提供科学的教育指导与支持，提升自身师幼互动质量，使集体语言活动的教育价值最大化。目前幼儿园大班集体语言活动中的师幼互动存在诸多问题，主要表现在教师情感支持不足，课堂管理能力弱，对幼儿的学习品质的培养重视不够，提问和反馈质量较差，幼儿缺乏参与热情，活动效率不高。此外，相关研究中基于系统的评价系统测评师幼互动质量及问题且提出相应对策的少之又少，研究虽然提出了一些建议，但多局限于理论层面，对一线教师实践指导意义有限。由此可见，提升大班集体语言活动中师幼互动的质量是一个值得深入探讨的话题。

二、研究设计

本研究以上海市浦东新区某幼儿园随机选取的5个大班、共计9名教师为研究对象。该园大班集体教学活动时间为每日上午9：50～10：20，研究者于2021年3月至2021年5月以非参与者身份进入活动现场，开展为期三个月的现场观察和录像（活动课例样本见表1），确保对每位教师进行两次有效观察，每次活动均不少于20分钟，并根据CLASS系统情感支持、课堂管理、教育支持三大维度及其中10个小维度进行计分，根据评估结果，选取教师进行追踪观察和个别访谈。需要说明的是，CLASS系统采用分等级量表，分为三个等级，低水平是1～2分，中等水平是3～5分，高分等级是6～7分。

表1 活动课例样本

编号	活动名称	编号	活动名称	编号	活动名称
1	生气汤	7	小汽车和小笛子	13	乘地铁
2	魔法奶奶的电话	8	朋友	14	野猫的城市
3	小鸭向前冲	9	收集东收集西	15	勇气
4	小房子	10	好饿的老狼和猪的小镇	16	过江方法多
5	动物应该穿衣服吗？	11	小房子	17	魔法奶奶的电话
6	大恐龙进城	12	云彩和风儿	18	一根羽毛也不能动

CLASS（Class Assessment Scoring System），全称课堂互动评估系统，是由美国学者提出的一种评估师幼互动质量的标准化观察工具。CLASS课堂评估系统的组织结构效度已经在3 000多个课堂中得到验证，具有较高的信效度。如今，课堂互动评估系统已成为课堂教学质量评估的主流工具，被广泛用于各国国家性质的质量评估项目中。该系统的领域由情感支持（ES）、课堂管理（CO）、教育支持（IS）组成，在每一个领域下，具有特定的维度，其框架如表2所示：

表2　CLASS课堂互动评估系统

情感支持（ES）	积极氛围
	消极氛围
	教师敏感性
	尊重幼儿观点
课堂管理（CO）	行为管理
	课堂效率
	教育学习安排
教育支持（IS）	认知发展
	反馈质量
	语言示范

三、结果与分析

（一）大班集体语言活动中师幼互动质量的量化分析

1. 大班集体语言活动中师幼互动在10个子领域上的结果分析

表3　样本在10个子领域上的均值和标准差

领　域	指　标　名　称	N	均值	标准差
情感支持（ES）	积极氛围（PC）	18	5.89	0.44
	消极氛围（NC）	18	6.31	0.41
	教师敏感性（TS）	18	5.14	0.71
	尊重幼儿观点（RSP）	18	5.76	0.47
课堂管理（CO）	行为管理（BM）	18	5.59	0.56
	课堂效率（PD）	18	5.44	0.95
	教育学习安排（ILF）	18	5.52	0.49

续　表

领　域	指 标 名 称	N	均值	标准差
教育支持（IS）	认知发展（CD）	18	5.17	0.76
	反馈质量（QF）	18	4.85	0.74
	语言示范（LM）	18	5.33	0.70

表3是基于CLASS量表观察到的10个维度上的均值和标准差，得分最高的三个维度依次是消极氛围、积极氛围、尊重幼儿观点，三项维度均值分布在5.76～6.31之间，属于中等偏高和高水平。得分最低的分别是反馈质量、教师敏感性、认知发展，反馈质量的得分最低为4.85分。其中，情感支持领域的离散程度最小，得分较为集中，这和前期国内外的研究结果较为相似。

2. 大班集体语言活动中师幼互动在三大维度上的结果分析

表4　样本在三大领域上的均值和标准差描述分析

指 标 名 称	N	均　　值	标 准 差
情感支持（ES）	18	5.78	0.47
课堂管理（CO）	18	5.52	0.55
教育支持（IS）	18	5.17	0.70

总体来看，大班集体语言教学活动中师幼互动质量整体较高。情感支持领域表现最好，课堂管理次之，而教育支持这一维度处于整体平均水平之下（如表4所示）。情感支撑领域的均值最高，为5.78分，其标准差为0.47，是三大领域中标准差最小的，说明师幼之间的积极情感居于中等偏高水平，且教师之间差异不明显。课堂管理领域均值为5.52分，为中等偏高水平，次于情感支撑领域。而教育支持领域均值为5.17分，得分最低，教师教育支持能力有待提升。具体来看，大班集体语言活动中三个领域的师幼互动表现性特征如下：

（1）情感支持领域的特点

① 师幼互动氛围轻松和谐

情感支撑领域均值为5.78分（如表4所示），在三大领域中得分最高。这一分值按照CLASS系统的计分标准判断，达到中等偏上水平。积极氛围、消极氛围是情感支持最为直观的标准，两项得分也是最高的，积极氛围是5.89分，消极氛围因反向计分，6.31的分值说明在样本活动视频里师幼互动中极少有否定、惩罚性地控制等消极情感出现。本研究中的幼儿园是情感教育特色园，注重将情感融入各项活动中，教师关注幼儿的需要，擅长运用表扬、回应、描述、共情等方式与幼儿积极互动，研究者能直观地感受师幼间的互动是轻松自然的。

② 师幼互动中教师敏感性不足

教师能够及时意识到幼儿的问题并做出恰当的回应，这本身给幼儿提供了一个安全可靠的支持性的心理氛围。然而，在教师敏感性这一维度上教师得分为5.14分，为情感支持领域最低分，主要表现为教师敏感意识不强，没有意识到幼儿理解困难或不足，没有捕捉到幼儿回答中的关键信息给予幼儿思考的机会，或急于给幼儿答案；对于个别幼儿的针对性指导及活动中的细节处理不到位。如"小房子"活动中，围绕着辩题"小房子到底要不要拆"，幼儿需要按照自身意愿分为正反两方，一个幼儿还在思考，教师便将其直接划分到人数相对较少的反方，之后的活动中幼儿便闷闷不乐。研究者了解到该幼儿本想加入正方，但由于未想好理由便没有及时加入正方，辩论中不管队员如何提醒、暗示、鼓励，该幼儿始终一言不发，不愿意阐明观点，最终反方输掉了辩论比赛。

（2）课堂管理领域的特点

① 重视预设，行为管理较有效，课堂管理有序

如表4所示，这一领域均值是5.52分，按照CLASS系统计分标准判断处于中等偏上水平（5～6分）。课堂管理包括行为管理、课堂效率、教育学习安排三个维度，三者得分较接近。大多数教师精心设计并准备一节集体语言活动，很少会浪费时间处理干扰事件，能够做到学习效率最大化。该园采取定期集体备课的形式，提前一周做好集体活动的材料准备，相应地，教育学

习安排得分也较高。多数教师对于幼儿具有清晰合理的行为期望，他们大多采取关注积极行为。对于不当行为的应对是较为有效的，大多采取眼神提醒、巧妙暗示、及时树立榜样等办法。

② 注重教学活动的目标达成度，忽视教学形式的多元化

坚持学习时间最大化，需要教师具备良好的时间观念，建立班级良好的活动常规，努力将各类人为因素降低，确保活动的有效性。然而在过程中我们发现，不同教师的集体语言教学活动模式相对有些单一，当幼儿出现游离或不感兴趣的情况时，教师多倾向于采取提问、示意等方式引发幼儿参与，但多数时候仅仅是向幼儿呈现信息，并不能有效吸引幼儿。

（3）教育支持领域的特点

① 师幼互动中教师为幼儿提供的认知发展不足，语言示范一般

如表4所示，教育支持领域均值为5.17分，这表明教师教育支持能力总体不足，在三大领域中得分最低。教师使用鼓励幼儿分析和推论的活动较多，有经验的教师在集体语言活动中引导幼儿联系实际生活，积极为幼儿提供了互动的机会，师幼互动涉及辩论、小组讨论等，形式较多，关注了幼儿高阶思维的发展。教师在活动中会问开放性的问题，但是这些问题并不是帮助幼儿分析和推理，教师更多的是关注幼儿的答案，并没有引发幼儿深度的思考与学习，对于幼儿创造性的表达涉及较少。教师能够有意识地使用一些高级语言来解释和澄清信息，或者通过语言以及描述来规划自己的行为以及幼儿的行为，但使用频率不高，因而语言示范得分相对不高。

② 反馈形式单一机械，反馈质量较差

反馈质量主要是关注教师促进幼儿理解、提高思维能力的情况，这一维度得分4.85分，在10项维度中得分最低，教师为幼儿搭建思考支架以及促进幼儿进行高质量思考的过程不足。活动中虽然教师能够做到追问，让幼儿解释自己的想法，但是高效的反馈不多，效果不佳。此外，部分教师在活动中过分关注活动形式，对于大班不同类型的语言教育活动的核心经验把握不准，反而忽略了幼儿有益经验的拓展以及思维的深度发展。

（二）大班集体语言活动中师幼互动质量的质性分析

根据CLASS评估的数据结果，选取得分较高（6.28分）的教师以及得分

较低（4.71分）的教师进行观察记录及个别访谈。对两位教师的观察聚焦于情感表达、课堂管理、提问与反馈、语言示范四个方面。我们观察到低分教师较多表现在情感表达较少或较消极；班级常规较乱，影响正常的教学活动秩序。低分教师的教学支持能力较差，主要表现在对于大班幼儿年龄特点把握不准，特别是对大班集体语言中幼儿核心经验的知识缺失，语言示范中高级语言的运用较少，开放性问题较少，反馈质量差，不太注重幼儿的高级思维以及学习品质的培养。而高分教师恰恰相反，他们的情感表达积极，对幼儿的行为管理有效，提问与反馈质量较高，有较好的语言示范。以高分教师执教的大班集体语言活动"朋友"为例：

在情感支持领域，当幼儿有精彩表现时，教师从来不吝啬自己的表扬与鼓励，如"你说得很清楚""相信你也可以有这样的好朋友"，竖起大拇指，微笑示意……活动中当幼儿回答或者表现不如预期时，教师敏锐地捕捉到幼儿问题，及时地回应幼儿，引发幼儿的发现与思考。在课堂管理中，该名教师对于幼儿具有清晰的行为期望，班级常规好，教育学习安排详略得当，充分考虑幼儿的特点，课堂效率得到最大限度的保障。

在教育支持领域，教师通过出示图画书封面，联系幼儿自身生活，引发幼儿思考与表达对于"朋友"的理解："你一般喜欢和什么样的人做朋友？"当一名小朋友说跟同学做朋友时，该教师及时抓住契机，追问幼儿："你的同学是怎样的人呢？"幼儿回答："聪明友善。"教师及时梳理提升。在反馈方面，教师能够及时提供有效信息，为幼儿提供支架，循环反馈幼儿的问题，同时注重用清晰规范、丰富生动的高级语言，来帮助幼儿的语言表达趋向准确、规范、丰富、多元。如预设五幅图，让幼儿用"朋友，就是……的人"概括和延伸，整合幼儿多方面的经验，对于幼儿的语言以及思维的发展价值不言而喻。

基于以上案例及观察，笔者总结了高分教师的主要特征：

1. 高分教师充满积极和热情的情感表达，具有一定的敏感性。他的微笑发自内心，本身就喜欢孩子，尊重幼儿，与幼儿关系融洽，教师敏感度高，能及时关注和回应幼儿的学习需要与情感需要。

2. 高分教师拥有较高的活动设计能力，能进行有效的课堂管理。主要表现为高分教师了解幼儿年龄特点，关注幼儿的核心经验，对于活动的安排设计有想法，活动安排动静有序，教学互动形式丰富多样，注重幼儿的自我管理，对于幼儿的引导常常是比较内隐的，能够调动幼儿的参与愿望，在活动中较为投入，学习时间最大化。

3. 高分教师关注幼儿的全面发展，能够有效提问与反馈，具有较好的语言示范性。高分教师在教学中，根据需要决定问题是否开放，同时高分教师很注重及时反馈，或归类或梳理经验或小结完善，这都取决于其对于学前儿童语言学习与发展核心经验的理解。

四、讨论与建议

（一）营造良好情感氛围，提升情感支持能力

良好的师幼关系是高质量师幼互动的关键。建立融洽的师幼关系，是积极的情感支持的第一步。教师应该营造良好的情感氛围，调整教育行为，给予幼儿积极情感的支持，建立融洽的师幼关系。

教师的敏感性要求教师及时观察与识别幼儿的行为，能有意识地回应幼儿的学习需要和情感需要。结合 CLASS 系统观察单的记录发现，年长有经验的教师在教育敏感性这一维度上得分相比年轻经验少的教师偏高，这说明教师经验和敏感性呈正相关。教师需要积累经验，通过有效观察、精准识别、积极反思如何更加有效地回应幼儿，了解如何更好地与幼儿互动，改善师幼互动效果，提升情感支持能力。

（二）科学完善课堂管理，提升课堂管理效率

常规好的师幼互动中，班级秩序井然，教师用在维持秩序上的时间较少，有利于学习时间的最大化和环节之间的顺利过渡。研究者最直观的感受是常规较好的班级，教师的课堂管理效率也相对较高。建议教师应重视良好班级常规的建立，在进行集体活动之前确定一套清晰的规则，明确期望达成的目标行为。

研究发现，在大班语言集体活动中的突出问题是教师的主导性过强，幼儿主体地位不够凸显。要想改变这一点，需要教师基于大班集体语言活动特点，明确自身定位，活动开展之前，澄清学习目标，过程中引导幼儿积极围绕话题展开讨论，不偏离活动方向。因此，教师还要重视教育反思，敏感而机智地辨别哪些是对于幼儿发展切切实实有益的，把握教育契机，处理好预设与生成的关系。

（三）基于学科教学知识，提升教学支持能力

幼儿教师PCK是影响其师幼互动质量的重要因素之一，教师应当认识到PCK的重要性，并在自己的教育教学中进行尝试，从而提高语言教育活动的质量。学科教学知识（PCK）是"以学科知识为基础衍生出的，是教师在教学过程中融合学科与教学知识而形成的特殊知识"，一般认为PCK包括以下三方面：一是学科知识（What），即教什么内容；二是教学方法（How），即怎么教；三是了解儿童（Who），即教给谁。

教师不仅要精准把握语言活动的关键经验，还需要掌握各类型语言活动的核心经验，知道教什么以及为什么而教，将教学活动的关注点转向幼儿，支持幼儿。同时，在与幼儿进行互动时能够敏锐地发现幼儿核心经验发展的不同阶段或不同水平，能够通过提出有质量的问题、灵活地回应儿童的问题、把握活动节奏等方法，提高幼儿参与互动的积极性以及师幼互动的质量。

参考文献：

[1]蒋路易，郭力平，吕雪.CLASS视角下师幼互动研究的元分析——基于中国14省市892名教师的师幼互动质量评估结果[J].学前教育研究，2019（04）.

[2]韩春红，周兢.课堂互动评估系统评介及应用展望[J].全球教育展望，2013，42（11）：29-38.

[3][4]王铧莹.幼儿园科学教育活动师幼互动研究——基于CLASS课堂互动评估系统的观察分析[J].陕西学前师范学院学报，2019，35（01）：65-69.

[5]黄瑾，田方.幼儿园半日活动情境下的师幼互动研究——基于CLASS

课堂互动评估系统的观察分析［J］.上海教育科研，2012（10）.

［6］刘晓虹.基于CLASS分析的幼儿园语言教学活动有效性研究［D］.西安：陕西师范大学，2013.

［7］周兢.学前儿童语言学习与发展核心经验［M］.南京：南京师范大学出版社，2019.

温暖连接，童声有"应"

——让沉默的幼儿勇敢表达

上海市浦东新区东方德尚幼儿园　马越超

曾经听到一位教授提出："每个孩子都是无可替代的好孩子。"我深感认同，因为每个幼儿都是一张白纸，只有个性上的差异，没有品行好坏之分。3～6岁是幼儿的黄金年龄段，可塑性极强，作为启蒙老师有着重要的责任，正确的引导可能会影响幼儿的一生。

上一届新小班中的范范从入园开始，不说一句话，没有任何互动，连最简单的肢体语言也没有。即使如此，在我心中她依旧是独一无二的好孩子。本文记录范范从"无声"到"有声"的三年幼儿园生活，每一次的成长足迹，细微变化，通过教师不断的坚持，一次次与幼儿建立连接，采用各种方式一步步让幼儿从"无应"到"有应"，最终让沉默的幼儿勇敢表达。

一、建立初期连接，探寻背后原因

三年前新小班开学，班中的孩子性格迥异，有的活泼好动，有的性情稳定，有的处于分离焦虑中。名叫范范的幼儿引起了我的注意，和她打招呼没有回应，一整天也听不到她说一句话。回忆起入园前的家访工作，孩子的父母都很文静，我和范范初次互动，她害羞得躲在一旁，在爸爸妈妈的鼓励下就是一个劲儿微笑。我询问宝贝和家人平日里是否有交流，家长告知我孩子属于慢热型的性格，但很向往幼儿园生活。因此结合家访情况，起初我以为是看到新老师不适应，于是又耐心观察了一段时间，其他内向的幼儿渐渐熟悉了环境，有的减少了哭闹，有的交到了好朋友。只有范范，她不哭也不闹，入园近一个月，她和同伴没有互动，对老师的主动沟通也没任何回应。

（一）教师的措施

1. 教师正面示范

当时新小班刚进园没多久，幼儿范范还是迟迟不开口，没互动。考虑到新小班幼儿的年龄段特征以及入园前家访时了解到的情况，所以一开始我以为孩子可能是没适应幼儿园生活。在很多时候，孩子不说话，我就为她做正面示范，希望能让她产生模仿行为。例如，来园的时候，遇到其他老师和同伴，我总会在范范面前大声地向其他人打招呼："早上好！"同时鼓励她开口学说礼貌用语，但很可惜，范范最终就只是眼神回应我，对我的示范没有模仿行为。

2. 为其寻找同伴

在教师示范方式无成效后，我又重新思考或许为范范找一个好朋友，可能与同龄人交往会更激发她的互动意愿。但经过几次尝试，轮番找了好几个比较开朗、热情的幼儿带着范范玩一段时间，这些孩子都有一个共同问题，就是玩着玩着就又忽略了范范，自顾自地接着玩。我认为这也和小班年龄特征相关，多数幼儿以自我为中心，不太会顾及身边的人。同时，范范总没有回应，于是渐渐地找的好朋友也不和范范玩了。"找好朋友"这个方法对范范来说也没什么效果。

3. 多次家园沟通

尝试过两种方法后都没起效，我准备从家长方面找突破口。观察到范范每天的接送人都是外公，爸爸妈妈从来没见到过，只有开学半日活动见到妈妈来过一次幼儿园。于是，我开始利用每天早晨来园和放学离园的时间尝试与外公沟通了解范范的情况。但外公之前长期在老家，因为帮忙照顾外孙女才刚来上海不久，说的一口老家话。我和外公进行了几次交流，往往我听不明白他说的，他听不清楚我在说什么，两人语言不通。

即便这样我也没放弃，既然线下有困难，那就试试线上沟通。找到孩子妈妈微信，想在微信上了解更多关于范范平时在家的情况，结果等了一天，都没等到她的回复。但这并没有击退我，我锲而不舍又联系了范范爸爸，总算与他连线上了，告知他孩子在园的情况，希望他能开导范范，多与她说说幼儿园积极的方面，引导她能在园开口说话，但是依旧没什么变化。

（二）教师的思考

1. 三方效果甚微

在持续观察幼儿行为一段时间后，我小心翼翼做了各种尝试，从老师、同伴、家长三方面入手。教师方面首先做了专业的正面示范措施，发现没有效果，于是查阅了网上的资料，判断幼儿没有达到"疾病"程度，对幼儿有了大概的了解。同伴方面，结合幼儿小班年龄特点，排除分离焦虑的情况，为范范寻找同伴，但由于小班孩子也处于未发展成熟的阶段，因此范范一直不与同伴产生互动，即使再"热情"的孩子也被打消了积极性。在前两者都没有明显效果的情况下，我开始着手家园联系，主动与家长进行沟通。首先，从和孩子接送人沟通发现有阻碍，然后放弃继续寻找其他方式与孩子父母积极连线。第一次和孩子妈妈联系没有得到回复，继而转战联系孩子爸爸，希望能通过父母的引导改变幼儿在园不发声的情况，但是效果微乎其微。

2. 找到根本原因

经过三次尝试都失败后，我又与孩子的爸爸进行了多次沟通，从中了解到因为父母都是医生，平时非常忙碌，所以孩子几乎看不到爸爸妈妈，等他们下班，范范都睡着了。范范由外公带，外公也比较内敛，话不多的性格导致范范在家没有什么交流的机会。平时在家的范范也不太爱说话，她很喜欢画画，她的心情都通过画画来表达。

我意识到孩子不愿开口甚至没有互动是家庭因素导致的，孩子的2～3岁语言关键期没有得到充分的刺激。父母是孩子的第一任老师，父母的缺失，导致范范没有好好感受过"第一堂课"，加上接送人也是"内敛无声"状态，可以说，孩子得不到有效刺激，来幼儿园前几乎缺乏语言环境，在幼儿园认识的新老师和新同伴短期内很难走进她的心里。不过，从她爱画画可以看出孩子愿意表达，只是不擅长从语言方面来进行。

二、加强三步连接，静观幼儿之变

（一）合作寻找突破，幼儿出现"反应"

1. 教师的措施：以家园共育为主

（1）坚持反复尝试

在和家长沟通后，终于找到问题所在，继续坚持小班上的尝试，增多在园内和范范沟通的次数，即使她一直没有什么反应。同时也时不时鼓励别的幼儿与范范之间互动。

（2）倡议亲子共餐

与家长商量尽量抽点时间陪伴孩子，即使就一起吃一顿饭也好，多和孩子交流，想办法让她开口多说话。

（3）及时肯定进步

有一次如往常一样鼓励范范和同伴开口，她需要和同伴换座位，我在她面前做示范，说"请让一下"，范范依旧没有说话，但她害羞地笑了一下。平时她都几乎没什么表情，就算不小心摔倒也不会哭，在园从没有见过她有笑容，但那次她有"小表情"了，是个重要的变化！立即肯定她的进步，班中幼儿也为范范高兴。

（4）定期家园沟通

每当幼儿在园有细微变化或者进步，我会跟进和孩子的父母沟通说明，并让他们表扬范范，让她多多感受来自家庭的关爱，同时也加大我们的信心，说明孩子开始有所变化了。

2. 幼儿的变化：通过与家长不断沟通，让家长多关心幼儿，我观察到幼儿开始出现微表情。

3. 教师的思考：虽然处于小班阶段，但是幼儿比刚入园时有进步，开始有了"反应"，但还是有点胆小，下一步希望能帮助幼儿建立自信心。

（二）坚持多种方法，幼儿出现"回应"

进入中班阶段，我和孩子父母依旧坚持和范范"自问自答"式的交流。有一段时间开始经常看到孩子母亲来接她放学，与孩子母亲交流得知原来是怀上弟弟了，孩子母亲请假在家的时间多了，陪伴范范的时间也增长了。虽然范范依旧不说话，但能观察到范范每天微笑的时候增多不少。

1. 教师的措施：以园内引导为主

（1）鼓励肢体动作

每当我发现范范心情很好的时候，就会鼓励她做出肢体动作。例如回答问题时，我会边引导范范边做示范动作："同意就点点头，不同意就摇摇头。"范范从一开始没回应，到慢慢开始能简单点头和摇头表达自己的意愿。只要范范当天与我们有互动，有做肢体动作，放学的时候我就会和孩子母亲当着孩子的面表扬她，让她知道老师和妈妈一样关心她，慢慢与她建立起了信任感。

（2）强化"单字"行为

中班末时期，范范的性格没有很大的变化，但和她沟通，我们之间变得充满默契，比她小班时候的回应情况更乐观。我也努力让范范尝试说说"嗯""哦""好"这样简单的单字，让她多多练习。每当她能发出声音，我都会夸张地和搭班老师、保育老师、小朋友们描述范范进步之大，及时强化她"发声"的行为，增加她表达的意愿。每当这个时候，我发现范范总是会偷偷瞄一眼我，微微一笑。她的性格也比之前温暖了许多，不再是一直面无表情的了。

2. 幼儿的变化：在教师的引导下愿意点头、摇头来回应，出现肢体动作，有时候甚至能单字回应，进步较大。

3. 教师的思考：中班这一阶段是幼儿转变的关键时期，有了小班时候的基础，外加中班孩子母亲怀孕在家时间增多不少，是一个难得的契机，我提醒家长趁此机会好好修补亲子关系，给孩子补上"人生第一堂课"。在"第一任老师"回归后，范范的微表情越来越多，虽然还是很少听到她的声音，但时不时能见到孩子腼腆的笑容，说明她内心很快乐。从小班到中班，范范从有"反应"到有"回应"，从有表情到开始有了肢体动作的互动，偶尔能说"单字"，是质的飞跃。

（三）集结多方力量，幼儿有所"呼应"

我们班级前有一段很长的走廊，窗户外便能欣赏美丽的中庭花园。好几次我发现范范来园进班前会停下脚步，驻足窗前，静静望着花园出神。通过观察，发现了孩子的兴趣点，瞬间启发了我，也许从她的兴趣下手，更能靠近孩子的心灵。

1. 教师的措施：以多方力量联合

（1）环境打动幼儿

午餐过后的散步时间，我会带领幼儿们在小花园散步，引导他们观察花园中的小动物雕像，让孩子们说说自己最喜欢的小动物等，我发现每次范范都会很开心。又一次散步，我照例和范范互动，柔声问她喜欢什么小动物，只看到范范嘴巴动了动，看嘴型不是一个单字。我蹲下身体，贴近范范的嘴边，笑着鼓励她再说一次，"小兔子"三个字既轻又重地落在我的心上，范范终于不再是只说单字，而是对我有"呼应"了。

（2）同伴感化幼儿

在得知范范终于开口说话的好消息后，班中幼儿纷纷对她竖大拇指，有的还直接夸赞范范："你真棒！说话真好听呀，要多说说。"看得出来，范范是很渴望融入班级的，其他孩子对她夸赞的时候，她有点羞涩，但她很开心。我也会时不时提醒班中幼儿："今天有和范范聊天吗？"让范范感受来自同伴们的爱。

（3）为幼儿提供平台

范范很喜欢画画，因此在观赏完小花园后，开展了与小花园相关的教学活动，让孩子们用画画的形式来表达自己的想法。范范的画线条流畅，涂色规整，使得画面很丰富，我大力鼓励范范介绍自己的作品，孩子们都对她的画赞不绝口，有的热心孩子成了范范的"小粉丝"，甚至提议要为范范开画展。说干就干，这正是为范范提供平台的好时机，我们都已经发现了她的优点，要帮助范范也能看到自己的长处，变得更自信，变得更大胆勇敢。

2. 幼儿的变化：通过小班、中班不断坚持，在大班时期继续探索让幼儿开口的方法，终于幼儿开始愿意交流，从单字到短句、单句频次爆发式增长，交流对象由教师扩展到同伴。

3. 教师的思考

（1）内部因素起效

从那以后，范范的语言互动交流呈爆发式增长，范范的内部因素开始起效，她愿意和我们交流。经常会有幼儿跑来说："马老师，范范刚刚和我说话了！""我和范范说要做好朋友，范范答应我了！""我刚刚听到范范的声音了，很好听！"范范真正融入了集体当中，也能大胆和我们老师交流。我感动于孩子之间的同伴力量，这与我们老师单个和孩子交流互动不同，同伴的交流是教学中的辅助力量，它也起着良性作用。

（2）外部因素加成

因材施教，不仅教师自身素养要提升，外界环境也至关重要，有的时候是一种加成，在重要的时刻起到关键性的作用。范范从单字转成短句的情景就是因为幼儿园有美丽的小花园，这也从侧面帮助了教师与幼儿进行连接互动，形成一个助推器。

三、不忘教育初心，坚持终有回报

我们就像行星围绕太阳一样，用爱包围范范感化范范，她的"成功开口"离不开同伴、环境、家庭、老师坚持不懈的陪伴。通过跟踪范范的三年幼儿园生活，记录了运用各种不同的方式尝试让她能开口说话和我们交流互动的过程，现将三年历程总结如下：

范范的三年成长回顾			
时期	年龄段	教师长期的措施	幼儿长期的行为变化
初期	小班（初始期）	1. 向幼儿正面示范 2. 为幼儿寻友 3. 家园沟通 4. 寻找根源	没有明显效果
	小班（尝试期）	1. 坚持反复尝试 2. 倡议亲子共餐 3. 及时肯定进步 4. 定期家园沟通	出现微表情
中期	中班（关键期）	1. 倡议家长借机修复亲子关系 2. 鼓励幼儿肢体动作，建立信任 3. 强化幼儿单字行为，增强自信	1. 稍有些变化，会点头摇头 2. 有简单肢体动作 3. 出现单字回应

范范的三年成长回顾			
时期	年龄段	教师长期的措施	幼儿长期的行为变化
后期	大班（爆发期）	1. 利用校园环境 2. 集结同伴力量	1. 愿意开口说话，从单字到短句 2. 单句频次爆发式增长 3. 交流对象由教师扩展到同伴

通过范范的经历，我明白作为启蒙教师更须注重幼儿的非智力因素的培养，尤其是社会性情感培育。同时，应时刻谨记启蒙教师责任重大，要锲而不舍地与孩子互动，帮助他们逐渐打开社会面，与大千世界建立连接，因为幼儿园就是他们的"初社会"。

在教育之路上，我始终坚持教育初心和不断反思运用智慧引导幼儿，最后慢慢积累、沉淀，最终为幼儿照亮并指引一条光明大道。我相信，给孩子多一点成长的空间，给家长多一点相互沟通的机会，给自己多一点时间，坚持终将有回报。请珍惜并抓住孩子的黄金关键期，说不定"有心之举"就能为他们的人生谱写更美丽的乐章！

让幼儿在歌唱活动中"唱"响心扉

——谈谈幼儿园歌唱活动中的教学方法

上海市浦东新区凌桥幼儿园　李　敏

歌唱既能给孩子们的生活带来乐趣，还具有净化心灵、调节情绪、启迪心智和完善品格的重要教育价值。每个幼儿都喜欢唱歌，高兴时就会通过他们甜美、清脆的歌声来表达自己的欢快和喜悦。但是，在歌唱活动中，往往会发现幼儿们的表现有些被动，有时候会出现教师唱独角戏的现状。如何在活动中能让幼儿们积极主动地"唱"响心扉呢？本文将从影响幼儿"唱"出来的因素、促进幼儿"唱"出来的方法、发现幼儿"唱"出来的价值和展望幼儿"唱"出来的未来四个方面，分别谈谈在歌唱活动中的一些研究。

一、影响幼儿"唱"出来的因素

（一）内容选择难"唱"

我们在实践中可以很容易地发现，有些歌曲通过反复多次的教学，幼儿们仍然对于演唱没有兴趣；然而，有些歌曲不用教学，幼儿们自己就会哼唱。究其缘由，无非就是他们对反复多次教学的这些歌曲没有兴趣！由此可见，一首歌曲是否适合幼儿歌唱，取决于这首歌曲能否激发起幼儿歌唱的兴趣和欲望。一般来说，无法激起幼儿兴趣的歌曲都有以下两个特点：

1. 歌曲内容偏离幼儿的生活经验

如果这首歌曲的内容和维果斯基的"最近发展区"理论背道而驰，那么，这首歌曲的学习必然会受到很大的阻碍，幼儿必定没有兴趣。

2. 歌词过于复杂，幼儿难以理解

例如，歌曲《十二生肖歌》的旋律简单欢快、节奏清晰明朗，其间奏的存在使曲调更具趣味性。但是，歌词却很复杂，这让幼儿在理解和完全记住歌词方面存在一定的困难，容易导致很难跟唱，教师就会出现唱独角戏的情况。

（二）教师引导阻"唱"

在传统的歌唱教学中，尽管很多教师都会从歌曲情绪、旋律的变化等角度来引导幼儿理解作品的内容，培养他们的音乐兴趣，通过让幼儿参与歌表演及创编活动来激发幼儿们参与的积极性。但是，我们经常发现部分幼儿在演唱歌曲的时候"喊歌"，稚嫩的嗓子变得嘶哑；又或者根本没有旋律，听起来丝毫没有美感。然而，教师似乎没有意识到问题，也有的教师不知道应该运用什么方法去改变，导致幼儿根本不会唱歌。

（三）幼儿自身羞"唱"

初入园的幼儿，因为对新环境的不熟悉，往往会出现只观察不愿参与的现象。除此之外，由于情绪，有的幼儿在学习的过程中会出现紧张、不愿张嘴歌唱或走神，甚至出现哭泣、捣乱等现象。这些情况的发生，可能会影响歌唱活动的组织开展。

二、促进幼儿"唱"出来的方法

（一）感受力的培养，促幼儿"乐"唱

音乐的灵魂是情感的表达，幼儿情感教育中的审美尤为重要。每个幼儿心里都有一颗美的种子，如何让幼儿能从音乐中感受美和体验快乐呢？

1. 从选择歌曲入手

（1）选择符合幼儿年龄特点的歌曲

能够引发幼儿歌唱兴趣的歌曲通常有两大特点：故事性与动作性。

故事性的歌曲可以让幼儿通过故事的讲述或身临其境的扮演来理解音乐，歌词中大多数是幼儿所熟悉和喜欢的形象，比如小动物、交通工具、游乐场等。例如，《小老鼠找朋友》通过讲述小老鼠寻找朋友的故事情境，让幼儿在玩耍的过程中主动感受到了诙谐幽默的音乐性质，自然而然地理解了歌词，学会了歌唱。

动作性的歌曲一般指歌词内容方便幼儿用肢体进行表达。肢体动作的表现不仅能让歌唱活动变得有趣，而且还有利于帮助幼儿记忆歌词，提升对于音乐节奏的感知。例如，《八只小狗抬花轿》是一首节奏感强且可以边唱边表演的歌曲，歌词浅显易懂，形象生动，唱起来朗朗上口，深受幼儿们的喜欢。

（2）选择符合时代气息且适合幼儿演唱的歌曲。

因为各大媒体及抖音的影响，现在"流行音乐"已经席卷了我们的孩子，我们经常可以听到孩子们哼唱"流行歌曲"。既然幼儿对流行歌曲表现出极高的热情，我们应该用敏锐且独到的眼光嗅到值得让孩子们歌唱的素材。可以选择一些音域符合幼儿演唱的流行曲目，通过片段筛选和改编的方式，让幼儿歌唱活动的素材更具多元性，有利于丰富幼儿的歌唱体验，拓展知识面和视野。

例如，许卓亚老师就把《对面的女孩看过来》的歌词进行改编，将原先男生与女生的对唱改成了兔子跟大灰狼的对唱，幼儿们非常喜欢。

又如，抖音流行的歌曲《红山果》选择了歌曲其中的片段，被设计为大班歌唱活动。利用排图记忆的方式帮助幼儿理解歌词，感知了民谣歌曲的音乐特点，让孩子们听了还想听，唱了还想唱。

2. 带领孩子们发现自然界和生活中美的事物

音乐本身就是一种听觉的艺术，老师们可以有意识地引导孩子注意聆听自然界中的鸟鸣、风声、树叶沙沙声等美好的声音。在大雨的时候，可以带孩子们去感受雨声哗啦啦的音色，通过倾听雨刮器的声音体会节奏的变化等，帮助孩子提升对音乐的敏感度。通过长期的熏陶，相信孩子在潜移默化中会对音乐产生自己的理解，能真正感受美和理解美。

（二）表现力的培养，促幼儿"会"唱

1. "游戏教学"促表现

幼儿的天性是爱游戏。为此，教师一定要充分发挥出自身的教学智慧，根据幼儿的特点及熟悉的生活情境，构建出开放、宽松和自由的游戏环境，让幼儿在角色扮演的情境中大胆表达。

例如，《小蝌蚪找妈妈》的歌唱活动中，教师将整个活动设计成故事情境，将理解歌词、学唱歌曲融入其中，幼儿们模仿小蝌蚪的样子，跟随老师在一起找"妈妈"的游戏中感受音乐。

2."形式多样"促表现

在歌唱活动中，通常都是以集体齐唱为主，单调且重复的形式不可避免地会使整个活动显得有些枯燥。如果增添领唱、接唱、对唱、轮唱、歌表演等形式，通过多听、多感受能获得更多感官刺激，反复的学唱会变得很有新鲜感，自然就创设出了一个让幼儿有机会多次唱歌的音乐环境，激发起幼儿思维的活跃，唱出心中的感受。

例如，大家耳熟能详的《春天在哪里》，在教师的精心设计下，让大班的幼儿通过轮唱、领唱等形式的变化给这首歌曲增添了新的惊喜。

此外，鉴于幼儿有意注意时间较短的年龄特点，教师在组织音乐教学时要注意使用儿童化、多样化的教学语言，为幼儿搭建边听、边看、边动、边唱的平台，让他们在趣味实践中亲身体验，感受音乐的魅力。

例如，集体教学活动《小小的船》中，一段优美的音乐让幼儿们仿佛走进了安宁恬静的夜晚，听、说、奏、唱多种形式的学唱，帮助幼儿们感受了强弱弱三拍子歌曲的音乐性质，层层递进的环节设计激发了幼儿积极参与表现的愿望。

3."直观教具"促表现

（1）巧妙运用图谱

理解和记忆歌词是学唱歌曲的重要环节，生动形象的图谱能把歌词内容以直观又简单的符号及图画形式表现出来，是一种视觉性的参与。图谱的适时介入能帮助幼儿建立起与歌词的关系，较好地理解歌曲，加深对音乐和情感的感知。

例如《买菜》的歌词中出现了很多的蔬菜名字，教师就采用了图谱的形式，将鸡蛋、青菜、母鸡、鱼儿、萝卜、黄瓜、西红柿……等蔬菜按顺序依次出现，帮助幼儿可以轻松唱出歌词，化难为易。

（2）运用多媒体课件

多媒体课件的运用能促进幼儿将抽象的内容转化为具体的内容，有利于加强幼儿对学习内容的理解和记忆。幼儿在图及声的引导下，不仅能理解该曲目背后的故事和所要表达的思想情感，同时，在画面的冲击作用下，也更容易记忆歌曲内容。

4. "启发诱导"促表现

（1）理解幼儿情绪背后的原因，激发歌唱兴趣体验

幼儿虽然小，但是也是有需求的，有时可能是身体不舒适，有时可能是紧张，有时可能是同伴之间的矛盾得不到教师的关注等。教师要了解幼儿的年龄特点，理解背后的原因，满足他们的合理需求，运用转移幼儿注意力的方式，来激发幼儿参与歌唱活动的兴趣。有时一个关爱的眼神、一个会心的微笑、一句真诚的鼓励都会改变幼儿的情绪。多一些表扬能让羞于开口的幼儿找到自信，激发起唱出来的欲望。

（2）关注不同层次的唱歌潜能，助推唱歌水平提升

另外，教师要对于不同的幼儿设计不同层次的教学，最大限度发挥不同层次幼儿的唱歌潜能，让每一位幼儿都树立起唱歌的自信心。例如，对于惧怕歌唱的幼儿，可以引导他们愿意跟随歌曲的节奏一起演唱；对于独立演唱紧张的幼儿，可以要求同伴合唱；对于能自信歌唱的幼儿，则要求能声情并茂地演唱。

（3）运用专业的歌唱指导方法，调动唱歌情感表达

幼儿表达情感的时候，通常会比较简单和直白，往往因为兴奋而出现"喊歌"，这会影响音乐所蕴含和传递的美的感受。这就需要教师运用专业的方法，去引导幼儿处理好演唱时候的快慢、强弱、连贯与跳跃的变化。可以先从整首歌曲的音乐性质分析入手，引导幼儿说出自己的情绪感受；然后再通过分析歌曲中的每一句甚至每一个字、词所蕴含的意思帮助幼儿去走进音乐；最后可以根据歌词所描绘的对象结合动作来表现歌曲的情感，进一步帮助幼儿去感受歌曲的美，控制自己的音调去表现美。

5. "巧用范唱"促表现

在歌唱活动中，教师可以通过清唱、边弹边唱、幼儿跟唱等方式进行范唱。然而，有研究证明，教师的清唱范唱和幼儿清唱反馈的学习效果是最佳的，还能有助于培养幼儿的专注力、记忆力和自控力。费尔拉班德的研究表明，中等难度的歌曲，幼儿在倾听五遍后才能形成比较清晰的听觉表现。因

此，教师的音乐素养尤为重要。教师要利用范唱中音准的高低差异、节奏的快慢、节拍的强弱、韵律的轻重缓急、音调的细微变化等，帮助幼儿处理歌曲的难点，引起幼儿的情感共鸣，让他们从听觉上保持对音乐的热情，从而激发幼儿的表现欲望。

（三）创造力的培养，促幼儿"趣"唱

1. 自编歌词，激发兴趣

大部分幼儿都会对歌曲中的某些部分特别感兴趣，有的甚至会心血来潮更换歌词，并对自己的改编津津乐道，自得其乐。他们会对自己改编后的歌曲进行不厌其烦的表演，并沉浸其中。所以，可以将其作为教育契机，尝试引导他们运用已有的知识进行简单的歌词创编，给幼儿更多的主动学习、积极探索和勇于创造的机会，这对于幼儿们学习兴趣的提高和创造能力的发展有很大的帮助。

2. 自编动作，激发创造

边唱边做动作是幼儿歌唱活动的特点，幼儿不但会用歌声来表达自己对于歌曲的理解，更喜欢用动作来加以补充。鉴于幼儿的这个特点，在组织歌唱活动中经常会让幼儿根据歌曲的内容自己做一些喜欢的动作，久而久之，这也会成为幼儿唱好每一首歌的重要辅助手段之一。在幼儿初步学唱歌曲后，如果能引导幼儿用动作加以表现，会收到意想不到的效果。

三、发现幼儿"唱"出来的价值

通过幼儿歌唱活动的培养，不仅迅速提高了幼儿对音乐的感受力、表现力和创造力的素质，而且在认知、社会、情感等方面都得到可喜的发展。

1. 促进了"分享和理解他人"良好品质的形成

艺术本身就是用来与人分享的，在歌唱活动中的很多演唱形式就是一种合作交流，能够让孩子们在过程中感受到歌唱的神奇魅力，分享歌曲带给彼此的快乐。

每一个音乐作品都有其独特的内涵，幼儿在理解作品的情感和创作背景的时候，也慢慢形成了一个良性的自我提升循环，潜移默化中学会去理解别人的情绪和感受。

2. 促进了适应未来全面发展各项能力的形成

歌曲旋律创编活动需要幼儿自编或与同伴一起进行。需要讨论，需要注意力的高度集中，需要幼儿的大胆表现、大胆创新。在这过程中，提高了幼儿的理解能力和分析能力，培养了幼儿思维的灵活性、精密性、求异性、发散性，使幼儿在其他学科的学习中触类旁通，思维活跃，反应敏捷，动手、动口且动脑，推动形成良好的学习习惯。

3. 促进了积极向上情感和心态的形成

歌曲旋律创编活动过程中，使幼儿感受到老师和同伴的关注认可、赞扬，有机会表达自己，展示自己的才华，保持了积极向上的心态。

四、展望幼儿"唱"出来的未来

在未来的教育教学中，我们要努力树立"让音乐属于每一个人"的教育理念，最大限度地满足幼儿的唱歌需求，将唱歌的权利还给孩子们，让未来的每一个孩子都喜欢唱歌，会唱歌，能唱出好听的歌，形成自己对歌曲的鉴赏和赏析。

总之，爱唱歌源于兴趣，但是光靠兴趣是远远不够的。作为老师，我们只有与幼儿一起在唱歌的海洋里大胆感知、体验和创造，才能让幼儿真正在歌唱活动中"唱"响心扉！愿每个幼儿都能想唱就唱，唱出属于自己的那份喜悦、那份满足……

创设并利用支持性的环境对自闭症幼儿刻板行为矫正的个案研究

上海市浦东新区童心幼儿园　王子英

一、前言

每一个儿童都有受教育的基本权利，在特殊儿童学前教育阶段，融合教育是大趋势，《上海市学前特殊教育课程指南》之"课程理念"中强调：珍视学前融合教育的独特价值。普特融合的幼儿园在融合教育方面具有得天独厚的环境优势，利用学校丰富的教育资源对特殊幼儿开展教育教学活动，根据每个幼儿的发展水平，除了提供个性化的康复训练外，还提供形式多样的融合活动，在融合的环境中促进学前特殊幼儿的全面发展。

二、研究目的和内容

幼儿园设有1个特教班，特教班内有8名特殊幼儿，障碍类型各不相同，个体差异较大，其中自闭症幼儿4名，表现为情绪不稳定、缺乏情感反应、语言发育障碍、交流障碍、刻板重复行为较多，有时甚至出现自伤自残行为。为了保证自闭症幼儿日常的生活和学习，很多家长都表达出了强烈的帮助孩子改善其刻板行为的诉求，所以在学前教育阶段帮助自闭症幼儿矫正刻板行为迫在眉睫。

自闭症幼儿在融合幼儿园的学习生活，是否能使其刻板行为有所减少或改变？本文通过对一例自闭症幼儿的情况进行描述和分析，详细介绍通过创设并利用融合幼儿园支持性的环境，对该名幼儿进行刻板行为干预矫正，总结矫正效果，希望能为幼儿园和教师以及家长对自闭症幼儿刻板行为的干预矫正提供一些启示。

（一）个案基本情况

小L，男孩，4岁，就读普通幼儿园特教班。白天祖辈照顾，晚上爸爸妈妈照顾。没有牙牙学语阶段，2岁时才会发出"baba"的音，刚入园时也只能发出"baba"的音。身体动作发展也较同龄人落后，走路经常要抱，不会跑和跳。由于家人一直以为只是晚发育，没有引起足够重视，直到即将入园，才在老师的建议下去医院做了检查，经过综合评估，诊断为自闭症。

（二）个案所表现出的刻板行为

通过观察，把小L较为明显的刻板行为按照刻板内容归纳为以下四种：

1. 刻板动作

小L喜欢独处，常常一边吃手指一边发呆；平时遇到不顺心的事情，总是把大拇指放在嘴里吮吸；做其他的事情，只要有一只手空出来便将大拇指放在嘴巴里。除了吮吸还会有咬的动作，所以他的大拇指上已经有很深的齿痕，有时咬破了虽然很疼，却还是忍不住会继续咬。

2. 刻板思维

小L在幼儿园进行的第一次户外运动是在平衡区，他选择了走小桥，这天的户外运动30分钟，都在小桥上来来回回不停地走。老师引导他去尝试其他的运动材料，他都不予理睬，将拿给他的运动材料扔在一边。接下来连续两周的户外运动，老师带领幼儿到不同的运动区域，小L却总是回来在小桥上来来回回地走，老师跟他说："今天要到其他区域运动。"他便大声哭闹。

3. 刻板语言

小L没有语言，只能重复发出"baba"的音，不管问他什么，得到的回答都是"baba"，只是语调不尽相同。老师对他不恰当的语言进行纠正，引导他对着妈妈要说"妈妈"，想要回家就要说"回家"。在老师的多次引导纠正下，他索性不说话。

4. 刻板规则

他有一个小飞机玩具，平时从来不拿出来玩，可是经常被别的小朋友玩，玩后还会随便乱放。虽然小L不喜欢玩玩具，但是他对收玩具的音乐特别敏感。只要听到收玩具的音乐，不管小飞机被放在了哪里，他都会以最快的速度找到，并放回自己的收纳筐里。有一次，爸爸要带回小飞机再换一个其他的玩具，小L却怎么也不让他拿走。

（三）刻板行为分析

每一个行为存在，都具有其原因和意义。对于自闭症幼儿的刻板行为来说，其本质原因是大脑神经本身的损害。从实用角度来说，可以分为以下四个原因：

1. 无事可做

刻板行为一般发生在没事情做的无聊时候。小L吃手指的行为，就总是出现在他发呆、无事可做或两只手中有一只手空的时候。而当他的两只手同时都在做事情的时候，吃手指的动作就不会发生。

2. 感官刺激

在幼儿无聊的时候，加上做某些刻板动作时可以带来感官上的快感，这些行为就被幼儿自己强化了。小L喜欢在有坡度的小桥上来来回回地走，不仅仅由于他在康复机构有这样的运动经验，究其原因，是因为走有坡度的小桥可以带给他感官上的快感，从有坡度的小桥上下来会速度加快，这种速度上的刺激强化了他来来回回走小桥的行为。

3. 获得关注

有些刻板行为不是被自身强化，而是被他人强化。与家长沟通后了解到：小L两岁时第一次发出"baba"的音，爸爸表现出自豪并大加鼓励。祖辈们对小L也是特别溺爱，每当他想要什么，一说"baba"，他的要求就会被满足。在小L开口发音的语言敏感阶段，爸爸和家人对小L叫"baba"的不恰当关注与强化，让他觉得其他的语言不那么重要了，弱化了学习语言的兴趣，觉得"baba"是万能的，强化了刻板语言。

4. 智力障碍

一般自闭症幼儿还伴有不同程度的智力障碍，认知水平低下，想要改变其刻板行为较为困难，虽然经过训练学习，认知能力会有所提高，但要想发展到正常水平却很难，只能弱化其刻板行为。

三、创设并利用支持性的环境，矫正刻板行为的方法及过程

针对小L平时表现出来的一些明显刻板行为，并分析行为背后的原因，通过创设有利于小L发展的支持性环境，进行干预矫正。

（一）提供丰富的教玩具和设计操作性强的活动，刻板动作减少

经过行为分析，制订出帮助其建立不相容行为的计划，以减少吃手指的刻板动作。妈妈说，小L在家喜欢画画，那就先从他感兴趣的事情入手，给他多提供一些画画的机会，画画时，小L一只手拿着笔，一只手按着纸，虽然只是涂鸦，但可以坚持15分钟不吃手指。于是，个训时老师指导他画太阳，通过练习，他画的线条更加流畅了。可见建立不相容行为对减少刻板动作有显著效果。

幼儿园提供了各类丰富的适合幼儿园小朋友年龄特点的玩具，不光颜色鲜艳，而且易操作。在融合活动中，其他幼儿会自主拿出不同的玩具来玩，这时小L只在旁边偷偷地看。融合班级老师在平时与特教班老师的沟通中，对小L有所了解，观察到小L想要玩玩具的行为，便主动拉他过来，在他面前摆弄。经过老师的引导，他对幼儿园的玩具从不会玩到能熟练操作，既锻炼了小手灵活性，同时还忘记了吃手指的事情，在融合活动时也能跟其他幼儿一样自主找玩具出来玩了。

幼儿园的学习活动是动静交替的，所以在安静的活动环节中，小L吃手指动作还是比较频繁。老师对教学活动形式流程有针对性的设计，尽量以操作为主，还在活动开始环节进行手指游戏，带着幼儿一起做手指操，最后小手去找到自己的双腿准备上课。小L在学习活动中偶尔还会有吃手指的动作，老师一旦发现便进行提醒："一群（先伸右手）小鱼（再伸左手）游过来，游到东游到西，游到（两手游泳状打开）大海妈妈的怀抱（两手并拢放在双腿上）里。"他的小手就会自觉地放在双腿上。

（二）创设内容形式多样的融合活动，刻板思维被改变

幼儿园每周活动安排均衡发展幼儿各方面能力的内容，特教班每天的运动场地都不一样，周一跑跳区，周二在综合运动区，周三是球类区……但是

小L对平衡区有坡度的小桥却有着特别的"爱"。针对小L这样的刻板思维，老师每天都跟他说："其他地方也很好玩，老师陪你去试试看。"引导他进行地点上的改变。但小L拒绝尝试任何其他的区域，面对他拒绝接受新的运动项目，老师选择让他被动接受。

日期：10月17日	地点：操场	观察者：王老师	起止时间9：10—9：40
情景事件	先行事件	行为	结果
户外运动，老师带着孩子们来到操场。	老师说：今天我们玩滑滑梯。	小L像往常一样朝小桥的方向走去。	老师抱起小L离开小桥，小L哭闹。
	第一次尝试：老师将小L放在较低的滑滑梯上，双手拉着他的双手，慢慢地滑下来。	小L抱着老师的脖子不放，身体处于紧张状态，滑下来后，回头看了看后面的滑梯。	小L从滑滑梯上下来后停止了哭闹，接着又朝小桥跑去。
	第二次尝试：老师抱回了小L，重复跟他说："我们今天玩滑滑梯。"拉着他的双手，慢慢地滑下来。	小L没有反抗，他的身体还是较僵硬，拉着老师的双手，没有再抱老师的脖子。	朝小桥方向看了看，没有急着走过去。
	第五次尝试：老师跟小L说："玩滑滑梯，要像别的小朋友一样走楼梯上去！"	小L拉着老师的手走上了楼梯，拉着老师的手，滑下了滑梯，他的身体不再僵硬。	没有走向小桥。
	融合班级的浩浩拉着小L的手走上楼梯。	小L跟着浩浩走上楼梯，拉着老师的手，滑下滑梯。	没有走向小桥。

为了巩固小L接受玩滑滑梯，忘记玩小桥的刻板思维，特教班两位老师经过商量，决定将一周的户外运动场地安排做相应调整，并记录下了小L的行为，发现他对滑滑梯还是接受的，而且很喜欢。

情景事件	先行事件	行　　为	结　　果
10月18日 户外运动 （综合运动区）	老师说：今天我们 玩滑滑梯。	小L拉着老师的手， 想让老师扶着他玩。	没有去走小桥。
10月19日 户外运动 （综合运动区）	老师说：今天我们 玩滑滑梯。	在老师的鼓励下， 跟在别的幼儿后面， 从楼梯上走上去玩 滑滑梯。	没有去走小桥。
10月20日 户外运动 （平衡区）	老师说：今天我们 玩平衡区。	小L看到久违的小 桥，停顿几秒，走 上小桥。	在小桥上来回走了 13次。
10月21日 户外运动 （综合运动区）	老师说：今天我们 玩滑滑梯。	拉着老师的手，想 让老师陪着他一起 去玩。	没有去走小桥。

第二周，老师安排一、三、五在综合运动区，二、四在平衡运动区，每天都会更换运动区域。经过老师的提醒，小L可以接受这样的安排，没有抗拒。

幼儿园创设了内容形式多样的活动，给了小L更多的选择，将刻板思维进行改变，既可以玩走小桥，也可以去玩滑滑梯，让其愿意尝试不同的方式。经过长期训练，通过改变时间地点，去参与不同内容与形式的活动。

（三）按需提供灵活的教育方式，刻板语言弱化

针对小L语言少的现状，老师在个别化语言训练中投入了大量精力，反复教他构音发音，但是效果几乎没有，只从"baba"的音过渡到了"baibai"和"beibei"。

一个偶然的机会，他拿着盒子来找老师想要打开，嘴里不停地说"baba"，老师坚持要让他说"打开"，小L看到了老师的坚持，急得又哭又闹。可是盒子里的玩具对他的诱惑太大，他一边哭着一边发出了含糊的音"开开"，老师强调"打开"，他又说了一遍"开开"，虽然没有说出"打开"，但是他说"开开"的音比较清晰了，而且指向性很明确。在重复了三遍"开开"的音后，老师帮助他将盒子打开。老师们把小L语言上的突破都看在了

眼里，统一了要求。在接下来的四天里，小L想要老师帮忙打开盒子，都会急着说"baba"，老师说"不对"，随后他便急着重复"开开"。从此，他请求老师帮忙打开盒子时，都会过来跟老师说"开开"，他刻板语言逐渐被弱化。

在吃早点的情境中，用他喜欢吃的巧克力饼干做强化物，示意想要吃饼干，就要说出"饼干"。为了得到想要吃的饼干，他努力地说出了"干"。在幼儿园的一日活动中，老师利用灵活的教育方式，不仅安排个别化的语言训练，还创设不同的语言情境，帮助他掌握更多的发音。

同时与家长进行沟通，将小L在语言上的突破拍了视频。家长看到小L的进步惊喜万分，表示在家也会积极配合幼儿园的要求，给小L在家庭生活中创设语言情境，引导孩子多开口，弱化刻板语言。

（四）创设多元的融合环境，刻板规则被接纳

小L在融合班自由活动时，像往常一样，听到收玩具的音乐响起，从娃娃家的地上捡起小飞机放回自己的筐中。融合班老师在旁边大声表扬小L："小L真棒，知道玩具玩好要送回家。"又指着桌上的玩具对其他幼儿说，"这些玩具也想回到家，我们一起把它们送回去吧！"于是，大家在小L的带动下收起了玩具。特教老师引导小L学着收其他的玩具，在老师手把手的帮助下，先后把雪花片和穿珠子的材料放回了玩具筐里。

经过一段时间的收玩具练习，小L已经成为融合班老师的小帮手，带领着融合班级的幼儿一起收玩具。小L的刻板规则被融合班级的幼儿接纳，还成为他们学习的榜样。

四、结论

在《上海市学前特殊教育课程指南》的指引下，普特融合幼儿园高度重视环境对特殊幼儿的影响，不断创设并利用支持性的环境，在自然的环境中促进特殊幼儿全面发展，为其将来融入社会奠定基础。

个案中的小L就读于普通幼儿园特教班，一日活动按照普通班级的作息，每天都会安排内容丰富多样的活动，根据他各方面的能力与需要，由经验丰富的特教老师进行有针对性的个别化训练，每周至少三次由特教老师陪同带

去普通班级进行融合。经过为期一年的干预矫正，初见成效。

（一）丰富的幼儿园活动减少刻板动作

幼儿园丰富的活动包括生活、游戏、学习、运动和个别化活动，时间安排科学合理紧凑，以幼儿为本，符合学前幼儿年龄特点，贴近幼儿生活，活动的设计安排充分考虑幼儿兴趣，让幼儿感到轻松愉快。在这些丰富的幼儿园活动中，让小L"忙"了起来，时刻都有想要做的事，充实有趣的活动占据了他做刻板动作的时间，有效地减少了刻板动作。

（二）多变的幼儿园生活改变刻板思维

幼儿园生活既是丰富的也是多变的，在生活、游戏、学习、运动四类活动中，小L每天都参与不一样的活动内容，每天吃不一样的饭菜，每天在不同的运动区域玩不一样的运动材料，做不一样的游戏，每天学习不一样的本领等，小L在学着适应幼儿园多变活动的过程，就是他刻板思维在改变的过程。

（三）个性的幼儿园课程弱化刻板语言

幼儿园的一日活动皆课程，老师会根据小L的情况，在幼儿园的学习和生活中创设有针对性的语言环境，激发使用语言的动机，创造使用语言的机会，还会配合针对性强的个别化语言训练，由专业的老师对小L进行构音运动治疗和发音训练，通过训练巩固，掌握更多的语言及交流技巧，从而丰富词汇量，弱化刻板语言。

（四）智慧的幼儿园老师巧用刻板规则

有些刻板规则是无须改变的，因为非常有用。在园期间，老师对孩子们总是寸步不离，他们善于观察和发现，通过分析，判断出哪些刻板规则是好的习惯，可以为自己和他人服务，将这一刻板规则加以巧妙运用，便可以发展成为有用的能力。

在小L个案研究中，通过创设并利用支持性的环境进行行为矫正，小L四个显著的刻板行为有了一定的弱化和改变。由此可见，自闭症幼儿干预年龄越早，改善程度越明显，因此早期干预刻不容缓。学前教育阶段便是一个关键时期，学前融合教育是实现融合型社会和人人受教育最有效的途径。

作为学前普特融合教育机构，肩负着满足每个幼儿对安全与健康、关爱与尊重的基本需要的使命，依据《上海市学前特殊教育课程指南》的课程理念、目标与内容要求，在融合教育活动中注重"残疾幼儿与普通幼儿的共同发展，通过构建普特融合、保教并重的课程体系"，根据学前特殊幼儿的实际需求，创设支持性的环境并有效利用，在自然的环境中为他们提供多元的符合身心特点的学习与发展机会，有助于促进学前特殊幼儿全面发展。

5～6岁幼儿在园阶段
抗挫能力培养的指导策略研究报告

上海浦东新区孙桥幼儿园　秦　媚

第一部分　研究的缘起

一、研究背景

　　抗挫折能力是人们适应社会环境所需的重要生存能力之一。幼儿同成人一样也会遇到各种困难和挫折。挫折并不可怕，我们需要的是面对挫折时能够战胜它的能力，使挫折、困难、失败等变成使我们成长的契机。挫折，指在个体从事有目的的活动过程中遇到障碍或干扰，致使个人动机不能实现、需要不能满足时的情绪状态。人们忍受、抵抗和排解挫折的能力就叫作抗挫折能力，包括挫折耐受力和挫折排解力两方面。

　　现今，许多调查研究结果和新闻报道表明，我国青少年的抗挫折能力普遍较差（徐乐，2014），如中小学生在探险活动中意志薄弱、大学新生因不能适应独立生活而辍学回家的种种表现等，都反映出青少年的心理比较脆弱，经不起考验，无法承受生活环境中的压力和挫折，不能很好地适应竞争日益激烈的社会。当前社会独生子女多，孩子是整个家庭的中心，因此，现在的幼儿会受到家长更多的关爱和重视。当幼儿面对难题或遭遇失败时，家长或教师基本是挺身而出帮他们解决困难、铺平道路、扫清障碍。家长在对幼儿进行关爱和细心呵护的时候，对幼儿所应具备的坚强意志的培养往往都会忽视，这使得现在的幼儿显得比以往更加娇气，不堪一击。长此以往，幼儿就会缺乏克服困难的心理体验，缺乏信心和勇气，形成学习和生活上的依赖性，对于挫折所能够承受的能力也显得更差劲。由此可见抗挫折能力的教育培养是相当重要的，家庭和学校要重视对幼儿抗挫能力的培养。

德国精神分析学派心理学家西格蒙德·弗洛伊德（1895）认为，成年期的人格特征根源于生命的前五年，个体童年早期的经验在人格发展中起着决定性的作用。这表明，幼儿期是人格形成的关键期，幼儿阶段抗挫折能力的培养和发展是形成个体健全人格不可缺少的一部分。幼儿期正处于身心发展时期，心理容易产生巨大变化，这时很容易受到挫折。常见的心理挫折有情感挫折、学习挫折、交往挫折等。进行挫折教育，目的就是让孩子在体验中学会面对困难并战胜挫折的一种抗挫折能力和耐挫折能力，孩子自己亲身体验到的是宝贵的，那远比大人手把手教给他的要宝贵得多。大班的孩子即将升入小学，面对现今孩子们的脆弱意志和心理承受能力，对于幼小衔接的问题感到非常担忧。所以有意识地让幼儿受点挫折失败，尝试一些生活的历练，使幼儿明白每个人都可能遇到困难和挫折，而困难和挫折是不可怕的，是可以克服的，教育幼儿敢于面对困难、挫折，正视挫折并提高自身克服困难的能力。所以，为了更好地培养幼儿抗挫折能力和开展对幼儿的挫折教育，首先要做的就是研究幼儿抗挫折能力的发展特点及其影响因素。本文就是对大班幼儿的抗挫折能力进行研究，分析研究幼儿的抗挫折能力的发展特点及其影响因素，为挫折教育的开展提供有价值的参考，从而更好地发挥心理健康教学活动的教育作用。

二、研究意义

1. 实践意义

幼儿在成长的过程中，不仅会有愉快的成功，还会遇到各种挫折困难。因此，幼儿抗挫折能力是幼儿适应社会环境所必需的一种生存能力，是儿童健全人格的重要组成部分。因此，培养幼儿抗挫折能力对幼儿的健康成长具有十分重要的意义。《幼儿园教育指导纲要（试行）》中也明确提出要"培养幼儿坚强、勇敢、不怕困难的意志品质和主动、乐观、合作的态度"。本研究旨在通过案例分析，为教师培养幼儿抗挫能力提供参考或指导策略，从而贯彻纲要的要求。

2. 理论意义

本文的理论意义在于了解5～6岁幼儿的抗挫折能力水平，为挫折教育的开展提供有价值的参考，并进一步探索影响儿童抗挫折能力培养的因素，为儿童挫折教育的实践提供教育心理学依据，希望能够改善增进幼儿抗挫折能力培养的相关教育课程和培养方式。

三、研究方案

（一）研究内容

1. 幼儿抗挫能力的发展特点及其影响因素。

2. 数据分析幼儿抗挫能力。

3. 与教师访谈了解教师指导方式。

（二）研究对象

本研究的个案筛选自浦东新区某幼儿园大一班两名5～6岁的学生（这两名幼儿发展水平略缓，适合作为被观察对象），一名男孩儿，一名女孩儿。在筛选过程中，确定小明（化名）和小红（化名）为观察对象进行前后为期两周的观察。

（三）研究方法

本文采用的研究方法为文献调查法、个案分析法、观察法、访谈法。

1. 文献调查法：研究者查阅了国内外关于教师语言论述的资料，并对这些资料进行了归类分析，为本研究奠定了理论基础，据此确立本研究的思路。

2. 个案分析法：对两名被观察儿童的受挫行为进行记录、分析，从而得出一般性、普遍性的规律。

3. 观察法：对小明和小红两名幼儿一日生活进行观察。对两名幼儿一日内在幼儿园的生活情况进行观察：9：10～9：25教学活动；9：25～10：00自由活动；10：30～11：00户外活动；11：00～11：45幼儿进餐；14：10～14：40幼儿起床；14：40～15：15活动区活动；15：30～16：00吃点心。认真观察记录幼儿在上述活动中的表现，记录其在一天活动中所遇到的受挫事件，包括受挫原因、受挫折后的情绪反应和行为反应及反应的持续时间等。对两名幼儿持续跟踪两周时间。

4. 访谈法：对教师进行访谈，主要访谈问题包括教师对于挫折的定义，幼儿遇到问题困难时的解决方法和教育态度。

第二部分　研究报告

一、幼儿受挫时的情绪性表现行为界定

情绪性反应及表现行为，指的是个体在遭受挫折时伴随着紧张、愤怒、焦虑、失落等情绪而产生的行为。幼儿受挫的情绪性反应主要有以下三种：

1. 幼儿遭受挫折，由于自身能力有限，无能为力，自尊心和自信心受到打击，因而产生焦虑、烦躁等情绪，导致坐卧不安，食欲不振，难以入睡。

2. 幼儿在受挫或需求尚未得到满足时，由于社会性发展尚不完善，自身情绪控制能力较弱，容易产生愤怒情绪，产生哭闹、在地上打滚抑或产生一系列攻击性行为，从而发泄、表现自己的情绪。

3. 也有部分幼儿在受挫时，其反馈并不是直接或间接地发泄情绪、表达情绪，而是对所遭受挫折的情境产生抵触和回避。第二次出现该行为时，选择不再参与或者逃避，例如在幼儿园受到批评或者玩游戏输了，从而不想去幼儿园，不再参与这类游戏等。

二、个案幼儿受挫反应的持续时间

经观察后发现，幼儿受挫后的持续时间在0～10分钟之内，对于游戏活动、教师批评这一类的受挫后持续时间在0～5分钟内，而对于同伴矛盾后的受挫后持续时间在5～10分钟之内。例如，上午9：20，在老师的上课过程中，小明因不认真听讲，和别的小朋友交头接耳而被老师批评。受到批评后小明很失落，低下头不听讲也不说话。2分钟后，小明似乎已经忘记刚才老师的批评了，认真听讲还积极举手发言。11点半，小红在中午进餐时，与另一

名小朋友因为争座位而发生争吵，两人互不忍让，僵持了很久。约8分钟后，两人重归于好，一起玩起了游戏。

三、个案幼儿受挫时的行为表现

通过对两个儿童的观察记录来看，该幼儿遇挫时最容易发生的典型行为就是哭泣，用哭泣来表达情绪和需求，而不愿鼓起勇气直面问题。例如，观察中小明在户外活动中不小心摔倒。他不是想办法自己努力站起来，而是趴在地上哭泣，试图吸引帮助者，直到有老师过来将其扶起，安抚过后才停止哭泣。小红与同伴因争抢玩具而发生争执后哭个不停，直到放学后家长接其离园。

通过归类整理，发现引发儿童受挫折事件的原因，主要是与外环境之间产生的矛盾和自身的矛盾，我归类为四类：一是生活习惯方面出现问题时；二是因教师产生的挫折，如被批评、被惩罚等；三是与同伴的矛盾，如被拒绝、争抢打闹、不愿意和别人分享等；四是自身的问题，如性格原因等。

四、5～6岁幼儿受挫原因

（一）生活习惯

每次吃午饭时，小明总是最晚一个吃完的，并且每次都吃几口便说吃不下了，然后不肯吃饭，直到保育员阿姨或者老师过来喂饭才肯继续吃饭；甚至有时候会假装呕吐来逃避吃饭，每次都要哭闹一番才可以结束吃饭。

通过观察访谈后，我认为小明不肯吃饭的很大原因与他在家中养成的行为习惯有极大的关系。在发现小明吃饭的不良行为习惯后，我与带班老师李老师访谈后了解到，小明在家中都是由父母或者爷爷奶奶喂饭，从来不自己吃饭，并且喜欢吃零食，主食吃得很少。在幼儿园中，没有人喂饭，没有零食，这样的落差造成了小明的受挫行为，希望通过哭泣呕吐来逃避吃饭。由此可见，小明的家庭教育和幼儿园教育并没有统一，家园教育工作的不统一从而造成了小明不良行为习惯的养成和难以改正。

午睡时，小明会假装睡觉，躲在被子里一个人偷偷地自言自语或者和其他幼儿说话，老师发现后便坐在他身边等他入睡。但有时小明还是不肯睡觉，老师便说将他今天的贴纸收回，小明马上表现出慌张的样子，乞求老师不要收回贴纸，会马上睡觉。

经过观察了解，我认为小明是因为从小没有养成良好的睡眠习惯，导致他在午睡时间不肯入睡。良好的睡眠习惯是按照规定的睡眠时间、睡眠环境以及成人的正确态度和方法，经过多次反复形成条件反射的结果。如果这些条件经常变化，孩子的午睡习惯就难以形成。比如，不严格遵守规定的午睡时间，今天没事早睡，明天有事晚睡，就不能养成孩子很快入睡的习惯。如果今天家里来客人可以不睡，星期天去动物园又可以不睡，这就无意中使孩子感到午睡可以睡也可以不睡，所以小明不愿意午睡。

而有时候用强制的手段令孩子午睡，会让孩子对午睡产生反感，不肯午睡。有时成人为了让孩子很快入睡，用狼来了、虎来了等违反教育原则的恐吓方法，把孩子吓得不敢动弹，最后带着一种可怕形象和感觉进入梦乡。这样就使孩子产生睡眠是多么可怕的印象，产生怕睡眠、怕孤单的感觉。还有用惩罚的方法，孩子午睡没有睡着，就罚他不许起床，造成他睡眠时精神紧张，越紧张越睡不着。这里老师用收贴纸的方式让小明睡觉，我觉得是一个不错的方式。

吃午饭前，小朋友们一起排队上厕所，快要排到小红上厕所时，涵涵从教室跑到厕所，插队插在了小红前。小红并没有和涵涵争吵，但在之后的区角活动中，涵涵和她说话，小红并没有理睬涵涵，直到过去10分钟左右，小红才与涵涵说话交流。

幼儿时期的孩子由于年龄特点，他们的认知水平还很低，而且幼儿都具有强烈的自尊心，但又由于生活经验缺乏，所以他们的道德认识和行为意识常常脱节，缺乏合作意识，易与他人发生冲突。幼儿由于遗传素质、后天的教育和环境不同，神经类型、气质和性格也会千差万别。小红和涵涵就是如此，有的孩子性格温顺文静，有的孩子性格急躁好动，有的孩子胆小懦弱不善交往，也有的孩子豪爽大方热心过头等。

幼儿在家，受到家长的溺爱，遇到挫折家长都会挺身而出，为孩子扫除困难。而在幼儿园，老师会让幼儿独立做各种事情，如用餐、盥洗、如厕、睡眠等，所以，正是由于这些不良生活习惯的养成，导致有些幼儿承受不了突然改变的习惯。正如有学者表示，生活习惯，尤其是家长处理孩子受挫的做法，对孩子的抗挫能力影响极大。（司武军，2012）

（二）师生关系

科学活动区，小明在玩拼插游戏时，涵涵淘气，破坏了小明的玩具，小明气急败坏地推了涵涵，还继续宣泄。老师来制止小明并批评了他，小明生气地破坏了其他小朋友的玩具。老师让他站墙边，他觉得别人弄坏了他的玩具他却受罚，表情冷漠，并用言语攻击其他小朋友。

幼儿认为自己不被教师理解，教师对他给予了错误的惩罚，而正是由于他的攻击性的不良行为的养成，从而导致与教师的矛盾问题。与教师的矛盾问题会给幼儿造成挫折，如被批评、被吓唬、被惩罚、不许参加某种活动等。（王献玲，2014）

（三）同伴关系

在一次表演中，小红跳舞，两个小朋友唱歌。两个小朋友排挤小红，让她站后面跳舞，对其形成孤立状态。当老师让小红站在前面跳舞时，两个小朋友就把小红推到后面，不让她到前面来。遭两个小朋友排挤，小红一声不吭地坐在观众位子上，此时的小红很抑郁，眼睛里含满了泪水。

放学后，小明和南南两个人在追逐嬉闹，两个人追追打打，下手有点不知轻重，南南被小明打了一下头。南南的奶奶看到后，马上上去制止了他们二人，并批评了小明，让他们以后都不要打打闹闹，小明觉得很委屈，大声叫着说南南也打了我。

幼儿间不会无缘无故地发生冲突或争执，其原因是多种多样的。常见的原因有：① 物品的分配或活动的选择不合意。如为争夺玩具、图书或用品，为最先进行游戏或挤进某一活动区角。② 认为他人的行为是造成自己痛苦和不愉快的原因。③ 出于竞争、嫉妒或维护荣誉。如对游戏的结果不满意。④ 出于同情和正义感。如好朋友被人欺侮，为其打抱不平。⑤ 自己的观点和他人不一致。

不少家长和教师认为幼儿间发生冲突不好，是不良的，最好不要发生。

于是，孩子与同伴交往时，成人总少不了叮咛："好好玩，别吵。"一旦孩子间发生冲突，成人便会马上过去把冲突当作错误及时平息。成人这种急于干预、急于施加教育的行为，实际上是剥夺了孩子从另一个角度学习与人相处的机会，不利于孩子与同伴建立和谐的伙伴关系。也有部分家长和教师认为孩子间发生冲突是正常现象，他们是三分钟闹、五分钟好，不像成人一分钟闹，有的会记恨一辈子。当孩子间发生冲突，成人则采取回避的消极态度，任其自生自灭。这种过分依赖孩子的自主性，忽视成人在教育中的主导作用，也不利于孩子们的社会认知升华到更深层的境界。这些做法都是不可取的。胡琰在文章中提出，与同伴的关系问题，如被忽视、被拒绝、抢东西、不愿意和别人分享东西等，也是给幼儿造成挫折的原因之一。（胡琰，2011）

（四）幼儿性格

根据弗洛伊德的观点，孩子3～5岁养成的个性特征对他的一生起到关键的作用，也就是说人的性格特征一般在3～5岁期间就定型了，后期难以发生本质上的改变。因此，幼儿阶段对孩子的训练与教育至关重要，过分内向的孩子，往往不能和其他小朋友发展友谊，建立良好的同伴关系，在心理上更容易滋生自卑、没有安全感等消极情绪。

小明与南南一起玩《大富翁》，小明输了游戏后，不肯承认自己输了，南南说自己赢了，小明大声地说"没有没有"，缠着南南再玩一次。

外向型孩子的心理活动倾向于外部，经常表现出对外部事物的关心和兴趣。他们的感情外露，而且热情、开朗、活泼、好动。在行为上当机立断，不拘小节，善于发展与他人的关系，独立性相对比较强。

区角活动时，小红在玩小医生时，听诊器被另一个小朋友抢走，这时她躲在一边独自偷偷哭了起来，并没有向老师说明。

内向型孩子的心理活动倾向于内部，一般表现为沉默寡言、不喜欢和人交往，相反喜欢独处，反应缓慢，适应新的环境比较困难，做事情比较谨慎小心。有些孩子性格内向，受挫后喜欢独处，自己痛苦，长期如此，负面情绪得不到宣泄排解，会影响身心健康，严重者会产生自闭心理。正如有关研究指出，幼儿产生挫折也与幼儿本身的性格这一主体有关。这种由主体因素引起的挫折，一般称之为个人起因挫折。（张树俊，2013）

（五）教师在幼儿受挫中的作用

1. 教师对抗挫折教育的态度

为了研究本园教师在幼儿受到挫折后的态度对幼儿的影响，我们对部分教师进行了访谈，访谈表附后。访谈中教师总结，让幼儿学会挫折应对，就要指导他们树立自信心。幼儿能够顺利应对挫折与其自信心有很大关系。自信心越强，越能经受挫折的考验。因此，教师应着力培养他们的自信心，一方面是保护他们的自信心，另一方面要多给幼儿成功的机会。如果他们的活动失败次数多了，也会失去自信。对幼儿进行抗挫折教育看起来是个反向做法，实际上也是一种正面教育，这种正面教育的价值就在于它能让幼儿战胜挫折，从而使身心有一个新的发展。如果只给幼儿"挫折情境"，而不能使他们走出挫折的阴影，则违背了教育的初衷，也就不是正面教育而是负面教育了。为此，在增强幼儿耐挫力的同时，还要进行挫折应对指导，避免对他们身心产生负面影响。

2. 教师在幼儿受挫中的策略

通过访谈，我们看到教师对受挫幼儿不同的态度和处理方法，直接影响幼儿今后的性格形成与价值取向。因此，教师应采取正确的策略，提高幼儿的抗挫能力。

（1）引导幼儿正确认识挫折

建构游戏区角活动时，小明想用积木搭军舰，搭来搭去都不行，就把积木乱扔一通，教师看到后及时上前安抚，先提问小明想用积木搭什么东西后，慢慢引导他一步步重新搭建，在什么地方失败了，就从这个失败错误的地方重新开始搭建。

教师在此情况下对幼儿进行积极引导，使其正确认识挫折和失败的原因，破除幼儿对他人的过度依赖性。要让幼儿在各种学习活动中自己感受困难，引导幼儿正确认识挫折并为克服困难做出自己的努力。

（2）利用和创设困难情境，提高幼儿挫折承受力

幼儿想吃糖果，但教师故意把糖果放在幼儿拿不到的地方，给幼儿挫折感，培养幼儿抗挫折能力以及解决问题的能力。

在幼儿的生活、学习活动中，成人可以随机利用现实情境，或模拟日常

生活中出现的难题，让幼儿开动脑筋，根据已有的生活经验，经过自己的努力克服困难、完成任务。

（3）利用榜样作用教育，增强幼儿的抗挫折能力

教师在讲小鸭子找妈妈的故事，途中小鸭子经历了许许多多的困难后才找到了妈妈，告诉幼儿困难和挫折不可怕，只要我们用心努力一定可以渡过难关。

在日常生活中，向孩子讲述一些名人在挫折中成长并获得成功的事例，让孩子以这些名人做榜样，不畏挫折。教师在日常行为中要以身作则，树立榜样作用，他们对待挫折的态度和行为会潜移默化地影响孩子的态度和行为。同伴也是孩子的"老师"，教师要抓住同伴的良好行为树立榜样，增强幼儿抗挫折能力。

（4）多鼓励，改变幼儿的受挫意识

在晨间的自由活动中，小红在走横木时胆小不敢走，教师一直在鼓励她，减少其对走横木的害怕畏惧感，逐步树立小红的自信心，先是牵着小红跳下横木，直到最后小红可以独自跳下横木。

幼儿只有不断得到鼓励，才能在困难面前淡化和改变受挫意识，获得安全感和自信心。成人要多鼓励幼儿做自己力所能及的事，一旦进步，要立即予以表扬，强化其行为，并随时表现出肯定和相信的神态。成人的鼓励和肯定既能使幼儿的受挫意识得以改变，又能提高他们继续尝试的勇气和信心。

第三部分　结语

幼儿期是人格形成的关键期，幼儿抗挫折能力的发展是其健全人格形成不可缺少的一部分。探讨幼儿抗挫能力影响因素，为幼儿抗挫折教育的开展提供科学依据意义重大。本文研究发现引发儿童受挫折事件的原因主要有四类：一是生活习惯方面出现问题时；二是因教师产生的挫折，如被批评、被惩罚等；三是与同伴的矛盾，如被拒绝、争抢打闹、不愿意和别人分享等；四是自身的问题，如性格原因等。在本次调查研究中，我发现儿童受挫折事件主要发生在游戏活动中，与教师的矛盾和与同伴的关系问题是引发问题的

主要缘由。儿童通常把游戏活动的时间作为自己获得解放与自由的时间。在游戏活动中，儿童与同伴很容易因为输赢争执而发生冲突，产生挫折事件。此外，在游戏活动中很多时候因为材料的不充足，也容易诱发儿童的争抢行为，产生挫折事件。同伴关系对儿童的成长十分重要，它有利于促进幼儿个体的社会化，有助于幼儿良好个性、品德的形成，能促进幼儿认知能力的发展。

教师对受挫幼儿不同的态度和处理方法，直接影响幼儿今后的性格形成与价值取向。因此，教师应采取引导幼儿正确认识挫折，利用和创设困难情境，提高幼儿挫折承受力；利用榜样作用教育，增强幼儿的抗挫折能力；多鼓励，是改变幼儿的受挫意识等行之有效的策略，提高幼儿的抗挫能力。开展幼儿挫折教育是一个长期的过程，要在实践中不断摸索，不断积累经验，这样才能更好地发展好幼儿教育事业，培育更多的优秀人才！

参考文献：

［1］朱智贤.心理学大辞典［M］.北京：北京师范大学出版社，1989.

［2］中华人民共和国教育部.幼儿园教育指导纲要（试行）［M］.北京：北京师范大学出版社，2001.

［3］王啸天.民办高校新生挫折及其应付方式的研究［D］.上海：华东师范大学，2003.

［4］冯江平.挫折心理学［M］.太原：山西教育出版社，1991.

［5］吴金林."挫折教育"论［J］.社会科学，1994（7）.

［6］李海洲，边和平.挫折教育论［M］.南京：江苏教育出版社，2001.

［7］刘芳.青少年挫折教育研究［D］.武汉：华中师范大学，2008.

［8］雷鸣强.逆境教育应从幼儿开始［J］.学前教育研究，1994（2）.

［9］扬帆，户东启.浅谈挫折教育的误区［J］.教育探索，2008（12）.

［10］于林平.论挫折教育的本质［J］.教育学研究，2007（2）.

［11］李俊卿.浅谈挫折教育［J］.当前教育论坛，2006（4）.

［12］胡琰.幼儿抗挫折能力影响因素及其培养策略研究［J］.江苏教育研究，2011（31）.

由"知"到"行"的路径探寻

——以集体教学活动中的师幼互动为例

上海市浦东新区东园幼儿园　陈　晨

师幼互动是集体教学活动中教师和幼儿交流的重要形式。《幼儿园保育教育质量评估指南》围绕师幼互动这一关键评估指标提出："教师保持积极乐观愉快的情绪状态，以亲切和蔼、支持性的态度和行为与幼儿互动，平等对待每一位幼儿，幼儿在一日活动中是自信、从容的，能放心大胆地表达真实情绪和不同观点。""尊重并回应幼儿的想法与问题，通过开放性提问、推测、讨论等方式，支持和拓展每一个幼儿的学习。"

那么，作为一线教师，在集体教学活动中，我们该如何践行呢？如何在集体教学活动中，真正地走近儿童、发现儿童、理解儿童、解读儿童，从而有效地支持与回应儿童呢？如何进行以儿童发展为先的师幼互动呢？

在由"知"到"行"的路径中，我坚持着、探寻着，总结了自己以往教学活动中师幼互动方面的常见问题和有效进行师幼互动的方法。

一、"知"——知儿童，知自己

"以儿童发展为先"是近年来我们所倡导的，它必须建立在了解儿童的基础之上，即"知"儿童。只有"知儿童"，才能"知"自己课堂中师幼互动存在的问题。在我以往的集体教学活动中，确实存在着许多和大部分老师共同的问题。

（一）重教师"架构"，轻幼儿"创建"

在开展集体教学活动前，我们老师常常会根据主题内容安排、主题网络图等来设计活动，进行备课和课前准备，在备课中预设提问和回应孩子的小结语，在组织活动前准备好活动需要的材料和教具。可以说这一部分基本是由教师"架构"为主，幼儿的前期参与很少，幼儿更多的是根据教师的活动设计、材料提供，在集体教学活动的课堂上参与学习。

这样的学习略显被动，缺少幼儿主动"创建"的过程，这种以教师主导、由教师"架构"的学习，在集体教学活动的过程中，会表现出幼儿对活动积极性不高，参与性不强，教师对活动目标定位不准确，对活动的难度把握不准确，对孩子在课堂上可能出现的行为预估不准确，师幼互动性不强等棘手问题。

（二）重活动之"形"，轻交流之"趣"

回顾以往自己的教学活动，我会在设计教案之初更注重活动的形式，怎样的形式才能吸引孩子，怎样的教具才更美观，但活动中教师和孩子互动的语言设计却略显乏味，缺少交流的"乐趣"和"有趣"。我们常常在聆听和观摩名师或者优质活动的时候，深深地被教学的课堂氛围、教师和孩子的现场互动所感染，孩子的所言所行甚至会把坐在下面听课的老师逗乐了，反思这背后渗透的道理究竟是什么呢？

我想，这些活动的学习内容之所以受孩子欢迎，孩子能够足够专注，除了活动的选材、设计吸引孩子外，更多的是那些老师在课堂上是把孩子当成自己的伙伴。伙伴是什么？最重要的不就是平等吗？没有所谓的高控，没有所谓的"一言堂"，课堂氛围足够轻松，老师甚至还会和孩子们打趣。即使孩子们有很多出乎意料的"回答"，老师也会幽默地给予及时回应，这样"你抛我接"、趣味十足的师幼互动，成为一节集体教学活动的"亮点"。

（三）重"预定路线"，轻"随机路线"

在平时观摩同事集体教学活动的时候，我仿佛也看到了自己，有时候看着看着自己都乐了。如果是我在执教这节活动，我一定也会这么做，我可能也会这么回应孩子。通常，我们会不知不觉抢走了孩子的话语权，或者当孩子的回答和行为偏离了我们的"预定路线"，我们就会生怕孩子出错，想当然地通过自己的语言、表情，将孩子拉回老师预定好的"答案"。慢慢地，孩子好像也掌握了老师的某种节奏，有时甚至觉得自己是不是说得不对了？我还应该再继续表达自己的想法吗？他们甚至有点会看老师的"眼色"。

我们常常说老师要"慢下来""等等孩子"，也很容易在听课评课中发现执教老师的问题。也许在讨论别人的活动时，我们头头是道，但是自己却总会不知不觉地在和孩子的互动中，按照教案中的"预定路线"，急于下一个提问，急于进入下一个环节，而忽略了活动的"随机路线"，错失了很多和孩子有效互动的良机——孩子的所想、所问、所表现，我想这可能就是所谓的"只缘身在此山中"吧。

（四）重活动之"果"，轻过程之"获"

每一节集体教学活动都有相应的活动目标，以往我们总是认为既然是一节学习活动，我们就应该在这短短的十几分钟内，让孩子学会一些内容，掌握一些本领。比如，数学活动，我们希望孩子可以通过操作、讨论来掌握某个知识点；音乐活动，我们希望孩子学会唱一首歌，学会跳一支舞；美术活动，我们又希望孩子学会折一个小手工，或是会画一幅小作品……

总之，"学会""掌握""能够"，成为我们以往定目标中的关键词。久而久之，作为老师，我们在衡量一节活动是否设计合理、达到预定目标的时候，会以孩子是否学会了、掌握了为评价的标准，过分重视活动的结果、成果、目标的达成度等，而忽视了活动过程中孩子的种种收获，忽视了在师幼互动中的过程性成长。

二、"行"——儿童行，自己行

"知"儿童、"知"自己，是集体教学活动中师幼互动有效的重要前提，与此同时，我们更需要积累以儿童发展为先的师幼互动的相关经验，更需要去发现、探寻、领悟、总结解决问题的方法。在这条探寻的路上，我脚踏实地地实践，细细回顾和感受自己的教学课堂，及时反思课堂中所出现的问题，调整相应的师幼互动策略。与此同时，伴随我的就是专业上的不断成长和不断突破。

（一）你的灵感，我来助推——共商有"戏"的活动内容

在一次自由活动时，豆豆带来了一个小纸箱，我发现里面有各种各样的

废旧材料，她正在用这些材料进行手工制作。"豆豆，这个是什么呀？"我忍不住好奇地问她。"老师，这是我的百宝箱，里面都是我的宝贝。""哦，就是我们角色游戏时候的材料库吗，你有自己的百宝箱，就可以随时随地做自己想做的手工啦，真是个好主意！"豆豆听到老师的表扬后乐开了花，随后的几天，陆续有孩子也带来了独属于自己的"百宝箱"。

孩子们有这样的想法，我觉得很有创意，也发现了其中的活动价值。基于他们的灵感，我不妨来助推一把，和孩子共商一个有"戏"的集体教学活动呢。于是，一节趣味盎然、源于孩子灵感的美术集体教学活动就这样诞生了——"美丽的孔雀"。我将活动目标定位为：① 尝试运用百宝箱里自主收集的各种材料创意制作孔雀。② 能耐心细致地进行创作，体验创作的乐趣，并乐于同伴分享。

我选择了"百宝箱"作为活动切入点，让孩子和家长提前自主收集各种材料进行创意制作。在百宝箱里，有巧克力的包装纸，有妈妈的化妆棉，有柔软的毛线，有废旧的动画片光盘，等等。

活动中通过欣赏不同形态的孔雀图片和视频，让孩子们认识、了解孔雀；制作前孩子们先思考、畅谈自己想做一个怎样姿态的孔雀，然后用自己"百宝箱"里的材料创意制作自己喜欢的孔雀造型；活动最后展示自己的作品并欣赏同伴的作品。

在呈现的作品中，有的孩子制作的孔雀是立体的，有的孩子制作的孔雀是侧面的，有的是白孔雀，有的是绿孔雀，有的孔雀在低头喝水，有的孔雀正在开屏……在分享环节我请孩子仔细观察，欣赏同伴作品的"美"，在自我介绍和互相交流的过程中，他们的经验就由个别经验提升为全体幼儿的共同经验。

就这样，孩子的一个灵感——"百宝箱"带给了我启示，在教师的助推下，在和孩子共商有"戏"的活动内容后，在有效的师幼互动中，在家长的共同参与下，我将"百宝箱"作为一个载体，很好地诠释了在美术活动中如何提高幼儿的自主性和创造能力，活动也深受孩子们的喜爱。

（二）你的能量，我来赋予——共建有"型"的互动模式

1. 你抛我接，趣味互动——共建有"梗"的师幼对话

"赢糖果"这节数学集体教学活动，是我初次尝试数学游戏的教学形式，

起初我就被这样有趣的活动形式所吸引，让孩子置身在赢糖果的游戏情境中，尝试用5以内数组合拆分的方法赢到糖果，这多有意思啊！孩子们和真的糖果做游戏，一定开心极了！

果然，在试教的时候，孩子的情绪非常愉快，也很投入活动，可是活动的效果却总有点不尽如人意。经过多次的磨课、反复的试教，我渐渐发现原来游戏情境的确容易吸引孩子，让活动的氛围变得轻松、有趣，但要成为一节真正让孩子觉得"带劲儿"的集体教学活动，让教师真正成为孩子的"伙伴"，和孩子趣味互动，教师的语言设计、表情、动作等都需要营造出有"梗"的氛围感，帮助孩子真正地"沉浸式学习"。

于是，我反复修改活动中的教师语言："哟，他赢走了你的糖果哎，怎么办啦？你想赢过他哦？""你有办法赢走更多的糖果吗？""恭喜你！来，和我握个手！你就是游戏播主！""请播主上来介绍一下你是怎么赢到那么多糖的吧？""快给他掌声呀，多厉害呀，原来赢糖果有窍门的是吗？"……

再次开展活动的时候，我发现课堂效果棒呆了，孩子们和我的对话更像是相声里的逗哏和捧哏的，别提有多带劲儿啦！听课的老师也被孩子赢到糖果时那种发自内心的快乐、兴奋的表情，赢不到糖果时那种"不淡定"和懊恼所感染，孩子就在这样你抛我接的趣味互动中更乐意去探索数学游戏。原来，我的课堂中的师幼互动也能那么轻松、快乐、有趣，教师和幼儿共建有"梗"的师幼对话，才能使得孩子们是发自内心的开心，真正地把老师当作了他们的玩伴儿，更积极主动地投入活动。

2. 你畅所欲言，我适时"静音"——共建有"静"的活动节奏

在一节大班语言活动"云彩和风儿"的课堂上，孩子们需要在观察云彩的不同变化后，大胆尝试仿编诗歌并表现云彩的多变，以此发展孩子的想象力和创造力。

附：《云彩和风儿》

天上的云彩，真有趣。

天上的风儿，真能干。

吹呀吹，云彩变成小白船。

竖起桅杆，扬起风帆，小白船，飘呀飘，飘到远处看不见。

吹呀吹，云彩变成大狮子。

躬起身子，张开大口，狮子吼呀吼，吓得羊群都逃散。

吹呀吹，云彩变成胖娃娃。

头戴金帽子，身穿白围嘴儿，跑来跑去，跟太阳公公闹着玩。

天上的云彩真有趣。

天上的风儿真能干。

散文是一种意境很美的文学作品，对于大班的孩子，他们懂得欣赏，也能够尝试创编。活动现场孩子们的创编很美，出乎了我的预设，但在原来的教案中，我的提问过于简单，作为教师当我听到了他们的各种创编之后，我感觉棒极了，于是我有点着急，觉得孩子们已经说出了我教案中预设的答案，我很快地跟进了教案中的小结语："你们真是小诗人，创编得真美。"

就在这时，一个孩子举手说："我还有……"然后陆陆续续又有几个孩子也低低地举起了小手，我恍然发现原来是我太心急了，其实孩子们还有话要说，还需要更多的时间，我需要慢下来，等一等他们，鼓励更多的孩子尝试创编，大胆地表达自己的想法。

作为老师，我有点"低估"了他们的创编能力，欣赏、感受文学美的能力，他们还有很多美好的想法，可能和别的孩子有点雷同，也可能是完全不同的想法。我应该及时按下"暂停键"，等等那些还愿意主动发言、还想尝试创编的孩子，等等那些可能内心还有点小纠结、不好意思举手尝试创编的孩子，让他们都试一试，畅所欲言，做一回小诗人。

不知不觉，"天上的云彩，真有趣。天上的风儿，真能干。吹呀吹，云彩变成……"孩子们思维火花和语言的小泡泡就这样不断地迸发出来，他们真的太有想象力了，他们的创编不同于我们成人的思考，他们的表达也能那样完整、优美。

原来，是我们老师在和孩子进行互动时，自身的语言、行为、态度、表情给了孩子这种不太好的错觉，我们就应该鼓励他们畅所欲言，静下来听听他们的想法，适时地将自己调整成"静音模式"，将活动节奏调整成"静态模式"。其实，我们应该充当的角色只是起集体教学活动中"穿针引线"的作用，孩子才是活动的主角，而我需要做的就是放慢教学活动中的节奏，给孩子们更多的空间和时间，告诉自己慢一些，再慢一些，等等我的孩子们，共建有"静"的活动节奏，让课堂也变得灵动和活跃。

（三）你言之凿凿，他亦"阐"之有道——共享有"味"的思维碰撞

著名教育家杜威曾说过："教育过程就是教育的目的，没有以外的目的，教育过程是一个不断改组、不断改造和不断转化的过程。"可见，教育目标不在活动之外，幼儿的发展更应该蕴藏于各种有趣的活动之中。

记得在一次组织绘本教学活动"最佳守卫"的时候，活动目标为：① 仔细观察画面，解读猎狗当选最佳守卫的过程；② 能围绕故事发展情节，较大方地表达自己的见解与想法。其中有一个环节是让大班孩子针对一个问题进行讨论，有点小小辩论的意思："最后只剩下猩猩和猎狗了，你觉得谁更有希望获胜，成为最佳守卫呢？""觉得猩猩更有希望的坐在这边，觉得猎狗更有希望的坐在另一边。"于是孩子们自主地选择"站队"，并阐述各自的理由。选择猎狗获胜的孩子们表示：猎狗嗅觉灵敏，爪子锋利，忠实可靠，天生非常警惕；而选择猩猩做最佳守卫的则表示：猩猩身体强健，力大无比，聪明机智，幽默风趣，还会爬树、站岗放哨……

总之，各自的选择都有各自的理由，一直到绘本故事结局揭晓后，还有一个男孩坚定自己的想法，猩猩才是最佳守卫。由于大部分的孩子不认同他的观点，并且绘本故事中的结局也是猎狗当选，所以他很是失落。作为当时的执教教师，又是公开的教学活动展示，我心里也是"咯噔"了一下，及时地做出回应："虽然故事中的结局是猎狗获胜，但是你也很有想法哦，只是和故事的结尾不太一样，没关系的。"当时看似还算圆满地结束了活动，也觉得自己回应得还不赖，但是我的内心还是这样想：如果大家最后能达成一致，都选"猎狗"该多好，活动一定收尾得更完美。虽然当时我也看出了小男孩还是有点闷闷不乐，却不知道如何再回应他……

通过自我学习和实践的积累，我改变了以往的想法，更注重在一节集体教学活动中，孩子的能力培养，孩子的表达、表现、自信等情感方面的提升，这些都是长期和孩子积极有效地互动才能看到效果的，但这些变化也是实实

在在会在孩子身上体现出来的。

如果让我重返当时的课堂，定会打开自己的思路，会接受孩子不同于别人的想法，即使他所产生的一系列问题我可能很难收尾，可是，那又何妨呢？这不正体现了一节集体活动的价值所在嘛。每个孩子本来就会有不同的想法，你言之凿凿的同时，他也可以大胆地阐述他的观点。活动中的小男孩能够大胆自信地表述自己的想法，难道不值得鼓励吗？孩子们在思维碰撞的瞬间，也就变得更从容自信，更善于倾听，更乐于表达了。

有了这样的改变，集体教学活动中我不再一味追求结果：多少孩子能达成教学目标，多少孩子能够达成统一的想法。在师幼互动的过程中，我会鼓励孩子要有自己的想法，敢于阐述自己的观点，创造机会让每一位孩子都能和同伴共享有"味"的思维碰撞。

三、路径探寻将来时……

作为一线的幼儿园教师，我乐意去学习并实践，在由"知"到"行"的路径中探寻，从最初的"知"儿童、"知"自己，到如今的儿童"行"、自己"行"，我的课堂已经发生了翻天覆地的变化。我积累了很多集体教学活动中师幼互动的有效经验，我会和我的孩子们一起共商有"戏"的活动内容，共建有"型"的互动模式、有"梗"的师幼对话、有"静"的活动节奏，鼓励并支持孩子和同伴一起共享有"味"的思维碰撞。孩子们在收获快乐的同时，也逐步成长为那个更自信的自己。

在教育教学的路上，我们需要与时俱进，不断学习，因为教学课堂无止境，教师专业的成长也是无止境的。就在见证孩子的成长和自身课堂蜕变的路径中，我也意识到集体教学活动中儿童的发展情况又产生了新的问题，我的课堂也在"更新换代"中出现了新的挑战，这就需要我不断反思新问题，探寻更多积极、有效的师幼互动的新"良策"。未来，我要把握幼儿的兴趣点，寻找和幼儿的沟通点，挖掘幼儿的闪光点，让自己成为集体教学活动中有效师幼互动的一个有力的"支点"。

"路曼曼其修远兮，吾将上下而求索。"我也一直在思考，在以幼儿发展为先的集体教学活动中，作为教师，我还可以做些什么呢？展望未来，我想，深耕课堂、赋能课堂、增能课堂是我的目标，在师幼互动方面，教师如何归纳、提升幼儿的经验，如何关注活动后的自我反思以此"玩转"课堂，提升专业教育教学水平是我的努力方向。

学无止境，让我们一起在由"知"到"行"、由"行"再到"知"的双向奔赴的路径上，不断突破自我、更新自我、创造自我，让我们一起静待花开，遇见美好……

图书在版编目（CIP）数据

教,然后知反.2022：基于儿童视角的教与学／诸
君主编. —上海：文汇出版社,2023.4
ISBN 978－7－5496－3999－1

Ⅰ.①教… Ⅱ.①诸… Ⅲ.①学前教育-教学研究-
文集 Ⅳ.①G612

中国国家版本馆CIP数据核字(2023)第037849号

教,然后知反·2022
——基于儿童视角的教与学

主 编／诸 君
责任编辑／张 涛
封面装帧／梁业礼

出 版 人／周伯军
出版发行／ 文匯出版社
上海市威海路755号 （邮政编码：200041）
经 销／全国新华书店
排 版／南京展望文化发展有限公司
印刷装订／启东市人民印刷有限公司

版 次／2023年4月第1版
印 次／2023年4月第1次印刷
开 本／787×1092 1/16
字 数／320千字
印 张／20.5

ISBN 978－7－5496－3999－1
定 价／95.00元